U0895956

新时代中国区域发展
大谋略

朱翔◎著

CNS PUBLISHING & MEDIA 中南出版传媒 湖南教育出版社

目　录

第一章　我国区域协调发展的理论与实践

区域是指一定的地域空间，基本特征有整体性、层次性、差异性和可变性。根据属性，区域可划分为自然区域、行政区域、经济区域和文化区域。关于区域发展，有平衡发展理论和非平衡发展理论。平衡发展理论注重公平，谋求缩小区域差距，强调区域之间和区域内部的平衡，但难以兼顾经济收益。不平衡发展理论主张优先发展经济效益较好的区域，短期内谋求尽可能多的收益，再辐射带动相关地区的发展。区域有不同的类型和尺度，科学认识区域，需要进行多维观察和综合分析，了解区域发展与人类活动的关系。

区域发展具有明显的阶段性，主体内容各有不同。粗放式的区域开发，不仅掠夺资源，而且损毁生态，更破坏了我们赖以生存的自然环境。科学的可持续的区域建设，尊重大自然的规律，按照经济规律办事，谋求人口、资源、环境的协调发展。

协调人地关系，是区域发展的关键所在。人类对自然界的影响日益深刻，人地关系协调显得愈发重要。要金山银山，更要绿水青山；要 GDP，更要绿色 GDP；要发展，更要可持续发展；要当代，更要子孙后代。发展是硬道理，控制更是硬道理；有所为有所不为，不为在先为在后。区域协调，包括经济协调、社会协调和生态环境协调，是多维的协调，更是整体的协调。

一、国内外研究综述

1. 国外研究综述

1826 年德国经济学家杜能提出农业区位理论，至今近 200 年来，区域经济发展理论经历了三个阶段：第一阶段（1826 年至第二次世界大战前）是古典区位理论发展阶段，研究领域主要是企业、产业的区位选择、空间行为和组织结构等。第二阶段（第二次世界大战前至20世纪70年代中期）是传统区域经济增长理论发展阶段，学界普遍关注区域经济政策和发展问题，提出了一些代表性的理论和模式。第三阶段（20世纪70年代后期至今）是新区域理论发展阶段，学界普遍关注空间区位问题。

古典区位理论 1826年杜能提出农业区位理论，1909年韦伯提出工业区位理论，1933年克里斯泰勒提出中心地理论，1940年廖什提出市场区位理论。

区域均衡增长理论 在市场的作用下，各区域生产要素的自由流动会导致各要素收益平均化，最终实现区域经济平衡增长。主要代表有罗丹的“大推动理论”、纳克斯的“贫困恶性循环理论”、纳尔逊的“低水平均衡陷阱理论”、赖宾斯坦的“临界最小努力理论”。

区域非均衡发展理论 主张优先发展具有带动性的部门，再带动其他部门的发展。其中，一类是无时间变量的，代表者有缪尔达尔的“循环累积因果论”、赫希曼的“不平衡增长理论”、佩鲁的“增长极理论”、弗里德曼的“中心—外围理论”以及区域经济“梯度推移理论”等；另一类是有时间变量的，代表者如威廉姆森的“倒U型理论”。

近些年来，国外关于区域协调和可持续发展的研究相对活跃，许多学者开展了深入和系统的研究，提出了独到和有创造性的见解。比如Short J R.，Scott A.，Sassen S.关于大都市区的研究，Ciccone A.，Duranton G.，Puga. D.关于集聚影响、城市职能和城市群经济的研究，Pamela M.，Maria J.，Junjie H.，Brun J. F.，Combes J. L.关于区域发展与城市建设的研究，Clark W C.，Reid W V.，Chen D.，Habitat U.，Kates R.，Clark W.，Corell R.，Manuel C.，Sung K.，Nam T.，Pardo T A.关于人居环境、聚落建设、可持续发展、低碳城市、智慧城市的研究。

2. 国内研究综述

我国学者对于区域发展的研究 以厉以宁、吴敬琏、陆大道、王一鸣、杨开忠、樊杰、方创琳、魏后凯、仇保兴、李国平等学者为代表，在促进区域协调发展方面做了大量工作，主要从城市、城市群、经济带、四大板块、全国五个层次，对区域识别、区域发展、区域差距、区域协调、区域对策等方面进行研究，取得了大量的研究成果。

宏观理论研究 区域协调发展，着眼于缩小经济社会差距，谋求幸福、高效、创新、集聚、绿色。跨区域产业转移是促进区域协调发展的重要手段，通过产业西进、人口东移，培育新兴的增长极和产业带，实施东西并重、内外联动的全方位开放战略。经济全球化、信息化、大都市区是导致中国区域发展差距扩大的主导因素。要重视内地发展，促进地区合作，按功能区对地域空间实施管制。城市多规合一，可解决由于多规分治导致的空间冲突问题。产业转移对于促进区域协调发展具有重要作用。实施主体功能区划战略，有利于促进结构有序，优化国土开发。科技创新能力会强化“沿海—内陆”梯度，需要培育中西部科技创新能力，出台差异化区域政策体系。

城市群发展　政府干预对城市群功能分工与地区差异产生影响，可采取多中心网络开发模式，在中西部和东北培育新增长极与经济支撑带。实行资源和产业重组，构建城市群分工新格局，是促进城市群转型升级的关键所在。鄂湘赣携手，合力推进长江中游城市群建设，共同打造经济发展第四极。我国城市群存在着高密度集聚、高速度成长、高强度运转的“三高”特点，将形成由城市群、都市区和产业带组成的城市群空间结构体系。城市群应分级发展，采取不同的发展模式。我国重新划分了大中小城市的规模标准，认为应严格控制超大和特大城市，合理发展大城市，鼓励发展中等城市，积极发展小城市和小城镇，形成城市群与大中小城市和小城镇协调发展的新格局。

新型城镇化　目前城镇规模两极分化严重，城镇化要由速度型向质量型转变。加快推进农民工市民化进程，提高大都市区综合承载力，增强小城镇吸纳能力，提高城镇土地利用效率，重视城镇特色培育和品质提升。“产业西进”和“人口东移”，是优化城镇空间格局的战略重点，要以产业聚集引导人口集聚。推动城乡二元体制改革，解决农民工在城市的住房问题，推进农垦地区城镇化，实现双向城乡一体化。新型城镇化不可恋旧，要全面深化改革。坚持城市与农村互补协调发展，适度提高城镇空间密度，保护文化遗产和自然遗产。用“深度城镇化”解决“广度城镇化”，实现城镇“内涵式”提升。优化城镇空间布局，向我国内陆深度推进城市建设。培育东部大都市连绵区，建设海岸新城镇集聚带，合理布局内陆城镇群。稳步推进农区城镇化，探索山地丘陵城镇化路径，推动老少边穷地区发展，搞好沿边城镇建设，形成城镇人口分布和资源环境相均衡、城镇化与经济社会生态效益相统一的城镇化空间布局。

3. 借鉴意义

古典区位理论为西方经济学区域经济发展理论奠定了坚实的基础，对当时西方国家的区域经济发展产生了深远的影响，至今在某些方面对我国区域经济发展仍有一定的借鉴意义。然而，由于受到当时客观条件的局限，这些理论都只是从经济人的角度去分析经济活动的空间分布，采用古典经济学的静态局部均衡分析方法，在既定的假设前提下进行纯理论推导，以完全竞争市场结构下的价格理论为基础来研究单个厂址的最优区位选择，具有静态与均衡的特征。

平衡发展理论注重于促进社会公平和缩小区域发展差距，不仅强调了部门和产业之间的发展平衡，而且强调了区域内部和区域间的发展平衡，使生产力布局在产业和空间上达到均衡，以最大的限度缩小区域差距，最终实现区域经济的均衡发展，这对于发展中国家经济发展到一定阶段时实现区域和产业的协调发展具有积极的意义。平衡发展理论强调欠发达国家在发展经济时资本的重要性、优先发展基础设施等观点在当今仍然具有其合理成分。然而它们也存在着明显的缺陷，表面镶上了“机遇平等、公平发展”的光环，过分强调了地区间的公平和产业间的平衡，可是在实际应用中，却忽视了区域发展中的效率问题、规模经济和技术进步等因素，忽视了不发达国家通常不具备平衡发展条件这一前提。

区域不平衡发展理论主张集中力量优先发展发达地区，再来带动落后地区的发展，最终实现区域经济的均衡发展。该理论在提高区域经济效率方面效果显著，特别是对于发展中的大国。不平衡发展理论成为许多发达国家的区域发展战略的选择依据，也对我国 20 世纪 80—90 年代区域经济非均衡发展产生了积极的影响。不平衡发展理论具有局限性，没有明确区分平衡与不平衡的界限，未能妥善处理效率和公平的辩证关系，容易导致区域发展差距不断扩大。当不平衡发展达到一定程度时，发达地区积累了较强的经济实力，为帮助欠发达地区发展创造了物质条件，从而为缩小区域发展差距、实现区域经济从不平衡向平衡发展转变奠定了基础。

二、区域协调发展思路

区域差异大、发展不平衡，是我国的基本国情，区域发展战略是经济社会发展战略的重要组成部分。我国社会的主要矛盾已经转变为人民日益增长的美好生活需要和不平衡不充分的发展之间的矛盾。我国的不平衡发展体现在多个方面，区域不平衡发展、地区发展差距大是其中的一个主要方面，如集中连片特困地区、边疆地区、少数民族地区等发展严重滞后于东中部地区，区域整体性贫困问题突出，当地群众生活水平亟待提高。这是我国决胜全面建成小康社会需要解决的重大战略性问题，需要大力推进区域协调发展，缩小地区发展差距尤其是公共服务差距，使全国各族人民实现共同富裕，让改革发展成果能够更多更公平地惠及全体人民。

党的十九大报告，对区域协调发展、城市群建设、陆海统筹、点轴开发、老少边穷地区建设，都有前瞻性和科学性的精辟论述。将这些战略思想付诸行动，对于建设现代化强国，实现生态、绿色、循环、持续发展，显然具有重要的战略意义。区域的建设发展，要贯彻落实党的十九大文件精神，促进我国区域协调发展，以增强区域发展的协同性，拓展区域发展的新空间，协调东中西，平衡南北方，形成多层次区域发展战略体系。引导生产要素跨区域合理流动，逐步缩小区域发展的差距。充分发挥市场机制作用，创新区域合作机制，完善区域互助机制，建立健全区际补偿机制。推进区域间公共服务均等化，在产业发展上体现各区域的比较优势，在区域间关系上形成优势互补、良性互动的机制。贯彻顶层设计、统筹发展理念，立足于解决发展不平衡不充分的问题。将区域、城乡、陆海等不同类型、不同功能的区域纳入国家战略层面统筹规划、整体部署，推动区域互动、城乡联动、陆海统筹，形成东西南北纵横联动发展新格局。

区域之间沟通交流，取长补短，互利共赢，促进各自特色彰显和整体协同提升。区域之间存在的经济落差，有助于增大发展的回旋空间，形成梯度推进和持续增长的动力，有利于宏观经济长期持续增长，有助于区域之间扩大联系交流。同时需要克服区域协调发展的障碍，诸如行政壁垒、增长饥渴、考核机制、环境恶化、资源短缺、社会不公等，从而改进区域的协调状况，优化区域的空间结构，提升区域的发展水平。区域协调发展，应更多地考虑人民利益，更多地考虑绿水青山，更多地考虑国家长治久安。

深入探讨新常态下区域发展新特点。沿海面临着产业升级和开放创新的双重压力，中部面临着追赶与转型的双重压力，西部面临着经济发展与环境保护的双重压力，南北分化趋势明显，人口东移和产业西进，是促进区域协调发展的重要途径。我国对外开放程度不断提高，加之信息化、高速铁路、高速公路的大规模建设，在很大程度上扩大了区域的对外联系，使区域开发和城市建设置身于经济全球化和区域经济一体化的背景，国际化和市场化的影响日趋深刻。这些都赋予区域协调发展以新思路、新动力和新内容。大数据、互联网、人工智能的发展，高速交通运输网络的建设，国际化的加速推进，都使得区域协调战略的研究视野更为广阔，探索层次不断提升。

依托迅猛发展的高铁、互联网，加强区域之间、城市之间、流域之间的互联互通和协调发展。鼓励国家级新区、综合改革试验区、重点开发开放试验区加快体制、机制和管理创新，扩大自贸试验区开放，推进自由港建设，为国家试制度，为地方谋发展。创新城市群发展机制，以国家级中心城市群为核心，建立大城市群分工、合作与竞争机制，培育一批具有全球影响力与竞争力的城市群。加强“一带一路”建设，通过“一带”促进中西部地区后发赶超，通过“一路”构建陆海联动、双向开放新格局，推动国内发展与对外开放融合互动。

由区域发展总体战略上升到区域协调发展战略。一是区域战略的总体提升，强调扬长避短，各有侧重，趋异互补，共同繁荣。二是区域发展内涵的扩展，除四大板块和三大战略外，还包含了老少边穷地区脱贫、城市群建设、资源型地区转型、陆海统筹建设等。三是建立更加有效的区域协调发展新机制，包括加大制度建设力度、创新区域政策工具、完善区域合作机制、区域互利互助机制、区际利益平衡机制、区域功能平台机制等。四是打破区域之间、城市之间的行政分割和经济壁垒，解决跨区域发展中的体制性难题，降低制度成本，形成更加紧密的区域关系。

需要塑造要素有序自由流动、主体功能约束有效、基本公共服务均等、资源环境可承载的区域协调发展新格局。社会空间变革重塑了城市功能和等级体系。在新的信息技术支撑下，宏观经济的“地点空间”正在被“流空间”所代替。空间结构是建立在流、连接、网络和节点的逻辑基础之上的，需要深入分析物资流、资金流、人才流、信息流、文化流等业态。空间联系分析既包括物质交流，也包括信息、技术等非物质交流。前者通过空间运输联系完成，后者通过通信网络或知识溢出完成。如今，非物质联系越来越重要，运输流、电信流、资金流、能源流等可以很好地反映空间经济联系。

点—轴系统理论反映了经济社会空间组织的客观规律，是一种行之有效的区域空间结构模式，也就是集中力量培育强有力的增长极，设法扩大轴的流通和集散功能。在点轴开发达到一定阶段之后，应向网络开发整体转化，并向开放化、全球化、生态化全面升级。结合我国城市群的发展实际，要将中心城市与门户城市相对分化，加上与之相关的经济腹地，形成内部联系紧密的城市区域。中心城市、门户城市的战略层次是不一样的，需要加强其对外联系和对内服务的强度。以城市群为依托，推动形成“以轴串群、以群托轴”的国家城镇化新格局。

表 1-1　新时期我国区域发展属性

区域发展思路	具体内容
区域协调发展	特殊区域的协调发展，主要是支持革命老区、民族地区、边疆地区、贫困地区加快发展，设法弥补区域之间的经济落差。四大板块的协调发展，通过“一带一路”建设强化西部大开发新格局，加强东北老工业基地的开放与振兴，通过长江轴线、京广轴线的率先构建推动中部崛起，以创新创智引领东部优化发展。以疏解北京非首都功能为“牛鼻子”，推动京津冀协同发展。以共抓大保护、不搞大开发为导向，推动长江经济带发展。以陆海统筹为主线，加快建设海洋强国
区域创新发展	依托迅猛发展的高铁、互联网，加强区域之间、城市之间、流域之间的互联互通和协调发展。鼓励国家级新区、综合改革试验区、重点开发开放试验区加快体制、机制和管理创新，扩大自贸试验区开放，推进自由港建设，为国家试制度，为地方谋发展。创新城市群发展机制，以国家级中心城市群为核心，建立大城市群分工、合作与竞争机制，培育一批具有全球影响力与竞争力的城市群。加强“一带一路”建设，通过“一带”促进中西部地区后发赶超，通过“一路”构建陆海联动、双向开放新格局，推动国内发展与对外开放融合互动
区域持续发展	一是优化区域协调机制，消除阻碍区域经济一体化的各种壁垒，增强区域发展的协同性，拓展区域发展的新空间。二是提升区域产业结构，确定不同板块的功能定位和发展方向，优势优先，互为促进，构建现代化、高效益的产业体系。三是改进区域空间布局，根据资源禀赋、产业基础、交通区位和市场条件，构建现代化的产业集聚区、城镇绵延区和特色功能区。四是改善区域人居环境，确定不同区域的生态保护架构和环保约束范畴，强调以人为本，严守基本农田、城镇规划、生态保护三条界线。五是强化区域支撑体系，包括产业支撑、政策支撑、财税支撑、科技支撑、文化支撑、人才支撑等方面。六是提出区域协调发展宏观方案，主要是功能板块布局、大型城市群布局、产业集聚区和产业带布局、点轴开发格局、对外开放基本格局等
区域开放发展	一是强调区域开放发展，“一带一路”和长江经济带的建设，京津冀协同发展，我国规划建设的一系列国际门户和走廊，皆强调协调发展要建立在对外开放的基础之上。二是注重区域协调创新，重点推进边境经济合作区、跨境经济合作区、境外经贸合作区、国家级新区、自贸区、自由港的建设，进一步扩大对外开放。三是从更高的层面、更广阔的视野谋划区域协调发展，通过“协调东中西、平衡南北方”来优化全国空间布局，从“陆海内外联动，东西双向互济”来调整板块功能关系，统筹国内区域开发与国际经济合作，共同打造陆上经济走廊和海上合作支点，推动互联互通、经贸合作、人文交流

三、区域协调发展重点

我国幅员辽阔，空间跨度大，东部与西部、南方与北方之间，都存在着显著的经济发展差异和资源配置差异。从我国区域发展现状来看，沿海地区面临着产业升级与开放创新的双重压力，中部地区面临着追赶与转型的双重压力，西部地区面临着经济发展与环境保护的双重压力，东北地区面临着体制改革与产业升级的双重压力。

区域差异大、发展不平衡是我国基本国情。国家正着力推进区域协调发展，以弥补发展不平衡、发展不充分的缺陷，实现区域相互促进、共同提升，处理好效益与公平、倾斜与均衡、沿海与内地、城市与乡村、陆地与海洋之间的发展关系。

三线建设

三线建设，是指自1964年起在我国中西部开展的国防、科技、工业、交通等大规模建设。国际背景主要是中苏交恶以及美国对我国实行的新月形包围。1964—1980年，国家在三线地区（13个省、自治区）投入了2053亿元巨资（占同期全国基建投资的40%以上），400多万工人、干部、知识分子、解放军和农民工，在中西部相继建设了1100多个大中型项目。

关于“三线”的解释：一线是指沿边沿海前线地区；二线是指一线地区与京广铁路之间的安徽、江西及河北、河南、湖北、湖南4省东半部；三线是指长城以南、广东韶关以北、京广铁路以西、甘肃乌鞘岭以东的广大地区，其中川、贵、云、陕、甘、宁、青称“大三线”，一、二线地区的腹地称“小三线”。

国家提出要大分散、小集中，少数国防尖端项目要“靠山、分散、隐蔽”（山、散、洞），建设口号是“备战备荒为人民、好人好马上三线”。计划经济的运作模式造成资源配置效率低下。“文化大革命”对三线建设造成不利影响，不少三线建设项目步履维艰。三线建设推进困难，但为中西部发展做出了巨大贡献。改革开放以后，大部分三线单位由于位置偏僻而难有发展，国家对此进行专门调整，企业迁移后进行改制，由军用企业转为民用企业。

20 世纪 60—70 年代，我国主要实行均衡发展战略，强调生产力均衡布局，加速落后地区的发展，大规模的“三线建设”为内陆发展奠定了工业化基础。改革开放以来，国家提出让一部分人、一部分地区先富起来，实行先富带后富，强调发挥东部沿海地区的区位优势，设立经济特区和沿海开放城市，加快东部地区的开放发展。自 20 世纪末开始，国家重视缩小地区差距，相继提出西部大开发、振兴东北老工业基地、促进中部地区崛起等战略，与东部率先发展战略一起构成了我国的四大板块区域总体发展战略。2013 年以来，国家又相继提出了“一带一路”、京津冀协同发展、长江经济带、粤港澳大湾区等国家战略。

从国家四大板块来看，东部面临着全面的产业升级，长三角、珠三角、京津冀等地区稳步发展，创新驱动日益彰显，主要问题是美国对华贸易战导致外贸出口受阻。中部地区发展态势较好，山西、河南正在推进产业转型，湖北、湖南、江西、安徽四省以长江为生态发展轴进入加速发展时期。西部总体形势看好，生态环境得到综合整治，脱贫攻坚顺利推进，贵州、四川、重庆、陕西、广西等省区发展较快。2012 年以来，中部和西部的经济增速超过东部。东北经济下滑明显，在全国的占比持续下降，发展态势不容乐观。

今后一段时期，我国需要协调四大板块与国家重大战略的发展关系，重点培育新型增长极。四大板块侧重于区域内部的经济联系，国家重大战略更加重视战略通道的构建，横跨东中西，连接南北方，沟通国内外。“一带一路”倡议侧重于东中西协调互动和海陆全方位开放。京津冀协同发展战略侧重疏解北京“非首都功能”，打造世界级城市群，作为连接四大板块的重要枢纽。长江经济带横跨东中西三大板块，依托长江黄金水道，构建绿色生态走廊，构建国际一流的大河经济带。

我国现有集中连片特殊困难地区 14 个，作为国家精准扶贫、精准脱贫的主战场。根据各片区的资源禀赋、地理区位、生态环境、现有基础，各地要制定不同的精准扶贫策略，将地区发展与国家战略有机结合，依靠产业发展脱贫；需要建立更加有效的区域发展援助机制，主要是国家财力支援、重大项目倾斜、对口帮扶以及引导企业和社会力量投入。

我国实施区域协调发展战略，具有重要的现实意义：是增强区域发展协同性的重要途径，是拓展区域发展新空间的内在要求，是建设现代化经济体系的重要支撑，是实现“两个一百年”奋斗目标的重大举措。其工作重点包括以下内容：

第一，重点解决区域协调发展的核心问题。处理好沿海与内地的关系，效益与公平的关系，开发与保护的关系，倾斜与均衡的关系，城市与乡村的关系，城市群内部与城市群之间的关系，较发达地区与欠发达地区的关系，中国与外国的关系，当前与长远的关系。

第二，四大板块协调发展。通过“一带一路”建设强化西部大开发新格局，加强东北老工业基地的开放与振兴，通过长江轴线、京广轴线的率先建构推动中部崛起，以创新创智引领东部优化发展。

第三，推动京津冀协同发展。以疏解北京非首都功能为“牛鼻子”，创建高水平的雄安新区，强化北京的首都和创新职能，培育天津的轴心和产业职能，加强北京、天津联袂发展并辐射带动河北整体提升，将京津冀建设成国际化大都市圈。

第四，保护好长江的生态环境。以共抓大保护、不搞大开发为导向，推动长江经济带绿色发展。重点保护好长江水体、岸线、湿地、湖泊和流域生态，从严控制流域的开发强度，建设好长三角、长江中游、长江上游三大城市群，推动产业改造升级。

第五，加快建设海洋强国。推进陆海统筹，发展海洋产业，保护海洋生态，协调好海岸带开发与海洋生态环境保护的关系，扩大海洋作业领域，建设现代化海港群，构建海运大通道。运用政治、经济、外交、军事等手段，确保国家海洋权益。

第六，推进特殊区域的协调发展。主要是支持革命老区、民族地区、边疆地区、贫困地区加快发展，抓重点、补短板、强弱项，推动贫困地区脱贫攻坚，支持革命老区开发建设，促进民族地区健康发展，推进边疆地区开发开放。同时，扎实推进乡村振兴工程。

表 1－2　新时期我国区域协调发展

区域协调发展重点	主要内容
老少边穷地区加快发展	扶持革命老区、民族地区、边疆地区、贫困地区加快发展，推动贫困地区脱贫攻坚，支持革命老区开发建设，促进民族地区健康发展，推进边疆地区开发开放。将老少边穷地区放在区域协调战略的优先位置，改善基础设施，完善公共服务，培育优势产业和特色经济，加强生态环境建设
全国四大板块协调发展	加大西部开放力度，建设内外通道和区域性枢纽，培育优势产业、特色产业和新兴产业。实施新一轮东北老工业基地振兴战略，推动国企改革，加快转型升级。推动中部崛起，培育特色优势产业集群，增强中心城市和城市群的集聚能力，构建综合交通体系和现代物流体系。在东部打造具有国际影响力的创新高地，引领新兴产业和现代服务业发展，建立全方位开放型经济体系

续表

<table>
<tr><th colspan="2">区域协调发展重点</th><th>主要内容</th></tr>
<tr><td colspan="2">推进新型城镇化</td><td>促进大中小城市和小城镇协调发展，强化中心城市的辐射带动能力。按照优化提升东部城市群、培育发展中西部城市群的要求，形成一批参与国际合作和竞争、促进国土空间均衡开发和区域协调发展的城市群。加快农业转移人口市民化进程，降低落户门槛标准</td></tr>
<tr><td rowspan="4">国家重大战略</td><td>京津冀协同发展</td><td>疏解北京非首都功能，在交通、生态、产业三个重点领域率先突破推进，建设京津冀协同创新共同体。增强区域创新能力，建设以首都为核心的世界级城市群，辐射带动环渤海地区和北方腹地发展。高起点规划、高标准建设雄安新区</td></tr>
<tr><td>长江经济带绿色发展</td><td>坚持生态优先，绿色发展，共抓大保护，不搞大开发。优化沿江城镇、人口和产业空间布局，强化重点城市群的集聚辐射功能，构建促进东中西区域协调发展的重要支撑带。实施“深下游、畅中游、延上游”战略，重点解决下游“卡脖子”、中游“梗阻”、上游“瓶颈”等问题，提升干线航道通航能力</td></tr>
<tr><td>“一带一路”建设</td><td>明确不同区域对接“一带一路”的重点方向，统筹布局安排，促进重点区域内外开放并良性互动。推进基础设施互联互通和国际大通道建设，共建国际经济合作走廊。加强能源资源合作，共建境外产业集聚区，广泛开展教育、科技、文化、旅游、卫生、环保等领域合作</td></tr>
<tr><td>粤港澳大湾区</td><td>地处我国沿海开放前沿，经济实力雄厚，创新要素集聚，国际化水平高，合作基础良好。战略定位是：充满活力的世界级城市群；具有全球影响力的国际科技创新中心；“一带一路”建设的重要支撑；内地与港澳深度合作示范区；宜居宜业宜游的优质生活圈</td></tr>
<tr><td colspan="2">坚持陆海统筹，建设海洋强国</td><td>加强陆海统筹建设，将滨海开发向海洋延伸，发展海洋产业，振兴海洋经济，构建海运大通道。推动海洋经济发展，提高海洋开发能力，扩大海洋作业领域。重点整治海岸带的水体、大气和固体废弃物污染，对海岸线实行严格保护。运用政治、经济、外交、军事等手段，确保国家海洋权益</td></tr>
</table>

我国实施区域协调发展战略，需要处理好以下几个方面的建设：

立足于高铁、互联网的背景协调区域发展关系。国家推进“八纵八横”高铁路网建设，缩短了城市间的时空距离，加强了区域间的联系交流。高铁路网的建设，对于区域和城市协调发展，对于枢纽和增长极的建设，都会产生深远的影响。互联网的迅速推广，尤其是云计算、大数据、人工智能项目的实施，对于区域协调发展，也会产生巨大和深刻的影响。我国高铁、互联网的大发展，更利于构建沿线大通关合作机制，建设国际物流大通道，推进边境经济合作区、跨境经济合作区、境外经贸合作区建设。通过孟中印缅经济走廊，推进西南地区对外开放；通过新亚欧大陆桥和中巴经济走廊，加强西北地区开放对接；通过中蒙俄经济走廊，为东北和内蒙古的发展创造新的动力；通过“海上丝绸之路”，提升我国东部沿海的整体开放水平。通过上述战略的实施，实现陆海内外联动，东西双向互济。

推进区域开放发展。统筹国内区域开发与国际经济合作，共同打造陆上经济走廊和海上合作支点，推动互联互通、经贸合作、人文交流。一是强调区域开放发展，“一带一路”和长江经济带的建设，京津冀协同发展，我国规划建设的一系列国际门户和走廊，皆强调协调发展要建立在对外开放的基础之上。二是注重区域协调创新，重点推进边境经济合作区、跨境经济合作区、境外经贸合作区、国家级新区、自贸区的建设，十九大还明确提出要建设自由港，进一步扩大对外开放。三是从更高的层面、更广阔的视野谋划区域协调发展，通过“协调东中西、平衡南北方”来优化全国空间布局，从“陆海内外联动，东西双向互济”来调整板块功能关系，统筹国内区域开发与国际经济合作，共同打造陆上经济走廊和海上合作支点，推动互联互通、经贸合作、人文交流。

推进主体功能区的建设。根据不同区域的资源环境承载能力、现有开发密度和发展潜力，以及统筹未来人口分布、经济布局、国土利用和城镇化格局，我国将国土空间划分为优化开发区域、重点开发区域、限制开发区域和禁止开发区域四类，确定每个主体功能的定位，明确开发方向，控制开发强度，规范开发秩序，完善开发政策，逐步形成人口、经济、资源、环境相协调的空间开发格局。

推进国家新区的建设。国家级新区，是指新区的设立和开发建设上升为国家战略，总体目标、发展定位等由国务院统一进行规划和审批，相关特殊优惠政策和权限由国务院直接批复，在辖区内实行更加开放和优惠的特殊政策，鼓励新区进行各项制度改革与创新的探索工作。目前，我国共有 19 个国家级新区。

推进国家自贸区的建设。自由贸易区通常是指两个以上的国家或地区，通过签订自由贸易协定，相互取消绝大部分货物的关税和非关税壁垒，取消绝大多数服务部门的市场准入限制，开放投资，从而促进商品、服务和资本、技术、人员等生产要素的自由流动，实现优势互补，促进共同发展。有时，它也用来形容一国国内，一个或多个消除了关税和贸易配额并且对经济的行政干预较小的区域。目前，我国共有 11 个自由贸易区。

四、四大板块协调发展

我国幅员辽阔，陆地面积960万平方千米，海洋面积300万平方千米。基于自然、经济、地理、资源等各方面的原因，决定了我国的区域发展是不平衡的。今后一段时期，国家将继续实施四大板块的区域发展总体战略，西部地区主要加强基础设施建设，特别是"一带一路"战略；中部地区承东启西、连接南北，发挥好产业连接和发展的优势；东部地区主要是制度创新、转型发展和陆海统筹；东北老工业基地依然要通过深化改革、转型升级增强经济活力。从2013年起，国家又提出了"一带一路"、京津冀协同发展和长江经济带三大战略，为四大板块协调发展提供了发展动力和坚实支撑。

表1-3　2017年我国四大板块经济社会统计

指标	全国	东部	中部	西部	东北
年末总人口/万人	139008	53363	36900	37695	10875
地区生产总值/亿元	827112	447836	176487	168562	54257
居民人均可支配收入/元	25974	33414	21834	20130	23900
地方一般公共预算收入/亿元	91469	52495	16339	17787	4847
全社会固定资产投资额/亿元	641238	268911	166139	169715	31253
社会消费品零售总额/亿元	366262	187570	77475	68098	30762
货物进出口总额/亿元	278101	229198	18635	20982	9286
铁路营运里程/千米	126970	29633	28247	51900	17191
高速公路里程/千米	136499	38465	35117	51024	11843
普通高等学校/所	2631	1012	686	675	258

资料来源：国家统计局，中国统计年鉴2018。

四大板块涵盖全国，四大板块之间、四大板块内部，都存在着很大的发展差异。这些差异主要体现在自然环境、历史文化、经济水平、社会发展、城乡建设等方面。

四大板块协调发展，是我国区域协调发展的关键所在，表现在以下四个方面：

一是四大板块经济协调发展。东部经济发展，对外开放程度高，对东北、中部、西部具有广泛的辐射和拉动作用。东北、中部、西部为东部提供发展支撑，集中体现在资源、能源、市场、劳动力等方面。东部发展到一定水平之后，原来的劳动密集型加工制造业要向中西部转移。东部的产业升级，也拉动中西部地区的开放提升。东北属于国家老工业基地，应加强与东部沿海的发展联系，调整自身的体制机制，对国有企业进行脱胎换骨式的改造，借助对外开放促进对内搞活，通过科技创新增强市场竞争力。

二是四大板块社会协调发展。改善基础设施和公共服务，加强交通运输、物流配送和互联互通，形成高效率的运输网、信息网、服务网，通过社会协调提升整体层次。现阶段关键在于培育高水平的城市群和高效益的产业带，建设辐射带动功能强大的中心城市。东部重点建设好京津冀、长三角、珠三角三大城市群，东北重点建设好哈尔滨—长春—沈阳—大连发展轴，中部重点建设好大武汉、长株潭、环鄱阳湖、中原四大城市群，西部重点建设好西陇海（西安—兰州）成渝产业带。将北京、上海、深圳、广州培育成国际一流的科技、教育和文化创新中心。

三是四大板块生态环境统筹保护。全面落实主体功能区规划，合理建设优化开发区和重点开发区，妥善保护协调开发区和禁止开发区，对河流、湖泊、湿地、森林加大保护力度。工作重点包括：共抓长江大保护，三江源的保护，黄土高原的综合整治，西北地区、华北地区的荒漠化防治，西南地区的水土流失和地质灾害整治，海岸带的污染治理和综合保护，老工业基地和矿山的环境修复，等等。

四是四大板块整体协调发展。瞄准短板，聚焦关键，精准发力，突出“协调东中西、平衡南北方”的宏观思路，形成多层次区域发展战略体系。借助于“一带一路”、长江经济带、京津冀协同发展等国家战略的实施，促进生产力相对均衡布局，将东部的经济、科技、教育、开放优势向中西部延伸。西部强化发展新举措，形成发展新格局；东北深化体制机制改革，增强老工业基地发展活力；中部发挥“承东启西”的区位优势，推动结构调整和产业提升；东部加强创新引领和开放发展，促进区域整体提升。

我国地理界线

地理界线是划分地理单元的线或带，一般位于地理要素变化梯度显著的地域，按属性可分为自然地理界线和人文地理界线。一部分地理界线较为清晰，如行政区界线、流域界线等，但更多的地理界线具有过渡性的特征。

四大地理区域 从自然地理的角度，我国分为北方地区、南方地区、西北地区和青藏地区。北方地区位于大兴安岭—乌鞘岭以东，秦岭—淮河以北，东临渤海、黄海，包括东北三省、黄河中下游大部分地区，以及甘肃东南部和江苏、安徽的北部，地处我国季风气候区北部，1 月 0 ℃等温线和 800 毫米年等降水量线以北。南方地区位于秦岭—淮河以南，青藏高原以东，东南部临东海、南海，包括长江中下游、南部沿海和大西南，地处我国季风气候区南部，1 月 0 ℃等温线和 800 毫米年等降水量线以南。西北地区位于大兴安岭以西，长城和昆仑山—阿尔金山以北，包括内蒙古、新疆、宁夏和甘肃西北部，地处非季风气候区，深居内陆，400 毫米年等降水量线以西。青藏地区位于横断山脉以西，喜马拉雅山以北，昆仑山和阿尔金山以南，包括西藏、青海和川西，是一个独特的地理单元，海拔高，气候寒冷。

我国地形界线 （1）一、二级阶梯界线：昆仑山、阿尔金山、祁连山、横断山脉东端。（2）二、三级阶梯界线：大兴安岭、太行山、巫山、雪峰山。

我国气候界线 （1）季风区与非季风区的界线：大兴安岭、阴山、贺兰山、巴颜喀拉山、冈底斯山，该线西北为非季风区，东南为季风区。（2）湿润区与半湿润区的界线（800 毫米年等降水量线）：青藏高原东南边缘、秦岭—淮河一线。（3）半湿润区与半干旱区的界线（400 毫米年等降水量线）：从大兴安岭向西南，经张家口、兰州、拉萨附近，到喜马拉雅山南坡。（4）半干旱区与干旱区的界线（200 毫米年等降水量线）：阴山、贺兰山、祁连山、巴颜喀拉山、冈底斯山。（5）亚热带与暖温带界线：青藏高原东南边缘、秦岭—淮河一线。（6）暖温带与中温带的界线：鸭绿江口、长城、祁连山、天山一线。

我国海域界线 （1）渤海与黄海的界线：辽东半岛老铁山角—山东半岛蓬莱角。（2）黄海与东海的界线：长江口北岸启东角—济州岛西南角。（3）东海与南海的界线：广东南澳岛—台湾岛南端鹅銮鼻。

我国水文界线 （1）内流区与外流区的界线：北部为大兴安岭、阴山、贺兰山、祁连山东端，南部为 200 毫米年等降水量线。（2）长江水系与黄河水系的界线：巴颜喀拉山、秦岭。（3）长江与珠江水系的界线：南岭。（4）太平洋水系与印度洋水系的分水岭：怒山。

我国三大自然区界线　（1）东部季风区与西北干旱半干旱区的界线：400毫米年等降水量线。（2）东部季风区与青藏高寒区的界线：3000米等高线。（3）西北干旱半干旱区与青藏高寒区的界线：昆仑山、阿尔金山、祁连山。

秦岭—淮河线　亚热带与暖温带的分界线，最冷月均温0 ℃等温线，≥10 ℃积温4500 ℃等值线，800毫米年等降水量线，湿润区与半湿润区分界线，温带落叶阔叶林与亚热带常绿阔叶林的分界线，钙质土壤与酸性土壤的分界线，小麦集中产区与水稻集中产区的分界线，旱地与水田的分界线，农作物一年一熟或两年三熟与一年两熟或三熟的分界线。

人口密度界线　黑龙江黑河—云南腾冲一线，该线东南的地区人口稠密，西北的地区人口稀疏。

东部季风区热量界线　（1）东北温带湿润、半湿润地区与华北暖温带湿润、半湿润地区的界线：≥10 ℃积温3200 ℃等值线。（2）华中亚热带湿润地区与华北暖温带湿润、半湿润地区的界线：≥10 ℃积温4500 ℃等值线。即秦岭—淮河一线。（3）华中亚热带湿润地区与华南热带湿润地区的界线：≥10 ℃积温7500 ℃等值线。

第二章 我国城市群建设

一、新型城市化

城市是指经国务院批准设市建制的城市市区，镇是指经批准设立的建制镇的镇区，乡村是指城市市区和镇区以外的地区。到 2017 年年底，我国共有城市 661 个，其中直辖市 4 个，地级市 294 个，县级市 363 个，另有建制镇 21116 个。从等级规模来看，到 2017 年底我国共有地级及以上城市 298 个，按照城市市辖区年末总人口规模，400 万人以上的有 19 个，200 万~400 万人的有 42 个，100 万~200 万人的有 100 个，50 万~100 万人的有 86 个，20 万~50 万人的有 42 个，20 万人以下的有 9 个。

城镇化又叫城市化，是指人口和产业活动在空间上集聚、乡村地区转变为城市地区的过程。在城镇化过程中，城镇人口占总人口的比重持续上升，劳动力从第一产业向第二、第三产业逐渐转移，建设用地规模不断扩大，乡村景观逐渐转化为城市景观，人们的生产方式、生活方式、文化、价值观念等随之发生显著变化。城市化的过程表现出以下特点：以区域人口的迁移和集中为前提；以经济活动的集聚和优化为内容；以社会结构的转变和改善为目标；以地域景观的转化和演变为标志。城市化的基本内涵包括：经济城市化、人口城市化、社会城市化和空间城市化。

"十三五"期间，全国要有 1 亿农业转移人口在城镇落户，改造 1 亿人口的棚户区和城中村，还要引导 1 亿人口在中西部地区就近城镇化。到 2020 年，我国常住人口城镇化率要达到 60%，户籍人口城镇化率要达到 45%。

中国特色的新型城镇化，需要注重以下方面：一是以人为核心，全面提高城镇化的质量；二是大中小城市和小城镇协调发展，以城镇群为主体形态；三是借助城镇化推动乡村振兴；四是优化城镇布局，统筹城乡发展；五是节约集约利用资源和能源，减少对自然界的干扰和破坏；六是重视历史文化传承，让城镇有记忆、有特色、有美丽的风光，让居民“望山见水”，记得住乡愁。

改革开放以来，我国经济社会的迅猛发展，显著拉动了城镇化进程。城镇人口快速增长，城镇数量不断增加，城镇化水平持续提高。1978—2017年，我国城镇化水平由17.9%上升到58.5%，平均每年约增长1.0个百分点。2017年，我国城镇常住人口达到8.13亿。中心区的居住环境渐趋恶化，居民陆续向外迁移，一部分商业和制造业由中心城区向边缘区迁移，城市外围地带的人口显著增加。为了减轻中心城区的压力，在大城市周边建设了一系列卫星城和工业区。大多数城市家庭拥有小汽车，加之交通条件的改善，市区范围明显扩大，城市边缘区发展较快。

总体上讲，我国的城市化进程处在加速推进、逐渐提升的阶段。我国城市化水平持续上升，城市化成为推动我国经济社会加速发展的强劲引擎。从空间分布来看，我国城市化水平很不平衡，东部和东北地区城市化水平较高，中西部地区城市化进程明显滞后。长三角、珠三角、京津冀三大城市群综合实力较强，但国内大多数城市还处于加速扩张的阶段。

表2-1 改革开放以来我国城市化水平

年份	年底总人口/万	城镇人口/万	城市化水平/%
1978	96259	17245	17.92
1980	98705	19140	9.39
1985	105851	25094	23.71
1990	114333	30195	26.41
1995	121121	35174	29.04
2000	126743	45906	36.22
2005	130756	56212	42.99
2010	134091	66978	49.95
2015	137462	77116	56.10
2016	138271	79298	57.35
2017	139008	81347	58.52

资料来源：国家统计局，中国统计年鉴2018。

表 2－2　2017 年我国部分城市的年末总人口和地区生产总值

城市	年末总人口/万人	地区生产总值/亿元	城市	年末总人口/万人	地区生产总值/亿元
北京	1359	28015	青岛	803	11037
天津	1050	18549	郑州	842	9130
石家庄	973	6461	武汉	854	13410
太原	369	3382	长沙	709	10536
呼和浩特	243	2744	广州	898	21503
沈阳	737	5865	深圳	435	22490
大连	595	7364	南宁	757	4119
长春	749	6530	海口	171	1391
哈尔滨	955	6355	重庆	3390	19425
上海	1455	30633	成都	1435	13889
南京	681	11715	贵阳	408	3538
杭州	754	12603	昆明	563	4858
宁波	597	9842	拉萨	54	479
合肥	743	7213	西安	906	7470
福州	693	7103	兰州	326	2524
厦门	231	4352	西宁	206	1285
南昌	525	5003	银川	189	1803
济南	644	7202	乌鲁木齐	223	2744

资料来源：国家统计局，中国统计年鉴 2018。

二、城市群建设

城市群是指在特定的地域内，由若干不同规模、不同职能的城市，依托一定的自然条件和社会经济条件，借助于发达的交通运输和市场纽带所形成的城市综合体。

城市群具有以下基本特征：一是整体性，城市群在资源开发和产业经营等方面表现出共同的要求和相对一致性，逐步形成了共同的经济贸易市场和交通运输网络，城市群内部具有比较强的交通和信息联系。二是系统性，城市群由等级大小不一、职能性质各异的多个子系统所组成，子系统内部的专业化生产和劳动地域分工明确，它们彼此影响，相互协作。三是阶段性，城市群的发展具有阶段性，其间联系从松散到密切，交通从线性到网络，逐渐形成一个有机的城市群体系统。

我国将城市群作为新型城市化的主打形态，城市发展走集中与分散相结合的道路，而不再是片面地提出以大城市或小城镇为主。第一，构建城市群有利于汇集各方面的力量，充分调动大中小城市和小城镇的积极性，形成区域整体竞争优势。第二，构建城市群有利于降低开发成本，在共建共享的基础上进行统筹规划、统一建设，提高基础设施的利用效率。第三，构建城市群有利于提高城镇对农村劳动力转移的承载能力，促进城乡协调发展。第四，大城市容易引发城市病，小城市缺乏规模效益和集聚功能，而城市群能够发挥不同规模城市的优势，扬长避短，共同形成高效益的城市群体。第五，我国城市建设强调大中小城市和小城镇协调发展。发展大城市有利于产业集聚，加快发展速度；建设小城镇有利于农民就地转化，解决社会问题。第六，我国将实施都市圈战略，推动城市产业集群形成，构筑城市群、城市圈、城市带三位一体，分层、组团、板块式发展的总体格局。

西方学者将大都市带称为 Megalopolis，又称为大都市连绵区，它是由核心城市及其周边区域所组成的内部分工合理、彼此联系密切的城市地域。大都市带在空间上表现为密集型、多核心的星云状结构，除人口高度密集外，还表现为区域要素和流通网络的高度密集性。世界上比较成功的大都市带，如美国东北部大西洋沿岸大都市带、欧洲西北部大都市带、英格兰大都市带、日本东海道太平洋沿岸大都市带、北美五大湖沿岸大都市带、中国长江三角洲大都市带、美国西部沿岸大都市带、巴西西南部沿海大都市带、意大利北部波河平原大都市带等。

现将国际上发展比较成功的都市区介绍如下：

德国鲁尔区 位于德国西部，面积 4593 平方千米，人口 600 万，较大城市有科隆、杜塞尔多夫、杜伊斯堡、埃森、多特蒙德等。长期是以发展煤炭、钢铁、化工、机械为主导的重工业区。近 30 年来鲁尔区进行全面转型，关停重污染型工业企业，大力发展高科技、先进制造和现代服务业，区域面貌焕然一新。

荷兰兰斯塔德城市群 包括阿姆斯特丹、鹿特丹和海牙 3 个大城市，乌德勒支、哈勒姆、莱登 3 个中等城市以及众多的小城市，是一个多中心马蹄形的环状城市群，把特大城市所具备的多种职能分散到各种城市。阿姆斯特丹是首都、经济中心和国际航空港；海牙是国际会议中心，荷兰的中央政府以及外事机构、国际组织和多国企业的总部；鹿特丹是欧洲吞吐量最大的海港；乌德勒支是全国的铁路枢纽和服务中心。在兰斯塔德中部保留大面积的农田，作为城市群的生态绿心。

英国南部城市群　作为英国产业密集带和经济核心区，集中了伦敦、伯明翰、利物浦、曼彻斯特、利兹、谢菲尔德等中心城市和十多个中小城市，由伦敦大都市圈、伯明翰城市经济圈、利物浦城市经济圈、曼彻斯特城市经济圈和利兹城市经济圈组成，面积 4.5 万平方千米，人口 3650 万。该城市群强调对产业和人口进行严格的控制，城市外围绿带和内部绿地不能受到侵占，尤其是注重网络发展方式。

北美洲五大湖城市带　五大湖跨越美、加两国东部，水运条件优越。五大湖城市带长期作为北美洲重要的加工制造业密集区。五大湖区城市发展各有侧重。渥太华是加拿大的首都，多伦多是加拿大的经济中心，芝加哥是西半球最大的铁路枢纽，底特律是著名的汽车城，克利夫兰是机械工业基地，匹兹堡是钢铁工业基地，布法罗是装备制造中心。现代化和大运量的运输，对五大湖城市带的发展产生了重要的引导作用。

美国东北部大西洋沿岸城市带　人口 6500 万，是全美经济核心地带。波士顿拥有哈佛大学、麻省理工学院、波士顿大学等世界著名学府。纽约是美国乃至世界的商业和金融中心，是世界级大都市。费城是美国历史名城，经济活动以制造业、食品加工和金融服务为主。巴尔的摩是美国大西洋沿岸的海港城市。华盛顿是美国的首都，信息服务产业发达，具有强大的政治影响力。该城市带重视城市的合理分工，以及城市带交通体系建设。

日本太平洋沿岸城市带　由东京、名古屋、大阪三个城市圈组成，造就了高密度的京滨、中京、阪神、北九州等滨海工业带。规划思想是集中与分散相结合，建立区域多中心城市复合体，尤其是抑制和分散东京过度集中的都市职能，产业方面则采取以东京为核心的柔性组织发展方式。日本太平洋沿岸城市带的发展，注重城市间的协调管理。东海道新干线在 3 小时车程内将京滨、中京、阪神三大城市圈有机地连接起来。依托深水大港发展临海经济，兴建了一系列滨海工业带。

三、我国城市群与大都市带建设

经过长期努力，我国陆续形成了众多的城市群和城市密集区，在国民经济中发挥着日益重要的作用。我国区域经济发展，正由行政区经济向城市区经济转化提升，城市群逐渐成为全国区域经济发展的重中之重。

我国规划建设三大类 20 个城市群，包括 5 个国家级城市群、9 个区域性城市群和 6 个地区性城市群。推进城市群建设，有助于我国打破行政区划限制，进行资源的整合和再分配。中小城市将迎来发展机遇，同时倒逼大城市进行部分功能疏解。结合城市群建设，重点推进产业布局、城乡统筹、区域市场、基础设施、环境保护、社会保障等方面的一体化建设。

下面对我国一部分城市群的规划建设进行阐述：

长三角城市群 在上海市和江苏、浙江、安徽三省部分城市范围内，由以上海为核心、联系紧密的多个城市组成，主要分布于国家“两横三纵”城市化格局的优化开发和重点开发区域。范围包括上海市，江苏省的 9 个城市，浙江省的 8 个城市，安徽省的 8 个城市。地处我国海岸带与长江的交汇处，经济区位优势突出。产业高度集聚，经济社会发达，支柱产业有电子、家电、汽车、装备制造、航空航天、食品医药等。长三角的国际化步伐明显加快，上海黄浦区—浦东陆家嘴一带成为我国重要的国际金融服务区。宁波—舟山港、上海港成为世界级巨港。

珠三角城市群 包括广州、深圳、珠海、佛山、江门、东莞、中山等市的全部和惠州、肇庆两市的部分县市，土地面积 4.2 万平方千米。民营经济、股份制经济作为经济主体。在珠江东岸崛起了电子信息、医药食品等产业集群，在珠江西岸形成了机械五金、家电制造等产业集群。珠三角实行腾笼换鸟政策，逐步退出高消耗、高排放、高污染、低效益的产业部门，大力发展高新技术、先进制造和现代服务业。具有多中心的城市群结构，为内部各城市提供了较为广阔的发展空间，有利于这些城市扬长避短，各有侧重，趋异发展。

京津冀城市群 由北京都市圈、天津都市圈、冀东城市群构成，土地面积 5.3 万平方千米。这里长期作为我国重要的综合工业基地，钢铁、汽车、化工、建材、机械等产业部门地位突出，但也造成了严重的环境污染。该城市群长期作为全国的教育、科技和文化中心，集聚了大量的高等院校和研究机构。该城市群重视对中心城区的改造提升，北京、天津将工业企业大举外迁，大规模改造老城区，推进京津冀协同发展，尤其是加快雄安新区的建设，以疏解北京的非首都功能。

辽中南城市群 包括沈阳、大连、鞍山、抚顺、辽阳、本溪、铁岭、营口、盘锦、丹东 10 个城市，土地面积 8.07 万平方千米。拥有钢铁、机械、石油、化工、电力、建材、船舶制造等重化工业集群，逐步形成了以沈阳、大连为核心，以长大、沈丹、沈山、沈吉和沈承五条交通干道为发展轴的双核多轴状城市群空间结构。沈阳作为政治、经济和现代服务中心，大连作为先进制造、商贸和观光旅游中心，鞍山、抚顺、辽阳、本溪、铁岭、营口等城市则担负着各自不同的工业基地职能。

山东半岛城市群 包括济南、青岛、烟台、淄博、东营、烟台、潍坊、威海、日照、泰安、莱芜、滨州等城市，形成以济南和青岛为核心，以胶济、蓝烟铁路和济青、胶威高速公路为发展轴线的双星发展模式。济南是山东省的政治、商贸、服务中心，主要辐射城市群西部。青岛是山东省的主要门户和先进制造中心，主要辐射城市群东部。济南与青岛相距300多千米，通过其间的淄博、潍坊等城市，以及现代化的高速公路运输干道，形成以工业经济为支撑的城市产业带。

海峡西岸城市群 是由台湾海峡西岸的若干个城市所组成的区域性城市集合体，包括福州、宁德、莆田、泉州、厦门和漳州6个城市，总面积5.5万平方千米，总人口2800万。海峡西岸城市群与台湾省隔海相望，是实现祖国统一大业的战略要地，也是我国东部沿海经济社会发展的重点地区。欲将其建设成为促进祖国统一大业的前沿平台，推动国际合作的重要窗口，衔接长三角、珠三角，辐射中西部的沿海增长极，两岸文化交融、社会和谐的示范区。

北部湾城市群 是我国华南沿海西部与东盟国家进行交流往来的主要枢纽，包括南宁、北海、钦州、防城港、玉林、崇左等6市，国土面积4.25万平方千米。该城市群立足北部湾，服务西南、华南和中南，沟通东中西，面向东南亚，充分发挥连接多区域的重要通道、交流桥梁和合作平台的作用，以开放合作促开发建设，努力建成中国—东盟开放合作的物流基地、商贸基地、加工制造基地、信息交流中心和重要的国际区域经济合作区。南宁作为发展核心，环北部湾城市圈作为商贸物流基地，崇左、玉林两市作为主要的发展支撑。

中原城市群 形成以郑州都市圈为中心，以焦作、洛阳、开封、平顶山、漯河、新乡、许昌为次中心，以陇海、京广铁路，京珠、连霍高速公路为发展轴线的一主多次的城市群空间模式。其土地面积5.77万平方千米，总人口近5000万。地理位置优越，京广铁路与亚欧大陆桥在此交汇，承东启西，连南接北。产业以资源密集型和劳动密集型为主，机械、冶金、电力、煤炭、纺织作为支柱产业。

皖江城市带 包括合肥、蚌埠、阜阳、滁州、安庆、马鞍山、芜湖、铜陵、池州、宣城等城市，合肥是皖江城市带的核心城市。皖江城市带将全面融入长三角，提升以先进制造业和现代服务业为主的产业体系，创新能力显著增强，区域发展更加协调，成为我国经济增长与转型升级的重要引擎和具有重要影响力的现代化城市带。形成以沿长江一线为发展轴，合肥和芜湖为双核，滁州和宣城为两翼，构筑“一轴双核两翼”产业分布格局。

武汉城市圈 是指以武汉为中心、以100千米为半径的城市群，包括武汉以及黄石、鄂州、孝感、黄冈、咸宁、仙桃、潜江、天门8个中小城市，形成以武汉为核心，与周边8个城市优势互补、资源共享、市场共通、利益共有的经济一体化发展格局。作为国家级两型社会建设综合配套改革示范区，要率先在优化结构、节能减排、自主创新等重要领域和关键环节改革上实现新突破，率先在科学发展、和谐发展、绿色发展、低碳发展和城乡区域协调发展上取得新进展。武汉市要尽快建设成国家中心城市，尤其是长江中游地区的中心城市。

长株潭城市群 包括长沙、株洲、湘潭3个省辖市，沿湘江呈品字形分布，彼此相距不足40千米，既有绿色带隔离，又有高速路网连接。城市群土地面积2.8万平方千米，2017年总人口1400万，GDP15170亿元，经济总量占湖南的41.5%。长株潭长期作为湖南的社会、经济、文化、教育和科技中心，现已形成以机械、电子、冶金、轻纺、食品、化工、制药、印刷为支柱的综合工业体系。教育科技实力雄厚，拥有60多所高等院校和为数众多的科研机构，是我国重要的智力资源密集区。长株潭区位优越，地处东部和中西部过渡带、长江和沿海开放经济带接合部，对于支撑中国经济的发展具有重要的现实意义。

环鄱阳湖城市群 由环绕鄱阳湖的城市组成，包括南昌、九江、上饶、抚州、景德镇、鹰潭6个省辖市。该城市群要逐步建立现代城市网络体系，形成人流、物流、信息流的通道，对外发挥连接东西、贯通南北的作用，对内促进区域经济分工，有效整合资源，带动全省加速发展。南昌要做大做强，建成具有全国意义的先进制造业基地和区域物流商贸中心、金融中心。九江、上饶、抚州发挥区位优势，加快产业发展，分别建成对接珠三角、长三角、闽东南的桥头堡和具有较强辐射带动功能的区域中心城市。景德镇、鹰潭要充分发挥自身优势，明确城市定位，突出陶瓷、有色等特色产业的发展。

关中—天水经济区 包括陕西省西安、铜川、宝鸡、咸阳、渭南、杨凌、商洛部分区县和甘肃省天水市，面积7.98万平方千米，人口3000万。该经济区的总体目标定位是：建设成为西部及北方内陆地区的开放开发龙头地区，以高科技为先导的先进制造业集中地，以旅游、物流、金融、文化为主的现代服务业集中地。在全国宏观格局中，该经济区应作为“一带一路”建设的主体枢纽，作为连接我国东部、中部与西部的桥头堡。

成渝经济区　包括重庆、成都、南充、绵阳、乐山、德阳、眉山、内江、遂宁、资阳等城市，土地面积17.2万平方千米，目前人口近8000万，是我国人口最多、面积广大的城市群。该经济区以成都和重庆为核心，以自贡、绵阳、南充、雅安、资阳等城市为次核心，是我国西部综合实力最强的城市区域。成渝经济区工业基础较好，沿成渝高速形成了以煤炭、石油、电力、钢铁等产业为主的重工业走廊。在重庆、成都的外围区域，已形成了包括纺织、制衣、木材加工、工艺品等产业的轻工业产业集群。成渝经济区重化工业比重高，资源能源消耗多，对环境生态的破坏突出，产业结构和空间布局需要进行调整。

我国城市群和都市带的规划建设，需要注重以下方面：首先，制定高水平的发展规划，对城市群进行顶层设计。城市群规划的制订，强调以人为本、生态优先和文化导向，加强中心城市的辐射带动功能，形成强有力的发展极核。明确主要城市群的功能定位、辐射范围和区域特色，强调趋异发展和优势互补。其次，城市群的空间结构，由单中心向多中心转化，疏解中心城区职能，建设一系列次一级的城市中心、卫星城镇和园区。协调城市群内部的发展关系，大中小城市和小城镇之间协调发展，形成合理的城镇等级体系、职能体系和空间体系，培育集群合力，增强整体实力，设法减轻“大城市病”和“小城镇病”。再次，注重改善城市群的交通，强调以公共交通为导向。建造城市地铁系统、轻轨系统、公交车辆系统，实现载客多、效率高、污染少的目的，还要建立高效率的公共交通管理系统。此外，构建良好的人居环境和发展环境。保护好自然景观和人文景观，尊重生态环境和历史文化。老城改造过程中，对于历史文化价值突出的建筑要尽量整旧如旧。营造温馨宜人的生活环境和特色鲜明的文化氛围。最后，注重城镇与乡村的协调发展。伴随着基本现代化建设，我国需要缩小城市与乡村的发展差距。借助高效率的交通运输和信息网络，将城市文明向区域传输，辐射带动区域加速发展。推行乡村振兴战略，开发形式多样的现代服务业，在广大农村普及现代文明。

第三章　东部转型升级

东部地区位于我国东部，东亚大陆东缘，太平洋西岸，包括北京市、天津市、河北省、山东省、江苏省、上海市、浙江省、福建省、广东省、海南省、台湾省、香港特别行政区、澳门特别行政区，还包括中国东部和南部的海域，土地面积 176.16 万平方千米。

东部地区人口密集，经济发达，城市众多，地处我国对外开放的前沿。改革开放以来，东部地区经济社会发展迅猛，取得了举世瞩目的建设成就。1980 年国家设立深圳、珠海、汕头、厦门四个经济特区，1984 年国家确定 14 个沿海开放城市，其中秦皇岛、天津、烟台、青岛、连云港、南通、上海、宁波、温州、福州、广州、湛江 12 个位于东部地区。1988 年国家设立海南省，并将其确定为全国第五个经济特区。1990 年国家设立上海浦东新区。20 世纪 80 年代珠江三角洲地区加速改革开放，进入高速发展时期。20 世纪 90 年代上海浦东新区进入大规模开发时期，珠三角、长三角成为我国充满活力的两大增长极。京津地区、山东半岛、闽中南也迅速发展起来。2013 年国家设立中国（上海）自由贸易试验区。2018 年国家决定支持海南全岛建设自由贸易试验区，随后设立海口江东新区，将其作为自由贸易试验区建设的重点先行区域。

东部是我国自然条件较好的区域，地势低平，土地肥沃，光照水热条件都很理想，长期作为农业生产基地、城镇和工业企业的密集区。东部属于温带季风、亚热带季风气候，总体来看雨热同期，有利于农业生产，但中南部经常遭受台风侵袭。东部河流纵横，水资源丰富，较大的河流有海河、黄河、淮河、长江、闽江和珠江。东部地区发展历史悠久，文化底蕴深厚、旅游资源丰富，对外交流频繁。东部地区自然条件优越，平原面积大，水资源丰富，有利于产业发展和城市建设。东部沿海良港众多，有利于发展国际贸易和出口加工业。

近四十年来，东部地区一直走在改革开放的前列，承担着为全国引路、试验、开放的重任，为全面深化改革起到先行先试、搭桥铺路的作用。经过长期不懈的努力，东部迅速崛起，经济实力雄厚。从 2017 年地区生产总值来看，广东达 89705 亿元，居全国第一位；江苏 85869 亿元，居全国第二位；山东 72634 亿元，居全国第三位；浙江 51768 亿元，居全国第四位。同期台湾地区生产总值 17.44 万亿新台币，折合人民币 38692 亿元；香港 25852 亿港元，折合人民币 23049 亿元；澳门 4042 亿澳门元，折合人民币 3400 亿元。

东部地区的问题主要是：（1）资源供给矛盾日益突出。东部地区的工业、城市经过长时期的高速发展，皆已达到空前的规模，大多数地方的土地资源、水资源、能源明显不足。（2）环境生态状况逐渐恶化。东部许多地区环境承载力已超负荷，水环境、大气环境、土壤环境皆面临着很大压力，水体富营养化、雾霾、土壤重金属污染频繁发生。（3）东部传统企业面临着优化调整和产业升级，原有的劳动密集型企业和资源密集型企业要向技术密集型企业和资本密集型企业升级。在美国对华贸易战逐渐深入的背景下，加之国际经贸形势的日趋复杂化，我国沿海出口型企业面临着更加激烈的国际市场竞争。（4）东部地区实施全面的产业升级，需要高新科技、高端人才和创新企业作为支撑，这方面存在着不少薄弱环节，诸多领域亟待加强。

表 3-1 东部地区国民经济和社会发展部分指标（2017 年）

指标	数量	占全国的比重/%
年末总人口/万人	53363.4	38.4
地区生产总值/亿元	447835.5	52.9
城镇居民人均可支配收入/元	42989.8	—
农村居民人均可支配收入/元	16822.1	—
地方一般公共财政预算收入/亿元	52495.3	57.4
全社会固定资产投资额/亿元	268911.0	41.9
社会消费品零售总额/亿元	187569.8	51.5
货物进出口总额/亿元	229197.9	82.4
谷物/万吨	14964.0	24.3

续表

指标	数量	占全国的比重/%
汽车/万辆	1308.0	45.1
发电量/亿千瓦时	25068.9	38.6
普通高等学校/所	1012	38.5

资料来源：国家统计局，中国统计年鉴 2018。

一、北京市

北京市简称京，是中华人民共和国首都，直辖市，全国政治中心、文化中心、国际交往中心、科技创新中心。土地面积 16410.54 平方千米。位于华北平原北部，背靠燕山，属温带半湿润大陆性季风气候。现辖东城、西城、海淀、朝阳、丰台、门头沟、石景山、房山、通州、顺义、昌平、大兴、怀柔、平谷、延庆、密云 16 个市辖区。2017 年常住人口 2171 万，城镇化率 86.5%。同年完成地区生产总值 2.80 万亿元，人均地区生产总值 128994 元，三次产业构成 0.4∶19.0∶80.6。

北京拥有三千多年城市历史。公元前 221 年秦始皇统一中国以来，北京一直是我国北方重要的统治中心。公元 938 年以来，北京又先后成为辽陪都、金上都、元大都、明清国都。贞元元年（1153），金朝皇帝海陵王完颜亮在此建都，称为中都。自元朝起，北京成为中国的首都。永乐十九年（1421），明朝正式迁都北京。1949 年，北京成为中华人民共和国的首都。它是首批国家历史文化名城，拥有故宫、天坛、长城、颐和园、十三陵等名胜古迹。北京城池由宫城、皇城、内城、外城组成。旧城为棋盘式格局，具有中轴明显、结构紧凑、整齐对称的特点。中轴线南起永定门，北至钟鼓楼，长 7.8 千米。城市主要建筑以中轴线为轴对称分布。它是全球拥有世界遗产最多的城市，共有 99 处全国重点文物保护单位。著名大学有北京大学、清华大学、中国人民大学、北京师范大学、北京农业大学等。

北京农业以城郊农业为主，生产蔬菜、肉类、禽蛋、水产和果品。工业以电子、信息、汽车、石化、医药、食品为主。中关村科技园区、北京经济技术开发区、临空经济区、商务中心区、奥林匹克中心区、金融街是六大高端产业功能区，还有房山新材料产业集聚区、大兴生物医药基地、石景山综合服务中心等专业园区。

北京是我国铁路中心枢纽，重要铁路如京九、京沪、京广、京哈、京包、京原、京承等。北京首都国际机场是全球规模最大的机场。北京是全国最大的科学技术研究基地，拥有中国科学院、中国工程院、中关村科技园区以及大量的科研院所。

故宫位于北京城市中心，为明、清两代皇宫，又称紫禁城，是我国现存最大、最完整的古代宫殿建筑群，占地 72 万平方米，建筑沿着中轴线对称排列，1987 年被列入《世界遗产名录》。天坛位于北京市区永定门内大街东侧，为明、清两代皇帝祭天祈谷之地，是世界现存最大的古代祭天建筑群，1998 年被列入《世界遗产名录》。八达岭长城位于北京市延庆县西南部，是万里长城的一部分，明代长城保存较完整的一段，1987 年被列入《世界遗产名录》。颐和园位于北京市海淀区西北郊，原为清朝皇帝的行宫和花园，是我国现存规模最大、保存最完整的古代皇家园林，1998 年被列入《世界遗产名录》。十三陵位于北京市昌平区北部，为明代十三个皇帝的陵墓，是我国乃至世界现存规模最大、帝后陵寝最多的古代皇陵建筑群，2003 年被列入《世界遗产名录》。

天安门广场

地处北京市中心位置，南北长 880 米，东西宽 500 米，面积 44 万平方米，可容纳 100 万人举行盛大集会，是世界上最大的城市广场。广场地面由浅色花岗岩条石铺就，中央矗立着人民英雄纪念碑和毛主席纪念堂，天安门两边是劳动人民文化宫和中山公园。这里是五四运动、“一二·九”运动等重大事件的发生地。1949 年 10 月 1 日，中华人民共和国成立，广场举行开国大典。天安门城楼重楼九楹，高 33.7 米。人民大会堂坐西朝东，南北长 336 米，东西宽 206 米，高 46.5 米，建筑面积 17.18 万平方米。毛主席纪念堂位于广场南端，这里安放着毛泽东主席的遗体。人民英雄纪念碑位于天安门广场中心，碑高 37.94 米。国家博物馆位于广场东侧，总建筑面积 20 万平方米，藏品数量逾 100 万件，展厅 48 个。正阳门是明清两朝北京内城的正南门，位于广场南端，集城楼、箭楼与瓮城为一体。

北京的新时期工作重点包括：

第一，全面实施城市总体规划。2017 年 9 月，《北京城市总体规划（2016—2035）》发布。北京作为全国政治中心、文化中心、国际交往中心和科技创新中心，发展目标是国际一流的和谐宜居之都。划定城市开发边界和生态控制线，严控建设用地规模，实现生态用地动态增长，谋求多规合一、全域管控。疏解非首都功能，坚持疏解整治与优化提升同步推进，努力营造整洁有序的城市面貌和便利宜居的生活环境。推进京津冀协同发展，推动雄安新区与城市副中心两翼联动。推进永定河综合治理与生态修复，加快京津风沙源治理等生态工程的建设。

第二，建设全国科技创新中心。把科技创新与高精尖经济结构紧密结合起来，重点建设好北京量子信息科学研究院、北京脑科学与类脑研究中心，承接航空发动机、天地一体化信息网络等重大项目，在石墨烯、新能源汽车、智能电网等领域争取有大的突破。发挥中关村示范区的引领支撑作用，在朝阳望京、中关村大街、未来科学城、新首钢试点建设国际人才社区，支持行业领军企业、独角兽企业和隐形冠军企业发展壮大。

第三，加强城市精细化管理。以共治为基础，以法治为保障，积极构建行之有效的超大城市治理体系，下大气力治理“大城市病”。核心区逐步降低人口密度，逐步降低建设密度，增加绿地和水域，加强建筑高度控制。中心城区有序疏解非首都功能。疏解腾退区域性商品交易市场。实施北京大数据行动计划，建立城市大数据平台。推进智慧城市建设，开展副中心智慧城市试点。以细颗粒物来源解析为基础，制订实施新一轮大气污染防治行动计划。抓好交通拥堵治理，努力改善出行条件。

第四，建设好全国文化中心。采取一系列得力措施，有效保护、发掘、传承和利用丰富的历史文化资源，使北京成为文化底蕴厚重、艺术繁荣发展、社会风气高尚的城市。严格执行皇城保护规划，加大文物保护与环境管控力度。建设好大运河文化带、长城文化带、西山永定河文化带。打造北京国际设计周、国际电影节、国际音乐节、中国戏曲文化周等文化品牌，充分展示首都文化魅力。

二、天津市

天津市简称津，位于海河下游，地跨海河两岸，是北京通往东北、华东地区铁路的交通咽喉和远洋航运的港口。它是中国北方最大的沿海开放城市，全国先进制造研发基地、北方国际航运核心区、金融创新运营示范区。位于华北平原海河五大支流汇流处，东临渤海，北依燕山，海河在城中蜿蜒而过。土地面积 11946.88 平方千米。油气资源丰富，有渤海和大港两大油田。长芦盐场年产原盐 230 万吨，占全国海盐总产量的 1/10。2017 年常住人口 1557 万人，城镇化率 82.93%，完成地区生产总值 18549 亿元，人均地区生产总值 118944 元，三次产业结构 0.9：40.9：58.2。

金朝在天津三岔河口设立军事重镇“直沽寨”。元朝延佑三年（1316）在直沽设“海津镇”。永乐二年明成祖朱棣赐名“天津”，即天子渡口之意。自古因漕运而兴起，明永乐二年（1404）正式筑城。清天津升卫为州，升州为府。现辖 16 个区。1860 年天津成为通商口岸以后，西方多国在天津设立租界，天津成为中国开放的前沿和近代中国“洋务运动”的基地。现在的天津，建有天津滨海国际机场，著名大学有南开大学、天津大学等。

滨海新区是天津市下辖的副省级区、国家级新区和国家综合配套改革试验区，是北方对外开放的门户、高水平的现代制造业和研发转化基地、北方国际航运中心和物流中心、宜居生态型新城区。

天津工业发达、门类齐全，是中国近代工业的发祥地，在我国率先生产电视机、电话、照相机、汽车发动机和手表。现已形成航空航天、石油化工、装备制造、电子信息、生物医药、新能源、新材料等新兴支柱产业。拥有空客 A320 总装线、新一代运载火箭和特种飞行器生产基地、直升机和无人机生产基地、百万吨乙烯和千万吨炼油生产基地，以及太阳能、风电、半导体照明生产基地。

天津港位于天津市海河入海口，是我国北方重要的综合性港口和对外贸易口岸。是在淤泥质浅滩上挖海吹填建成的人工深水港，主航道水深 21 米，可满足 30 万吨级油轮进出港的要求。现有水陆域面积 336 平方千米，陆域面积 131 平方千米，拥有各类泊位 160 个，其中万吨级以上泊位 122 个。天津港是货类齐全的综合性国际大港，现已形成集装箱、原油及制品、矿石、煤炭四大主营业务。

天津是著名的历史文化名城。前后历经 600 多年，造就了天津中西合璧、古今兼容的独特城市风貌。天津素有万国建筑博览会之称，城市建筑独具特色，既有雕梁画栋、典雅朴实的古建筑，又有众多新颖别致的西洋建筑。著名景点如天后宫、玉皇阁、文庙、天主教堂、清真大寺、大悲禅院、广东会馆等。

五大道

在天津中心城区南部，东西向并列着以中国西南名城成都、重庆、大理、睦南及马场为名的五条街道，是迄今中国保留最为完整的洋楼建筑群。拥有 20 世纪 20—30 年代建成的花园式洋房 2000 多所，建筑面积 100 多万平方米。风貌典型的建筑300余所，包括英式建筑89所、意式建筑41所、法式建筑6所、德式建筑4所、西班牙建筑3所，以及文艺复兴式建筑、古典主义建筑、折衷主义建筑、巴洛克式建筑、庭院式建筑、中西合璧式建筑等，号称万国建筑博览苑。著名景点有先农大院、民园广场、民园西里、马场道、冯国璋故居、纳森旧居等。五大道地区作为天津租界市政园林和民居建筑的典型代表，形成了姿态万千的西式建筑群体景观。

天津规划理念可概括为“双城双港、相向拓展、一轴两带、南北生态”，“双城”是指天津市中心城区和滨海新区核心区，“双港”是指天津港和天津南港，“南北”指市域中北部及南部，“北端”是指蓟州区北部山地丘陵地带。

天津的发展要重点抓好以下工作：

第一，加快建设实体经济、科技创新、现代金融、人力资源协同发展的产业体系。培育壮大新一代信息技术、新材料等十大高端产业集群，加快建设中欧先进制造产业园、滨海新区国家军民融合创新示范区，积极发展智能制造、服务制造、绿色制造，积极发展电子商务、互联网服务等新兴服务业态，推动旅游休闲、健康养生等生活性服务业向精细化高品质提升。以海空两港为核心、轨道交通为骨干，全面提高航运服务辐射功能和全球资源配置能力。

第二，深入推进京津冀协同发展。着力推进产业协同、创新协同、体制机制协同、环保协同、基础设施建设协同。加快建设滨海—中关村科技园、未来科技城京津合作示范区、武清京津产业新城、宝坻京津中关村科技城等一批高水平承接平台，推动国家大学创新园区、中科院天津创新产业园等一批创新平台落地。加快打造区域铁路枢纽、航空枢纽、海上门户。加快建设京津冀大数据综合试验区、京津冀协同发展示范区。

第三，全面推动污染防治攻坚战。打赢蓝天保卫战，全面完成控煤、控车、控尘、控工业污染等目标任务，加大“散乱污”企业整治力度，稳步推进“煤改电”“煤改气”。全面落实河长制管理，严格引江、引滦水源保护，深入推进工业废水、生活污水、农村污水治理，实现污水全收集、全处理，对20条163千米河道进行水生态修复，加强海洋生态治理。规划控制滨海新区与中心城区中间地带。构建水绕津城、城在林中、天蓝水清的城市环境。推进天津滨海新区开发开放政策向河北曹妃甸、黄骅等沿海港区延伸，引导京津冀人口向沿海地区的转移，缓解人口向北京过度聚集的压力。

第四，推动形成全面开放新格局。打造开放层次更高、营商环境更优、辐射作用更强的开放新高地。高标准建设自贸试验区，完善金融创新、国际贸易、国际航运等服务功能，加快构建与国际接轨的高标准投资贸易规则体系。加快培育跨境电商、平行进口、保税维修等新增长点，打造多式联运跨境交通走廊。办好津洽会、旅游产业博览会、津台投资合作洽谈会等展会，推动形成区域协调发展新格局。

三、河北省

河北省简称冀，地处华北，东临渤海，内环京津，国土面积 18.88 万平方千米。2017 年常住人口 7520 万人，城镇化率 55.0%，完成地区生产总值 34016 亿元，人均地区生产总值 45387 元，三次产业构成 9.2：46.6：44.2。

河北地势西北高、东南低，由西北向东南倾斜。地貌复杂多样，有坝上高原、燕山和太行山山地、河北平原三大地貌单元。这里属温带大陆性季风气候，四季分明，降水偏少。主要河流有漳卫南运河、子牙河、大清河、永定河、潮白河、蓟运河、滦河等。矿产资源以煤、铁、钼、石灰岩、白云岩为大宗，冀中煤炭基地为国家特大型煤炭基地，包括开滦、峰峰、邢台、井陉等矿区。拥有华北、冀东、大港三大油田。

河北是中华民族的发祥地之一。春秋战国时期河北属燕、赵两国，故有“燕赵大地”之称。汉代属幽州、冀州。唐代为河北道，宋代为河北路，元代为中书省。明清属直隶省。解放战争时期，河北西柏坡为中共中央临时所在地。拥有长城、承德避暑山庄、清东陵和清西陵 3 项世界文化遗产；邯郸、保定、承德、正定、山海关、蔚县 6 个国家级历史文化名城。1928 年改为河北省，1930 年省会迁至天津，1935 年省会迁往保定，1968 年省会迁往石家庄。2017 年 4 月 1 日，国务院决定设立河北雄安新区。

河北是我国的农业大省，粮、棉、油产量居全国前列，大部分地区农作物可两年三熟。主要粮食作物有小麦、玉米、谷子、豆类等，主要经济作物有棉花、花生、油料、甜菜、麻类、烟叶等。沿海渔业以秦皇岛为核心，白洋淀为淡水鱼主要产区。河北工业基础较好，但重型化特征明显，装备制造、钢铁、建材、煤炭、石化占有很大比重。河北也是我国最大的钢铁工业基地，唐钢、邯钢都是千万吨级企业集团，曹妃甸精品钢材、承德钒钛制品为优势产品。近些年来，新能源、生物工程、电子信息发展较快。石家庄华北制药集团是我国最大的抗生素生产基地。

河北战略地位重要，是沟通东部、东北、中部和西部的枢纽地带。铁路干线如京广、京九、京沪、京包、京通、京哈、石太、石德、大秦等，铁路货物周转量居全国首位。秦皇岛港是我国重要的煤炭运输港。石家庄正定国际机场为国家枢纽机场。

石家庄市位于冀西南，是河北省省会。地跨太行山地和华北平原，西部地处太行山中段，东部为滹沱河冲积平原，素有“南北通衢、燕晋咽喉”之称，地理位置优越，旅游资源丰富。2017 年人口 973 万，完成地区生产总值 6461 亿元，是我国最大的医药工业基地和重要的纺织基地。著名景点有西柏坡、赵州桥、嶂石岩、驼梁、苍岩山、仙台山、柏林禅寺、隆兴寺等。1948 年 5 月至 1949 年 3 月间，石家庄平山县西柏坡是中共中央和中国人民解放军总部所在地，毛主席在此指挥了“三大战役”，党中央在此举行了中国共产党七届二中全会。

保定位于冀中，曾是直隶省会、直隶总督驻地，也是河北省最早的省会，是国家历史文化名城。这里兼有平原、湖泊、湿地、丘陵、山地、亚高山草甸，白洋淀、野三坡是国家 5A 级景区，清西陵被收入《世界遗产名录》，地方名胜有大慈阁、直隶总督署、狼牙山、冀中冉庄地道战遗址、古莲花池等。高等院校有华北电力大学、河北大学、河北农业大学等。保定陆军军官军校是中国近代史上第一所正规陆军军校，学校旧址属于全国重点文物保护单位。

秦皇岛是国家首批沿海开放城市，东北亚重要的对外贸易口岸，特大型能源输出港。它位于燕山山脉东段丘陵地区与山前平原地带，地势北高南低，属温带大陆性季风气候。秦皇岛拥有国家级秦皇岛经济技术开发区、秦皇岛出口加工区和燕山大学科技园，工业发达，以玻璃、金属压延、机电、食品饮料为支柱产业，建有汽车轮毂制造基地、铝制品基地和北方最大的粮油加工基地。秦皇岛是国家历史文化名城，因秦始皇求仙驻跸而得名。著名景点有山海关、翡翠岛、昌黎黄金海岸等。

承德避暑山庄及周围寺庙景区

承德避暑山庄属于世界文化遗产，国家 5A 级旅游景区，位于承德市中心北部，武烈河西岸一带狭长的谷地上，是清代皇帝夏天避暑和处理政务的场所。始建于 1703 年，历经清康熙、雍正、乾隆三朝，耗时 89 年建成，以朴素淡雅的山村野趣为格调。避暑山庄分宫殿区、湖泊区、平原区、山峦区四大部分，东南多水，西北多山，成为中国皇家园林艺术荟萃的典范。周围寺庙由博仁寺、博善寺、普乐寺、安远庙、普宁寺、普佑寺、广缘寺、须弥福寿之庙、普陀宗乘之庙、广安寺、罗汉堂、殊像寺等12座金碧辉煌、雄伟壮观的喇嘛寺庙群组成，环列在山庄外的东部和北部的山麓。

新时期河北省的发展要点包括：

第一，推进京津冀协同发展战略。河北在对接京津、服务京津的过程中，注重加快自身的发展，提升本省的发展层次。创造条件，改善环境，积极承接北京的非首都功能，加强与北京、天津的融合发展。举全省之力高起点规划、高标准建设雄安新区，努力打造千秋之城、未来之城、典范之城。对河北而言，深入推进京津冀协同发展，有利于补齐发展短板，培育经济发展良好环境；有利于更大范围内配置要素资源，迈向全球产业价值链中高端；有利于调整优化产业和城镇空间布局，增强区域吸附力、承载力和辐射力；有利于集聚吸纳京津创新要素，打造经济发展新增长极。在河北南部打造石家庄—邢台—邯郸沿京广线城市产业带，在河北东部打造唐山—秦皇岛滨海城市产业带，在河北北部培育张家口、承德两大增长极。

第二，下大气力调整产业结构。河北产业发展的问题主要是重化工业占比长期居高不下，不仅对本省发展形成沉重压力，还威胁到北京、天津的城市环境。改变眼下重工业过重的被动局面，下决心压缩钢铁、水泥、煤炭、化工、平板玻璃等重化工业的规模。推进廊坊京东电子商务、保定新发地物流园等重点项目。依托秦皇岛港、唐山港和黄骅港，大力发展外向型经济。重点建设好石家庄高新区、保定高新区（中国电谷）、唐山高新区和燕郊高新区，提升秦皇岛经开区、廊坊经开区和沧州临港经开区。结合文化建设和旅游开发，培育红色太行、壮美长城、诚义燕赵、神韵京畿、弄潮渤海等文化类型，对观光旅游业进行整体提升。

第三，做大做强石家庄、秦皇岛、唐山等中心城市。重点提高城市的层次和品质，大力发展现代服务业。推动保定、廊坊两市与北京、天津的一体化建设。启动北京新机场临空经济区建设，支持曹妃甸区、渤海新区、正定新区、北戴河新区、衡水工业新区、冀南新区、邢东新区等重大战略平台精准定位、错位承接。重点建设好燕山大学和河北大学。张家口与北京联合筹办冬奥会，张北地区要大力发展奥运经济、冰雪产业、旅游文化产业和大数据产业，培育健全绿色产业体系。

第四，重点建设雄安新区创新驱动引领区、石保廊全面创新改革试验区、京南国家科技成果转移转化示范区等一批标志性的协同创新平台，通过“北京原始创新、天津研发转化、河北推广应用”的模式，打通区域创新链和产业链，建立区域协同创新体系，通过“飞地经济”“异地工业园区”“联合共建开发区”“服务外包”等方式，承接北京非首都功能疏解，探索建立税收分享等创新政策。

第五，加大生态环境保护力度。保护坝上高原、燕山和太行山山地的生态环境，涵养水源，提高植被覆盖度。对近海湿地、河流湿地、湖泊湿地，也要加大保护力度。抓好京津冀水源涵养林、永定河综合治理等生态工程。

四、山东省

山东省简称鲁，地处华东沿海、黄河下游，山东半岛伸入黄海，与朝鲜半岛隔海相望。山东属于经济大省和人口大省，土地面积 15.8 万平方千米，2017 年常住人口 10006 万人，城市化率 60.58%，完成地区生产总值 72634 亿元，人均地区生产总值 72807 元，三次产业构成 6.7∶45.3∶48.0。

全省中部为鲁中山区，地势高突，泰山是当地最高点。这里属暖温带季风气候，雨热同季，但水资源明显不足，时常有旱灾发生。河流分属黄、淮、海三大流域，大运河纵贯南北。山东是全国粮食、经济作物和水果的重要产区。海洋资源得天独厚，近海海域占渤海和黄海总面积的 37%，滩涂面积占全国的 15%，经济鱼类有 40 多种。

公元前 1046 年，周武王灭商纣，武王首封辅佐有功的姜太公于齐（侯国），武王之弟周公则封于鲁（公国）。秦分天下为 36 郡，在山东置齐郡、东郡、薛郡、琅邪郡。宋初，山东隶属于京东路和河北路，后又增置京东西路。明设山东布政使司，清初置山东省。山东是儒家文化发源地，孔子、孟子、墨子、孙子皆为山东人，齐鲁文化对中华文化的形成和发展具有重大影响。

济南是山东省省会，山东的政治、文化、教育、经济、交通和科技中心。位于山东省中西部，南依泰山，北跨黄河，地势南高北低。济南是国家历史文化名城，辖 8 区 2 县。2017 年人口 644 万，完成地区生产总值 7202 亿元。因境内泉水众多，拥有“七十二名泉”，著名者如趵突泉、黑虎泉、五龙潭、珍珠泉、白泉、百脉泉等，被称为“泉城”。城区集“山泉湖河城”于一体，自古就有“家家泉水，户户垂柳”“四面荷花三面柳，一城山色半城湖”的美誉。著名景点有趵突泉、大明湖、千佛山、解放阁、五龙潭、泉城广场、环城公园等。著名学府有山东大学、山东师范大学等。机械、汽车、电子、化工作为济南的四大支柱产业，规划建设全国重要的区域性经济中心、金融中心、物流中心和科技创新中心。

青岛是山东省经济中心，国家沿海重要中心城市、滨海度假旅游城市。地处山东半岛东南部沿海、胶东半岛东部，濒临黄海。它是国家历史文化名城，也是中国道教的发祥地。2017 年人口 803 万，完成地区生产总值 11037 亿元。辖 7 区 3 县级市。青岛是国际海洋科研教育中心，建有中国海洋大学。这里的异域建筑种类繁多，被称作“万国建筑博览会”，八大关建筑群荣膺“中国最美城区”称号。青岛港是我国北方重要港口，货物吞吐量跻身全球前十位。拥有国家级自然保护区即墨马山石林。青岛啤酒于 1903 年建厂，是我国最为著名的啤酒厂家。

曲 阜

古为鲁国国都。地处山东省西南部，行政区划属济宁。曲阜是儒家学派创始人孔子的故乡，建有世界儒学研究与交流中心孔子研究院，为首批国家历史文化名城，孔庙、孔府、孔林列入联合国《世界遗产名录》。著名景点有孔府、孔庙、孔林、六艺城、石门山国家森林公园。这里拥有曲阜师范大学、齐鲁理工学院等高等院校，建成全国第一个文化国际慢城。尼山世界文明论坛会址落户曲阜。孔庙是祭祀孔子、表彰儒学的庙宇。始建于周，完成于明清时期，占地 14 万平方米，包括五殿、一阁、一坛、两堂、17 座碑亭。孔府是孔子嫡系长支世代居住的府第，是我国现存历史最久、规模最大、保存最完整的衙宅合一的古建筑群。孔林作为家族墓地，作为世界上延时最久、规模最大的家族墓地，是一座集墓葬、建筑、石雕、碑刻为一体的露天博物馆。

泰 山

又名岱宗、东岳，位于山东省中部，隶属于泰安市。主峰玉皇顶海拔 1545 米，有“五岳之首”之称。泰山是世界自然与文化遗产，世界地质公园，国家 5A 级旅游景区。泰山被古人视为“直通帝座”的天堂，成为百姓崇拜，帝王告祭的神山，有“泰山安，四海皆安”的说法。自秦始皇开始到清代，先后有 13 代帝王引次亲登泰山封禅或祭祀，另外有 24 代帝王遣官祭祀 72 次。泰山拥有 20 余处古建筑群，2200 余处碑碣石刻。泰山是中华民族的象征，是“天人合一”思想的寄托之地。

新时期山东省发展要点包括：

第一，对全省工业进行改造升级，控制重化工业规模，提升加工制造业，壮大高新技术产业，做大做强齐鲁石化、山东电力、山东钢铁、山东海化、胜利油田、兖矿集团、山东铝厂、南山集团、晨鸣纸业等重点企业。发展智能制造，推动“企业上云”，建设好鲁北环渤海湾高端石化基地。山东是我国重要的粮棉油肉蛋奶产地，以此为基础发展农产品深加工。

第二，全面提升向海经济。对海洋加大保护力度，尤其是滨海湿地，治理海岸线的环境污染和生态破坏，改造提升对虾、扇贝、鲍鱼、刺参、海胆等高价值海产品养殖业。落实好《山东省海洋主体功能区规划》，做强海洋生命健康、海洋高端装备、海水利用、绿色海洋化工、海洋旅游等产业。支持日照、威海等市创建国家海洋经济发展示范区，加快“海上粮仓”、海洋牧场和海洋经济特色园区建设。

第三，推进省内经济社会协调发展，将青岛、烟台、威海、济南培育成国际化中心城市，加速推进鲁西北、鲁西南地区的发展，整合港口资源，优化口岸布局，推进青岛港、渤海湾港、烟台港、日照港四大集团建设，做大做强青岛、日照、烟台三大海港和青岛、济南两大国际航空港，考虑建设由山东烟台蓬莱角到辽宁大连老铁山的跨渤海大通道。

第四，深度开发历史文化旅游，系统发掘齐鲁文化，对国家历史文化名城（济南、曲阜、青岛、聊城、邹城、临淄、泰安、蓬莱、青州、烟台）加大保护和开发力度，将泰山、崂山、黄河和大运河观光旅游培育成旅游精品。重点建设好山东大学和中国海洋大学。

第五，深入开展“绿满齐鲁·美丽山东”国土绿化行动。扎实推进净土行动，加强农业面源污染防治。统筹山水林田湖草系统治理，大力实施水土流失综合治理、地下水超采区综合整治、矿山地质环境恢复综合治理等生态建设和修复工程，加强湿地保护与修复，强化各类保护区规范建设和管护。

五、江苏省

江苏省简称苏，位于我国东部沿海，土地面积 10.72 万平方千米。下辖 1 个副省级市、12 地级市。2017 年末常住人口 8029 万，城镇化率 68.76%，实现地区生产总值 85870 亿元，人均地区生产总值 107150 元，三次产业构成 4.7∶45.0∶50.3。该省地跨长江、淮河南北，京杭大运河从中穿过，地形以平原为主。通扬运河以南、太湖周围为长江三角洲，还有江淮平原、黄淮平原、东部滨海平原等。全省低山丘陵集中分布在西南和北部，处于亚热带向暖温带的过渡地带，淮河—苏北灌溉总渠以南属亚热带湿润季风气候，以北属暖温带湿润季风气候，气候温和，雨量适中，四季分明。境内有太湖、洪泽湖、高邮湖、骆马湖等大中型湖泊，其中太湖2250平方千米，洪泽湖2069平方千米。沿海有吕四、海州湾、长江口、大沙等渔场，盛产黄鱼、带鱼、鲳鱼、虾类、蟹类及贝藻类。

拥有吴、金陵、淮扬、中原四大多元文化，是中国古代文明的发祥地之一。江苏旅游资源丰富，自然景观与人文景观交相辉映，可谓“吴韵汉风，各擅所长”。著名景点有中山陵、云龙湖、恐龙园、太湖、苏州园林、花果山、洪泽湖湿地等。著名大学如南京大学、东南大学、中国矿业大学等。

江苏是我国农业大省，著名的鱼米之乡，粮、棉、油、桑蚕、淡水鱼等生产在全国占据重要地位，太湖流域是我国重要的水稻和水产产区。江苏是我国重要的淡水鱼产区，太湖银鱼、长江鲥鱼、阳澄湖大闸蟹闻名全国；还是全国重要的工业基地，以纺织、机械、电子、石化、建材为大宗。南京、扬州、盐城、徐州是汽车生产基地，徐州、常州、镇江是工程机械生产基地，泰州、南京、南通、连云港是医药生产基地，无锡、南通是现代纺织生产基地。

南京是江苏省省会、全国重要的科研教育基地和综合交通枢纽，是中国四大古都、首批国家历史文化名城，有“六朝古都”之称。2017年人口681万，完成地区生产总值11715亿元。南京是国家重要的综合性工业基地、现代服务中心，电子、石化、汽车、食品医药为四大支柱产业；是金融中心、服务外包基地和国家软件出口创新基地；是连接华北、华东和华中的铁路交通枢纽。南京拥有高校七十多所，著名大学有南京大学、东南大学、南京师范大学等。山水城林融为一体，浩荡长江穿城而过，沿江岸线总长近200千米。著名景点有中山陵、明孝陵、明城墙、玄武湖、夫子庙、紫金山、鸡鸣寺等。

无锡位于江苏南部，太湖流域交通中枢，自古就是鱼米之乡。境内地形以平原为主，星散分布着低山、残丘，是著名的“鱼米之乡”，生产稻米、蔬菜、水产和瓜果。现代工业发达，主要部门有机电、纺织、服装、医药、食品、电子、家电等。大学有江南大学、无锡医学院、太湖学院等。现已形成由铁路、公路、水路、航空配套组成的立体交通网络。著名景点有鼋头渚、灵山大佛、影视基地、梅园、蠡园、惠山古镇、荡口古镇、东林书院、崇安寺、南禅寺等。

南通市位于江苏东南部，长江三角洲北翼，我国首批对外开放的14个沿海城市之一。这里属北亚热带湿润气候区，季风影响明显，四季分明，气候温和。拥有长江岸线226千米，海岸线210千米。水产资源丰富，是全国文蛤、紫菜、河鳗、沙蚕、对虾的生产基地，吕四渔场是我国重要的渔场。南通是著名的轻纺工业基地，工业以机械、电子、化工、造船、纺织、建材、食品为主，特产有彩锦绣、丝绸绣衣、蓝印花布、如皋火腿。著名景点有狼山、濠河、水绘园、南山湖、叠石桥家纺城等。

历史文化名城苏州

苏州又称姑苏，吴文化的发祥地，是国家历史文化名城。春秋时为吴国都城，因境内有姑苏山，隋始称苏州。它是我国重要的现代工业基地，有"丝绸之府"的美誉，以纺织、电子、家电、医药、服装、装备制造为大宗，传统工艺品有苏绣、苏扇、桃花坞木刻年画等。苏州港由张家港港、常熟港和太仓港组成。大学有苏州大学、苏州科技大学等。老城河道纵横，保持有"小桥流水、粉墙黛瓦、古迹名园"的独特风貌，被誉为"东方威尼斯"。江南水乡古镇有周庄、角直、同里、沙溪、千灯、锦溪等。苏州园林是中国私家园林的代表，现有拙政园、留园、狮子林、沧浪亭、环秀山庄、艺圃、耦园、网师园、退思园等九座园林被列入《世界遗产名录》。昆剧是中国首个世界非物质文化遗产，兴起于元末明初时苏州的昆山、太仓一带。特产有碧螺春茶叶、长江刀鱼、太湖三白（白鱼、银鱼和白虾）、阳澄湖大闸蟹等。

新时期江苏省发展要点包括：

第一，进一步优化产业结构。主要是降低原材料工业和劳动密集型加工制造业的比重，提高高新技术产业和现代服务业的比重，产业结构由全球产业链的中低端迈向中高端，大力推进自主创新。深入实施《中国制造2025江苏行动纲要》，积极推进智能制造，打造一批世界级先进制造业企业集群。在中高端消费、数字经济、人工智能、共享经济、绿色低碳、新金融、人力资本服务等领域培育新增长点。

第二，重点建设好苏南、苏中、苏北三大城市群。基本形成设区市到南京的1.5小时高铁交通圈。加强多规合一和城乡统筹，把工业和农业、城市和乡村作为一个整体，统筹谋划、超前谋划、全面布局新一代信息基础设施。探索乡村善治之路，开创江苏的“新乡土时代”。

第三，促进生态环境质量显著提升。提高空气质量优良天数、国考断面水质优Ⅲ类比例以及海洋环境质量，全面实施生态河湖行动计划，坚持全民共治、源头治理，突出治气、治水、治土，全面改善城乡环境，有效防控环境风险。健全完善源头严防、过程严管、损害赔偿、责任追究、生态补偿机制。

第四，进一步增强文化软实力。推进现代公共文化服务体系和市场体系建设，扩大文化国际影响。传承江苏文脉，培育精神家园。建设大运河文化带。推出名家大师培养计划，努力造就一批有影响力的各领域领军人物。

六、上海市

上海市简称沪，位于我国海岸带与长江的交汇处。全市土地面积6340平方千米，2017年常住人口2418万，城镇化率87.7%，地区生产总值30633亿元，人均地区生产总值126634元，三次产业构成0.4∶30.4∶69.2。上海是我国的经济、科技、文化中心，也是亚太地区重要的现代服务枢纽。上海拥有深厚的近代城市文化底蕴和众多历史古迹。1843年上海开埠，并迅速发展成远东第一大城市。上海是我国最大的工业城市，拥有汽车、造船、航空航天、电子、医药等产业集群。

上海港是我国主要的外贸港，拥有外高桥、吴淞、洋山等深水港区。上海港位于我国大陆海岸线中部，扼长江入海口，港区位于黄浦江两岸、长江入海口南岸和杭州湾口，年外贸吞吐量约占全国的1/5。新建成的洋山深水港区位于浙江嵊泗崎岖列岛，由大、小洋山等数十个岛屿组成，已发展成具有全球意义的集装箱港区。上海拥有虹桥、浦东两大国际机场。上海虹桥综合交通枢纽占地26平方千米。

上海拥有众多大学和科研机构，文化底蕴深厚，是著名的旅游城市。上海拥有大量的金融场所，从事证券、期货、金融、黄金、钻石、外汇等交易活动。中国（上海）自由贸易试验区是我国大陆第一个自由贸易试验区。在上海设立领事机构的国家有60多个。2018年11月，上海举办了我国首届进口博览会。

浦东新区

上海市市辖区，位于上海市东部，因处黄浦江东而得名，东濒东海，南临杭州湾，西隔黄浦江与宝山、杨浦、虹口、黄浦、卢湾、徐汇6区相邻，并与闵行、奉贤2区接壤。区内海岸线长105.93千米，黄浦江岸线长43.5千米。土地面积1210.41平方千米。1990年，国家决定开发浦东，1993年浦东新区管委会成立。2017年完成地区生产总值9651.4亿元。本区有6个国家级开发区，即外高桥保税区、洋山保税港区、浦东机场综合保税区、陆家嘴金融贸易区、金桥出口加工区、张江高科技园区。陆家嘴金融贸易区集聚了大量金融机构。张江园区以集成电路、软件、生物医药为主导产业，集中体现创新创业的主体功能，成为高新技术产业集聚地。金桥出口加工区以汽车整车及零部件、现代家电及办公设备、电子信息、生物医药与食品加工为支柱产业，成为上海规模最大的先进制造业基地。外高桥港和洋山港现为现代化集装箱巨港。这里建有浦东国际机场，是上海重要的交通枢纽，浦江大桥、海底隧道、磁悬浮列车、地铁线路织成密集的交通网络。近些年，浦东相继建成了“四网”（对外交通网、区域交通网、越江交通网、轨道交通网）、“三港”（国际航空港、深水港、信息港）。著名景点有东方明珠、上海科技馆、金茂大厦、环球金融中心、野生动物园、迪士尼游乐园等。浦东是世博会主场馆所在地。世博会于2010年5月1日至10月31日在上海举办。

新时期上海市发展要点包括：

第一，构建更高层次的开放型新体制。建设好上海自贸区，依托洋山深水港和浦东国际机场，探索建设自由贸易港。实施市场准入负面清单制度，建成世界先进水平的国际贸易“单一窗口”。推进贸易投资便利化、金融开放合作、基础设施互联互通等专项行动。举办好首届中国国际进口博览会。加强长三角区域发展规划对接，建设区域协同创新网络，共建互联互通的基础设施。

第二，推进科技创新中心建设。建设张江综合性国家科学中心，完成好硬X射线自由电子激光装置、燃气轮机试验装置、上海光源二期、超强超短激光、活细胞成像平台等项目。加强生命科学、量子科学等领域的前瞻布局，积极争取国家“科技创新2030重大项目”落户。新建北斗导航、机器人、工业互联网、低碳技术、临床研究等共性技术研发与转化平台。继续推进紫竹、杨浦、漕河泾、嘉定、临港、松江G60科创走廊等科创载体建设。着力建设智慧城市，实施智能上海行动。

第三，深化供给侧结构性改革。加快建设国际金融、贸易、航运中心，提升金融机构和金融市场功能，推进原油期货等业务创新。集聚贸易型总部、功能性贸易平台，促进数字贸易、跨境电子商务等新型贸易业态发展。建设国际消费城市。积极发展航运金融、邮轮经济，完善江海联运、海铁联运等集疏运方式。打造浦江游览等世界级旅游精品。提升陆家嘴、外滩、北外滩、世博园、徐汇滨江等地的品质，建设传承文脉、舒适便捷的滨水公共空间。

第四，加快建设国际文化大都市。用好红色文化、海派文化、江南文化资源，切实保护文物和非物质文化遗产，推进历史风貌街坊保护。加快建设演艺、艺术品等产业集聚区和文化装备产业基地，推动创意设计与实体经济深度融合。进一步扩大国际电影电视节、国际艺术节、上海书展等重大节展活动的影响力。

长江三角洲城市群

该城市群包括上海，江苏省的南京、无锡、常州、苏州、南通、盐城、扬州、镇江、泰州，浙江省的杭州、宁波、嘉兴、湖州、绍兴、金华、舟山、台州，安徽省的合肥、芜湖、马鞍山、铜陵、安庆、滁州、池州、宣城等26市，国土面积21.17万平方千米，人口1.5亿。长三角地理区位优越，战略地位突出，经济腹地广阔，拥有现代化江海港口群和机场群，高速公路密集，是亚太地区重要的国际门户、全球重要的现代服务业和先进制造业中心。

长江三角洲城市群的发展要做到：充分发挥上海大都市的龙头作用，加快国际金融、航运、贸易中心建设。提升南京、杭州、合肥都市区的国际化水平。安徽作为长江三角洲城市群的一部分，参与长三角一体化发展。推进苏南现代化建设示范区、浙江舟山群岛新区、浙江海洋经济发展示范区、皖江承接产业转移示范区、皖南国际文化旅游示范区建设和通州湾江海联动开发。

2016年5月11日，国务院常务会议通过《长江三角洲城市群发展规划》，提出培育更高水平的经济增长极。到2030年，全面建成具有全球影响力的世界级城市群。发挥上海中心城市作用，推进南京都市圈、杭州都市圈、合肥都市圈、苏锡常都市圈、宁波都市圈等都市圈同城化发展。在扩大开放方面，大力吸引外资，扩大服务业对外开放，探索建立自由贸易港区，推进贸易便利化。在产业发展方面，强化装备制造、信息技术、生物制药、汽车、新材料等高端制造业关键领域创新，发展金融、研发、物流等现代服务业。

长三角经济发达，城镇密集，以仅占中国2.1%的国土面积，集中了中国1/4的经济总量和1/4以上的工业增加值。长三角的地域文化包含海派文化、金陵文化、吴越文化、淮扬文化、徽文化、皖江文化。江、浙、沪、皖三省一市地缘相近、血缘相亲、文脉相连，在旅游资源上具有很强的互补性。该地区工业基础雄厚、商品经济发达，水陆交通方便，是中国最大的外贸出口基地。长三角将依托国家综合运输大通道，以上海为核心，南京、杭州、合肥为副中心，建设以高速铁路、城际铁路、高速公路和长江黄金水道为主通道的多层次综合交通网络。

七、浙江省

浙江省简称浙，地处我国东南沿海长江三角洲南翼，东临东海。土地面积10.55万平方千米，山地和丘陵占土地总面积的74.63%，平原占20.32%，河流和湖泊占5.05%，耕地面积仅208.17万公顷，故有“七山一水二分田”之说。浙江是典型的山水江南、鱼米之乡，也是我国民营经济非常活跃的省份。下辖11个地级市。2017年末全省常住人口5657万，城镇化率68.0%，完成地区生产总值51768亿元，人均地区生产总值92057元，三次产业结构3.8：42.9：53.3。

该省矿产种类繁多，以明矾石、萤石相对突出。东海大陆架盆地有着良好的石油和天然气开发前景。属亚热带季风气候，四季分明，光照较多，雨量丰沛，但气象灾害相对频繁。自北向南有苕溪、京杭运河（浙江段）、钱塘江、甬江、灵江、瓯江、飞云江和鳌江等八大水系。海岸线（包括海岛）长6486千米，其中大陆海岸线2200千米。有海岛3000余个，海域面积26万平方千米。舟山是浙江唯一的海岛市，是国家重点开发区域之一。舟山岛（舟山群岛主岛）为中国第四大岛。浙江岸长水深，可建万吨级以上泊位的深水岸线290.4千米，可建10万吨级以上泊位的深水岸线105.8千米。主要海港有宁波港、舟山港、台州港、乍浦港、温州港。宁波舟山港成为全球首个货物吞吐量突破10亿吨的港口，集装箱吞吐量跃居全球第四。

浙江是吴越文化、江南文化的发源地，著名景点有西湖、楠溪江、溪口、沈园、普陀山、雁荡山、南湖、乌镇等。著名大学如浙江大学、中国美术学院、宁波大学、浙江师范大学。农业生产发达，稻米、茶叶、蚕丝、柑橘、水产品在全国占据重要地位。世界互联网大会永久落户乌镇。

杭州市是浙江省省会，位于浙江省北部、钱塘江下游，是长江三角洲中心城市。总面积 16596 平方千米，2017 年人口 754 万，完成地区生产总值 12603.4 亿元。地形复杂多样，西部属浙西丘陵区，东部属浙北平原。这里曾是吴越国和南宋的都城，因风景秀丽，素有“人间天堂”的美誉。杭州农业生产条件得天独厚，农作物、林木、畜禽种类繁多，种植林果、茶桑、花卉等品种 260 多个，杭州蚕桑、西湖龙井茶闻名全国。杭州致力于打造“滨江天堂硅谷”，以信息和新型医药、环保、新材料为主导的高新技术产业发展势头良好。萧山国际机场位于杭州市东部，是我国重要的国际航空口岸。该市的著名大学有浙江大学、中国美术学院、浙江工业大学等。拥有西湖风景名胜区、“两江两湖”（富春江—新安江—千岛湖—湘湖）风景名胜区，著名景点有西湖、京杭大运河、西溪湿地、灵隐寺、六和塔、良渚遗址、湘湖等。

宁波简称甬，首批沿海开放城市，现代化国际港口城市。地处我国大陆海岸线中段，长江三角洲南翼，东有舟山群岛为天然屏障，北濒杭州湾。地势西南高，东北低。属亚热带季风气候，温和湿润，四季分明。余姚江、奉化江在市区“三江口”汇成甬江，流向东北，经招宝山入东海。海域面积 8232.9 平方千米，岸线总长 1594.4 千米。历史文化悠久，是“海上丝绸之路”东方始发港。土地面积 9365 平方千米，2017 年人口 597 万，完成地区生产总值 9842.1 亿元。宁波是长江三角洲南翼经济中心，工业以石化、纺织、机械、冶金、电子、建材为支柱。大学有宁波大学、宁波诺丁汉大学等。著名景点有天一阁、庆安会馆、老外滩、宁波博物馆、东钱湖、河姆渡遗址。

绍兴市位于浙江省中北部、杭州湾南岸。属亚热带季风气候，温暖湿润，四季分明。土地面积 8273.3 平方千米。地貌类型多样，西部、中部、东部属山地丘陵，北部为绍虞平原，地势由西南向东北倾斜。绍兴酒历史悠久，是绍兴著名特产。著名景点有鲁迅故里、镜湖、会稽山、大禹陵。东湖在绍兴古城以东，以崖壁、岩洞、石桥、湖面巧妙结合，是浙江三大名湖之一。兰亭在绍兴西南，王羲之在此写下著名的《兰亭集序》。

杭州湾区

浙江谋划建设“绿色智慧和谐美丽的世界级现代化大湾区”，具体目标是成为“全国现代化建设先行区、全球数字经济创新高地、区域高质量发展新引擎”。总体布局是“一环、一带、一通道”，即环杭州湾经济区、甬台温临港产业带和义甬舟开放大通道。在中观层面，构筑“一港、两极、三廊、四区”的空间格局。其中，“一港”指高水平建设中国（浙江）自由贸易试验区，争创自由贸易港。“两极”指增强杭州、宁波两大都市区辐射带动作用，带动环杭州湾经济区创新发展、开放发展、联动发展。“三廊”指以高新区、高教园、科技城为依托，加快建设杭州城西科创大走廊、宁波甬江科创大走廊、嘉兴G60科创大走廊。“四区”即谋划打造杭州江东新区、宁波前湾新区、绍兴滨海新区、湖州南太湖新区，将新区建设成为产城融合、人与自然和谐共生的现代化新区。浙江拟打造若干世界级产业集群；加强产城融合，推进产业集聚区和各类开发区整合提升，打造若干集约高效、产城融合、绿色智慧的高质量发展大平台。浙江提出围绕产业、创新、城市、交通、开放、生态六大重点领域分别实施建设行动。

舟山群岛是我国第一大群岛，岛屿棋布，陆域面积1371平方千米，其中最大的舟山岛面积502.65平方千米。舟山群岛与上海、杭州唇齿相依，是东部沿海和长江流域走向世界的重要门户，长期作为保护长江口和杭州湾的战略要地。舟山群岛海运条件优越，宁波—舟山港现为世界上货物吞吐量最大的海港。2011年6月，国家设立浙江舟山群岛新区。这是我国第一个以海洋经济为主题的国家新区。

新时期浙江省发展要点包括：

第一，大力发展以数字经济为核心的新经济，形成实体经济、科技创新、现代金融、人力资源协同发展的现代产业体系。坚持创新发展，建设好之江实验室、杭州城西科创大走廊。做大做强数字经济，实施“中国制造2025浙江行动”，以工业互联网、企业上云、智能化改造推动传统产业转型升级。

第二，加强科技创新，在人工智能、柔性电子、量子通信、集成电路、生物医药、新材料、清洁能源等领域实施一批重大科技攻关项目。加快推进钱塘江金融港湾建设，加快推进“互联网+”“标准化+”“机器人+”技术改造。支持浙江大学等加快“双一流”建设，高水平建设西湖大学，实施重点高校创新能力提升工程。加快建设杭州城西科创大走廊，积极打造“产学研用金、才政介美云”十联动创业创新生态系统。

第三，突出接轨上海，聚焦杭州宁波一体化发展，做强做大杭州湾，加快建设象山湾、三门湾、台州湾、乐清湾，使其沿杭衢高铁、衢丽温铁路有序拓展，努力建设全面对接“一带一路”、具有全国乃至国际影响力的大湾区。加快建设义乌国际贸易综合改革试验区，探索实行“海关特殊监管区+开发区”建设和管理模式。加快中国（杭州、宁波）跨境电子商务综合试验区、eWTP 新型贸易中心建设，做强做大宁波舟山港。

第四，建立健全以工补农、以城带乡、城乡融合的体制机制，统筹推进土地承包经营权流转和土地综合整治，积极推广“家庭农场+合作社”模式。发展绿色种植、绿色养殖，发展特色农业、品牌农业、互联网+农业，打造一批农产品区域公共品牌和乡村旅游公共品牌。

第五，共建共享“诗画浙江、美好家园”。抓好大花园建设，积极打造浙东唐诗之路和钱塘江唐诗之路，加快建设钱江源、天目山、四明山等浙江名山“十大公园”，着力打造现代化通景交通体系。高水平构筑大通道，继续抓好杭州城西科创大走廊、嘉兴科技城建设，联动推进世界级港口集群打造、义新欧班列常态化市场化运行和金甬铁路建设，加快甬台温高速公路复线和沿海产业平台建设。

八、福建省

福建省简称闽，位于中国东南沿海，东面隔台湾海峡与台湾省相望。全省陆域面积 12.4 万平方千米，海域面积 13.6 万平方千米。福建三国时属吴国，设建安郡。开元二十一年（733），设福建经略军使。北宋时期，置福建路。元置福建为行中书省。明洪武元年（1368），福建全省八路改为福州、建宁、延平、邵武、兴化、泉州、漳州、汀州八府。清代福建区划继承明制，设福建布政使司。新中国成立后，福建省人民政府驻福州市，直辖福州、厦门 2 市，分设 8 个专区。现辖 1 个副省级城市（厦门）、8 个地级市，共包括 28 个市辖区，13 个县级市，44 个县（含金门县）。

地理特点是“依山傍海”，境内峰岭连绵，盆地穿插其间，山地、丘陵占全省总面积的 80%以上，素有“八山一水一分田”之称。森林覆盖率高达 65.95%。海岸曲折，陆地海岸线 3752 千米。共有岛屿 1500 多个，海坛岛为福建第一大岛。福建是历史上海上丝绸之路的起点。这里属亚热带季风气候，光热充足，雨量丰沛。主要河流有闽江、九龙江、晋江、汀江。2017 年全省常住人口 3911 万，城镇化率 64.8%。少数民族主要是畲族。2017 年地区生产总值 32182 亿元，人均地区生产总值 82677 元，三次产业构成 6.9：47.7：45.4。知名高校有厦门大学、福州大学等。著名景点有鼓浪屿、武夷山、泰宁、土楼、清源山、白水洋、太姥山、三坊七巷。

福州市是福建省省会，位于福建省东部、闽江下游及沿海地区。建城于公元前 202 年，历史上长期作为福建的政治中心。它是海峡西岸经济区的政治、经济、文化、科研中心以及现代金融服务业中心，首批 14 个对外开放的沿海港口城市之一。陆地面积 11968 平方千米，其中市区面积 1786 平方千米。2017 年人口 693 万，完成地区生产总值 7103.4 亿元。著名大学有福州大学、福建师范大学、福建农业大学。福州东有鼓山，西有旗山，南有五虎山，北有莲花峰，境内地势自西向东倾斜。属典型的亚热带季风气候，气温适宜，温暖湿润。叶蜡石保有储量居中国首位，市郊寿山石从南朝开始用于工艺雕刻，最佳者首推田黄石，价超黄金。福州盆地的地热田是福建省最大的地热田。沿海多天然良港，福清湾、罗源湾、兴化湾是全国少有的深水港湾。海坛岛面积 251.4 平方千米，是福建省第一大岛，中国第五大岛。

厦门别称鹭岛，位于福建省东南端，是闽南地区的中心城市，是我国最早实行对外开放政策的四个经济特区之一。它由厦门岛、离岛鼓浪屿、西岸海沧半岛、北岸集美半岛、东岸翔安半岛、大小嶝岛、内陆同安、九龙江等组成，陆地面积 1699 平方千米，海域面积 390 多平方千米。厦门岛面积 132.5 平方千米，是厦门经济特区的发祥地。厦门港是我国南方的主要港口。2017 年常住人口 231 万，完成地区生产总值 4351.7 亿元。

三都澳港

福建宁德三都澳港位于三沙湾内，四周环山，只有南侧东冲口可以进出，距离宁德市区 30 千米。港域面积 714 平方千米，港阔水深，避风良好、不冻不淤，最深处达 50 余米，无碍航暗礁，50 万吨级巨轮可畅行无阻，是世界级天然深水良港。三沙湾水产丰富，盛产大黄鱼、带鱼、鲨鱼和虾类。三都澳峰奇石怪，景色优美，包括斗姆、福海关遗址、青山、笔架山、鸡公山五个景区。

三都澳历史上是我国繁华的对外贸易港口。早在唐朝以前，三都澳就已开发。1407 年郑和从这里开始了第二次下西洋之旅。明代开辟了运粮航线。

戚继光曾在此抗击倭寇。郑成功曾率师进三都澳。清在此设立税务总口和福海关。孙中山在其著作《治国方略》中，对三都澳港曾有过高度评价。后因多方原因，港口陷入长时期的沉寂。

三都澳港地处太平洋西岸，全国南北海岸线的枢纽位置，上接长三角，下连珠三角。随着国家“一带一路”倡议的深入实施，三都澳港迎来了建设的黄金时期。宁德市加速港口开发，推进衢宁铁路、宁古高速、沈海高速扩容工程。三都澳新区计划投资300余亿元，实施一批产城融合重大项目。国家规划修建武汉至三都澳的重载货运电气化铁路专线，正线长750千米，速度120千米/时，建成后年通过能力达3亿吨。

新时期福建省发展要点包括：

第一，加快建成创新型省份、先进制造业大省和质量强省。构建以先进制造业和现代服务业为主体、特色现代农业为基础的现代产业体系。加快“数字福建”建设，推动互联网、物联网、大数据、人工智能和实体经济深度融合，加快高端装备、节能环保、生物与新医药、新材料、增材制造等新产业的发展。加快平潭“一岛两窗三区”建设，提升福厦泉国家自主创新示范区。扩大“金砖+”影响，推动外贸优进优出。建设好中国科学院海西研究院、机械科学研究总院海西分院、国家海洋局海岛研究中心。

第二，加快构建福州、厦漳泉两大都市区。推进福莆宁和平潭一体化，支持南三龙加快发展，支持武夷新区建设，加强跨区域重大基础设施互联互通。推进市县“多规合一”。深化山海协作，实施一批海洋经济重点项目，壮大海洋新兴产业。

第三，加快建设21世纪海上丝绸之路核心区。推进与海上丝绸之路沿线国家和地区互联互通、经贸合作、海洋合作、人文交流。推动闽港闽澳携手开拓“一带一路”市场，深化现代服务业等领域合作。推进闽台经济社会融合发展，包括深化闽台经贸合作，支持台湾青年来闽就业创业和学习生活，深化民间基层交流交往，支持平潭综合实验区创新两岸融合模式，打造厦金融合发展示范区。

第四，加强重点流域治理和小流域综合整治。落实河岸生态保护、饮用水水源地保护、地下水警戒保护三条蓝线管理制度，加快消除城市内河黑臭水体，推进近岸海域污染防治。持续实施“洁净蓝天”工程，加强工业源污染防治和移动源排放控制。

持续实施“清洁土壤”工程，推进土壤污染治理与修复试点。加强生态云平台建设，拓展“福建环境”客户端功能。

九、广东省

广东省简称粤，位于中国大陆南端沿海，下辖2个副省级市、19个地级市、119个县级行政区。土地面积17.97万平方千米，全省划分为珠三角、粤东、粤西、粤北四个区域。2017年末常住人口11169万人，城镇化率69.85%。全省属南亚热带、热带季风气候，降水充沛，洪涝、干旱和台风灾害经常发生。省内主要河系为珠江、韩江、榕江水系；珠江通航能力仅次于长江，居中国第2位；主要港口有广州港、深圳港、汕头港和湛江港。著名景点有丹霞山、长隆、华侨城、白云山、雁南飞、观澜湖、罗浮山等。广东主要有广府文化、客家文化、潮州文化、雷州文化等分支。粤菜由广州、潮州、东江三地特色菜点发展而成，广州菜是广东受众最多的菜系；潮州菜以精致典雅著称；客家菜则以原汁原味见长。

公元前214年，秦军基本占领岭南，设桂林、象、南海3郡。汉设南海、苍梧、郁林、合浦、交趾、九真、日南、儋耳、珠崖9郡。唐初设州、县，岭南分属广州、桂州、容州、邕州、安南5个都督府。元设广东道和海北海南道。清初承袭明制，将明布政使司改称为省，开始有“广东省”名称。广东自古就是中国海上贸易和移民出洋最早、最多的省份，近代以后逐渐发展成为重点侨乡。

自1989年起，广东地区生产总值位居全国第1位并一直延续到现在。2017年全省实现地区生产总值89705亿元，三次产业结构为4.0∶42.4∶53.6，人均地区生产总值80932元。

广东成为中国第一经济大省，经济总量占全国的1/8。广东的社会消费品零售总额、居民储蓄存款、专利申请量、税收、进出口总额、旅游总收入、移动电话拥有量、互联网用户、货物运输周转总量皆居全国第一位。工业以制造业为主，形成食品、纺织业、机械、家用电器、汽车、医药、建材、冶金工业体系。

广州是广东省省会、国际大都市、国家历史文化名城。从秦朝开始，广州一直是华南地区的政治、军事、经济、文化和科教中心。唐宋时期，广州成为中国第一大港，明清两代作为我国主要的对外贸易大港。土地面积7434.4平方千米，2017年人口898万，完成地区生产总值21503.2亿元。广州属丘陵地带，地势东北高、西南低，背山面海。珠江及其支流贯穿市境。该省是著名侨乡，华侨人数居中国大城市之首。广州白云机场是国际航空枢纽机场。广州港是华南地区主要的物资集散地和最大的国际贸易中枢港。广州是华南地区综合性工业制造中心，形成了外向型现代工业体系，汽车、电子、石化为三大支柱产业。主要商业街区如北京路、江南大道、人民路、上下九路、长堤、东山口、天河、珠江新城等。旅游资源丰富，著名景点有沙面、白云山、广州塔、中山纪念堂、五羊石像、黄埔军校旧址、南越王博物馆、广州花卉博览园、华南植物园等。代表性地方文化如粤剧、岭南画派、骑楼、西关大屋等。

深圳地处广东省南部，珠三角东岸，与香港一水之隔，东临大亚湾和大鹏湾，西濒珠江口和伶仃洋，南隔深圳河与香港相连。它是我国第一个经济特区，现已发展成国际化大都市。2017 年户籍人口 435 万，常住人口超过 1200 万，完成地区生产总值 22490 亿元。这里属亚热带季风气候，较大河流有深圳河、茅洲河、龙岗河、观澜河等。深圳宝安国际机场位于深圳市宝安区，是中国第四大航空港。深圳已建成通往境外的各类口岸 18 个，其中包括中国客流量最大的旅客出入境陆路口岸——罗湖口岸，24 小时通关的皇岗口岸等。深圳是中国经济中心城市，是全国证券资本市场中心之一，经济总量长期位列中国大陆城市第四位。著名景点如世界之窗、大小梅沙、中英街、梧桐山、华侨城、欢乐谷。

佛山位于广东省中部，地处珠三角腹地，东接广州，南邻中山。现辖禅城、南海、顺德、高明、三水五区，土地面积 3875 平方千米，常住人口 735 万。佛山是我国先进制造基地，支柱产业有家电、电子、陶瓷、服装、金属材料、塑料制品、化工、医药、食品、家居等。它也是历史悠久的文化名城，粤剧发源地，武术之城、民间艺术之城、陶瓷之都、美食之乡。著名景点有祖庙、西樵山、长鹿农庄、岭南天地、史努比主题公园、南风古灶等。

珠江三角洲

位于广东省中南部，珠江入海口，与东南亚地区隔海相望，包括广州、深圳、佛山、中山、惠州、东莞、珠海、江门、肇庆和香港特别行政区、澳门特别行政区。土地面积 5.6 万平方千米。2017 年常住人口约 5800 万。以往珠三角长期保持桑基鱼塘、果基鱼塘、蔗基鱼塘等立体农业生产模式。改革开放以来，珠三角经济实现持续快速增长，1980—2017 年经济年均递增

15%左右，总体上完成从传统农业经济向先进制造和现代服务经济的转变。珠三角地区现为有全球影响力的先进制造业基地和现代服务业基地，我国南方对外开放的门户，全国科技创新与技术研发基地，形成以电子、家电等为主的企业群和产业群。主要成长特征是外向型发展，地区生产总值约一半是通过国际贸易来实现的，外贸出口总额占全国的10%以上。

新时期广东省发展要点包括：

第一，促进产业迈向中高端。促进制造业向数字化、网络化、智能化、绿色化发展，推动智能制造示范工程和机器人产业发展行动。建设工业互联网平台，实施工业企业数字化改造。改造珠江西岸装备制造业，着力引进一批龙头骨干项目。提升珠江东岸电子信息产业，推进生物医药、新材料、新能源汽车加快发展。打造珠三角工业设计走廊。推动共享经济、移动支付、人工智能等新技术新模式的拓展应用。

第二，建设国家科技产业创新中心。推进珠三角国家自主创新示范区建设，开展科技资源开放共享、股权激励、创新人才跨区域流动等先行先试，打造专业园区、智慧园区、特色园区。把广深科技创新走廊作为核心区域，沿穗莞深轴线打造高度发达的创新经济带。建设网络空间科学与技术、再生医学与健康、材料科学与技术、先进制造科学与技术等实验室。实施“珠江人才计划”“特支计划”“扬帆计划”等重大人才工程，推进“柔性引才”。

第三，推进粤港澳大湾区建设。探索推进在“一国两制”和三个关税区条件下的体制机制创新，构建“极点带动、轴带支撑”网络化空间格局，携手港澳打造具有全球影响力的国际科技创新中心、金融枢纽和航运中心。推进“一地两检”“联合查验、一次放行”等通关模式改革。深化广东自贸试验区改革开放，积极探索建设自由贸易港。推进跨境电商综合试验区和海外仓建设，促进外贸综合服务企业、转口贸易、离岸贸易、融资租赁、保税维修等健康发展。

第四，统筹区域协调发展。支持珠三角率先构建现代化经济体系，加快珠江东西两岸融合互动发展，提升珠三角城市群引领带动能力。高标准规划建设粤北生态特别保护区，坚持生态优先和绿色发展，筑牢广东生态屏障。支持东西两翼打造广东经济新的增长极，与珠三角城市串珠成链建设沿海经济带。深化珠三角与粤东西北全面对口帮扶，支持结对城市开展产业共建，提升园区发展水平。加快沿海经济带建设。实施海岸带综合保护与利用总体规划、沿海经济带综合发展规划，打造更具活力和魅力的广东黄金海岸。

第五，打好污染防治攻坚战。坚决打好大气、水、土壤污染防治三大战役。全面落实大气污染防治强化措施，确保空气质量持续改善。全面落实河长制和湖长制，完成广佛跨界河流、茅洲河、练江、小东江、枫江等重点流域综合整治阶段性任务，加快城市建成区黑臭水体整治。持续推进生态保护和建设。完成生态保护红线、城镇开发边界控制线划定工作。坚决推行能源和水资源消耗、建设用地等总量和强度“双控”，提高资源节约和循环利用水平。

十、海南省

海南省简称琼，位于中国南端，是仅次于台湾岛的中国第二大岛。海南省陆地总面积 3.54 万平方千米，海域面积约 200 万平方千米，其中海南本岛面积 3.39 万平方千米。海南省行政区域包括海南岛和西沙群岛、南沙群岛、中沙群岛的岛礁及其海域，下辖 4 个地级市、5 个县级市、4 个县、6 个自治县。

海南岛四周低平，中间高耸，以五指山、鹦哥岭为隆起核心，向外围逐级下降。较高的山脉有五指山、鹦哥岭、俄鬃岭、猴猕岭、雅加大岭和吊罗山等。五指山位于海南岛中部，主峰海拔 1867 米，是海南岛最高峰。海南岛地处热带北缘，属热带季风气候，这里长夏无冬，雨量充沛，年降水量 1639 毫米。主要河流有南渡江、昌化江、万泉河。矿产资源主要有玻璃石英砂、天然气、钛铁砂、锆英石、蓝宝石、水晶、三水型铝土、油页岩、化肥灰岩、沸石等。海南渔场面积近 30 万平方千米，天然盐场主要有莺歌海、东方、榆亚等。海南较大港口有海口、三亚、八所、洋浦。热带作物主要有橡胶、椰子、油棕、槟榔、胡椒、剑麻、香茅、腰果、可可等。四大南药是指槟榔、益智、砂仁、巴戟天。

汉元封元年（前 110），在海南岛设珠崖郡、儋耳郡。南朝梁时在海南本土设崖州。元十五年（1278），在海南岛设置琼州路安抚司，隶属湖广行中书省。明代海南设琼州府，领儋、万、崖三州 10 个县。清代海南建制仍沿袭明代。民国初期海南岛置琼崖道，共辖 13 县。中华人民共和国成立后，海南建置为行政区。1988 年 4 月，海南建省，成立海南经济特区。2018 年 4 月 13 日，党中央决定支持海南全岛建设自由贸易试验区。2018 年 6 月 3 日，经海南省委、省政府深入调研、统筹规划，决定设立海口江东新区，将其作为建设中国（海南）自由贸易试验区的重点先行区域。

2017 年常住人口 926 万，城镇化率 58.0%，完成地区生产总值 4463 亿元，三次产业结构 22.0∶22.3∶55.7。海南旅游业发展迅猛，2017 年接待逾百万外国游客和 5200 万国内游客。较大机场有海口美兰国际机场和三亚凤凰国际机场。环岛铁路由海南东环铁路和海南西环铁路组成，连接海口至三亚，东环长 308 千米，西环长 345 千米，主要运行动车组，是全球首条环岛高铁。知名大学有海南大学、海南师范大学等。

2009 年海南国际旅游岛上升为国家战略。2018 年 5 月 1 日起，经国务院批准，在海南省实施 59 国人员入境免签政策。海南的战略定位是“三区一中心”，即全面深化改革开放的试验区、全国生态文明试验区、国际旅游消费中心、国家重大战略保障服务区。建立海南自由贸易港，是党中央着眼于国际国内发展大局，深入研究、统筹考虑、科学谋划做出的重大决策。海南自由贸易港的发展分三步走：到 2020 年，取得重大进展，国际化开放程度明显提升；到 2025 年，自由贸易港的制度体系和政策体系初步建立，国际化的营商程度达到国内一流水平；到 2035 年，基本形成比较完善的自由贸易港的制度体系、政策体系，国际化的营商环境跻身全球前列。建立国际性的旅游消费渠道。比如与香港联手，发展免税购物，建立国际免税购物链。

海口市是海南省省会，地处海南岛北部，北濒琼州海峡，是海南省政治、经济、科技、文化中心和最大的交通枢纽。这里气候舒适宜人，拥有热带海滨旖旎风光。辖秀英、龙华、琼山、美兰 4 区。南渡江流经市区，于北部入海。大部分海岸坡度平缓，岸线开阔连绵。2017 年人口 171 万，完成地区生产总值 1391 亿元。旅游资源以热带海滨和历史文化为特色，有五公祠、苏公祠、海瑞墓、海南解放纪念碑、秀英古炮台、秀英海滨、假日海滩、万绿园等游览胜地。

粤海铁路自广东湛江海安镇，经琼州海峡跨海轮渡到海南海口，全长 345 千米，是我国第一条跨海铁路。

三亚市

位于海南岛南端，是著名的热带滨海旅游城市。陆地面积 1919 平方千米。常住人口 75 万，聚居了汉、黎、苗、回等 20 多个民族。市区三面环山，面临南海，著名海湾有大东海、小东海和亚龙湾，海岸线长 209 千米。三亚市属热带海洋性季风气候。森林覆盖率 64%，有国家级、省级和市级自然保护区 9 个。2017 年实现地区生产总值 529.3 亿元，三次产业结构为

12.6∶20∶67.4，全年接待过夜游客1831万人次，旅游总收入406.2亿元。

旅游资源丰富，著名景点如亚龙湾、天涯海角、南山、鹿回头、西岛、落笔洞、大小洞天、海棠湾、蜈支洲岛、崖州古城、椰梦长廊、呀诺达热带雨林景区等。热带滨海风情浓郁，享有“东方夏威夷”的美誉。建有三亚凤凰国际机场。

三亚重视污染防治和生态修复，修复受损山体，消除黑臭水体，全面实施“绿化宝岛”行动。地下综合管廊敷设、中心城区海绵化改造、夜景灯光改造升级等项目有序推进。加快海昌梦幻不夜城、槟榔河大型实景演艺公园、崖城历史文化名镇、三亚河国家湿地公园、三亚珊瑚礁国家级自然保护区等项目的建设。

新时期海南省发展要点包括：

第一，高水平建设好海南国际旅游岛。构建具有海南特色的现代经济体系，包括热带特色高效农业、旅游业、互联网产业、海洋产业；建设全域旅游示范省，建设宜居宜业宜游宜养的生态岛、健康岛、长寿岛。将海口、三亚两市培育成现代化国际旅游增长极。加快建设环岛旅游公路，打造环岛滨海观光旅游圈。东线、中线、西线旅游产业化发展，彰显不同的景观和文化特色。建设50个世界一流的旅游驿站，优化提升滨海传统景点，形成镶嵌在海岸线的“珍珠项链”。发展海洋、乡村、红色、研学、热带雨林等旅游业态。

第二，推动琼州海峡经济带建设。发挥博鳌亚洲论坛、中非合作圆桌会议等对外开放平台优势。持续深化省域“多规合一”“放管服”、财税体制、金融体制、农村、农垦、国资国企、户籍制度等改革，充分发挥市场在资源配置中的决定性作用。全面实行准入前国民待遇加负面清单管理制度，大幅度放宽市场准入。切实研究发展总部经济的政策举措，吸引跨国公司、运营中心、结算中心等落户海南。积极拓展航运业务，加快建设临港临空经济区，打造泛南海国际贸易和航运枢纽。

第三，重视经济科技特色发展。重点发展热带特色高效农业、旅游业、互联网产业、医疗健康产业、金融服务业、海洋产业。建立多主体供应、多渠道保障、租购并举的住房制度。培养“天涯工匠”，打造中外消费者信得过、叫得响的“海南质量”“海南品牌”。聚焦南繁育种、深海科技、航天科技“陆海空”等领域。建设好文昌航天科技城、三亚深海科技城，抓好南繁育种科技城建设，培育南繁育种国家实验室，建成集科研、生产、销售、科技交流、成果转化为一体的服务全国的“南繁硅谷”。

第四，加快“海澄文”一体化综合经济圈、“大三亚”旅游经济圈发展。充分发挥海口、三亚南北两极的辐射带动作用。实行中部保育发展，建设热带雨林国家公园，强化对自然生态系统原真性、完整性保护。推进儋州、琼海区域中心城市发展，拓宽东西两翼发展空间。加快推进渔业转型，不断提高远洋捕捞水平。发展南海油气、海洋装备制造、海洋生物医药等产业。把三沙建设成为生态环境优美、军民融合深度发展的南海璀璨明珠。把三沙市建设成我国开发、利用和保护南海的前沿基地。

十一、香港特别行政区

香港地处华南沿海，珠江口以东，北接广东深圳，与澳门隔珠江口相望。由香港岛、九龙半岛、新界 3 大区域以及 262 个岛屿组成。香港管辖总面积 2755 平方千米，其中陆地面积 1104 平方千米，水域面积 1651 平方千米。香港岛 81 平方千米，九龙半岛 47 平方千米，新界及 262 个离岛 976 平方千米。香港距澳门 61 千米，距广州 130 千米，通过广深港高铁与深圳、广州相连。

香港地形主要为丘陵，最高点为海拔 958 米的大帽山。香港平地较少，低地主要集中在新界北部，分别为元朗平原和粉岭低地。香港属亚热带气候，全年气温较高，夏天炎热且潮湿，冬天凉爽而干燥。年降雨量 2214 毫米。

1840 年以前，香港还是一个小渔村。1842—1997 年间，香港沦为英国殖民地。第二次世界大战后香港经济社会迅速发展，东西方文化在此交会。1997 年 7 月 1 日，中国正式恢复对香港行使主权，成为我国特别行政区之一。香港允许保留原有经济模式、法律和社会制度，并可享受外交及国防以外所有事务的高度自治权。

香港经济以服务业为主，支柱产业有旅游、贸易、运输、金融。香港出产少量蔬菜、花卉、水果和水稻，所需农副产品近半数需要中国内地供应。香港是亚太地区重要的航运枢纽，也是世界上最具竞争力的城市之一，有“东方之珠”“美食天堂”“购物天堂”等美誉。机场为香港国际机场。著名景点有维多利亚港、香港迪士尼乐园、海洋公园等。香港货币是港元（HK$），三家发钞行包括汇丰银行、渣打银行和中国银行香港分行。香港黄金市场是全球第三大黄金市场。香港著名的大学如香港大学、香港中文大学、香港科技大学、香港浸会大学、香港理工大学、香港城市大学等。

香港特别行政区主要社会经济指标（2017 年）

指标		单位	数值
人口		万人	739
商品贸易	进口	亿港元	43570
	整体出口	亿港元	38759
服务贸易	服务出口	亿港元	8114
	服务进口	亿港元	6005
本地生产总值		亿港元（亿美元）	26610（3414）
人均本地生产总值		港元（美元）	359996（46189）
集装箱吞吐量		万标准集装箱	2077

十二、澳门特别行政区

澳门北邻广东珠海，东与香港隔海相望，南临南海。澳门土地因填海造地而持续扩大，现为 32. 8 平方千米。下辖澳门半岛、氹仔岛、路环岛。澳门现有七个堂区和一个无堂区划分区域。汉族居民占全区总人口的 97%，葡萄牙籍及菲律宾籍居民占 3%。澳门属亚热带季风气候，春、夏季潮湿多雨，秋、冬雨量较少。台风季节为 5—10 月，以 7—9 月为多。

澳门从秦起就成为中国领土，属南海郡和百越地。古称濠镜澳，与广州香山关系密切。1553 年，葡萄牙人取得澳门居住权，1887 年 12 月 1 日，葡萄牙与清朝政府签订《中葡会议草约》和《中葡和好通商条约》，正式通过外交文书的手续占领澳门并将此辟为殖民地。1999 年 12 月 20 日中国政府恢复对澳门行使主权。澳门历史城区于 2005 年 7 月 15 日正式成为联合国世界文化遗产。澳门回归中国之后，经济迅速增长，比往日更繁荣，是一国两制的成功典范。

澳门是一个国际自由港，也是世界四大赌城之一，轻工、旅游、酒店、娱乐等行业长盛不衰。机场为澳门国际机场。大学有澳门大学、澳门城市大学等。澳门是中国人均 GDP 最高的城市，产业以第二、三产业为主。制造业以制衣为主，玩具、电子、人造丝花等行业相对发达。澳门是国内唯一合法赌博之地。澳门货币是澳门币。著名大学有澳门大学、澳门科技大学、澳门理工学院。澳门文化是一种以中华文化为主、兼容葡萄牙文化的多元共融文化。著名景点如澳门历史城区、大三巴牌坊、观光塔、葡京赌场等。

澳门特别行政区主要社会经济指标（2017 年）

指标	单位	数值
人口	万人	65
本地产品出口	亿澳门元	113
本地产品进口	亿澳门元	759
本地生产总值	亿澳门元（亿美元）	4042（503）
人均本地生产总值	澳门元（美元）	622803（77596）
零售业销售额	亿澳门元	662
财政收入	亿澳门元	1032
财政支出	亿澳门元	813

十三、台湾省

台湾位于我国东南沿海的大陆架上，东濒太平洋，西隔台湾海峡与福建省相望，土地面积 3.6 万平方千米，包括台湾岛及兰屿、绿岛、钓鱼岛等 21 个附属岛屿和澎湖列岛 64 个岛屿。

台湾岛面积 35883 平方千米，是我国第一大岛。南北长 395 千米，东西宽 145 千米，环岛海岸线长 1139 千米。扼西太平洋主航道，是我国与亚太地区海上联系的重要枢纽。台湾岛大部分为山地和丘陵，平原集中于西部沿海。台湾岛东部多山，向西过渡为丘陵和平原。山脉由东向西分别为海岸山脉、中央山脉、雪山山脉、玉山山脉和阿里山山脉，最高点是玉山主峰（海拔 3952 米）。矿产以煤、天然气、金、银、铜、铁相对突出。

台湾北部、中部属亚热带季风气候，南部属热带季风气候。夏季长而潮湿，冬季短而温暖。降水丰沛，年降雨量超过 2500 毫米，火烧寮号称中国“雨极”，基隆港号称中国“雨港”。河流多分布于西半部，以浊水溪最长，高屏溪流域面积最广。日月潭为台湾最大湖泊，水面 7.93 平方千米。全岛森林覆盖率 58.5%，海拔 700 米以下为亚热带阔叶林，海拔 700～1800 米为阔叶林，1800～2500 米是混合林，2500～3500 米是针叶林，3500 米以上是苔原。

高山族长期在此定居，后闽南、粤东人口逐渐移入。南宋澎湖属福建路；元、明在澎湖设巡检司；明末被荷兰和西班牙侵占；1662 年郑成功收复；清代 1684 年置台湾府，1885 年建省；1895 年清政府以《马关条约》割让与日本；1945 年抗战胜利后光复；1949 年国民党政府因内战失利退守台湾，海峡两岸分治至今。

台湾西部平原盛产稻米。经济作物有樟脑、蔗糖、茶、菠萝、香蕉等。台湾四面环海，有寒暖流交汇，渔业资源丰富，以金枪鱼、鲻鱼、鲣鱼为多。台湾制造业、高科技产业发达，电子信息产业地位突出。为降低生产成本，台湾一部分制造业转移到中国大陆和东南亚。台湾服务业主要有餐饮、金融、旅游、文化创意等。

较大城市有台北、高雄、台中和台南。台湾海上交通发达，国际贸易仰赖海上运输，主要港口有高雄港、基隆港、台中港、花莲港等。较大机场如桃园国际机场、高雄国际机场、台北松山机场、台中清泉岗机场。著名景点有台北 101 大厦、台北故宫、日月潭、阿里山、玉山、爱河、垦丁、太鲁阁等。

台北是台湾的政治、经济、文化、旅游、信息中心，下辖 12 个区，总面积 272 平方千米。台北位于台湾岛北端，地处台北盆地，四周与新北市接壤。行政区划 12 区，南港、内湖为台北市东区，大安、松山、信义、文山为南区，中正、万华为西区，士林、北投为北区，中山、大同为中区。现代服务业发达，以商贸、餐饮、金融、物流、通信相对突出。台北拥有台北故宫博物院、台湾中央研究院、中国台湾国家图书馆、台北市立美术馆、台北当代艺术馆、中华文化总会文化空间、国立台湾艺术教育馆、南海艺廊等文化机构。名胜古迹颇多，如台北城门、龙山寺、保安宫、孔庙、指南宫、圆山文化遗址等。

高雄位于台湾省西南部，扼台湾海峡南口，土地面积 2947 平方千米。气候是热带季风气候。高雄是南台湾的文化中心，大学主要有台湾国立中山大学、国立高雄师范大学、国立高雄大学。著名景点有西子湾风景区、莲池潭、寿山公园、佛光山、旗后灯塔、高雄 85 大楼等。

台湾省主要社会经济指标（2017 年）

<table>
<tr><th colspan="2">指标</th><th>单位</th><th>数值</th></tr>
<tr><td colspan="2">人口</td><td>万人</td><td>2357</td></tr>
<tr><td colspan="2">人口密度</td><td>人/平方千米</td><td>651</td></tr>
<tr><td colspan="2">货物进出口额</td><td>亿美元</td><td>5765</td></tr>
<tr><td rowspan="2">其中</td><td>出口</td><td>亿美元</td><td>3172</td></tr>
<tr><td>进口</td><td>亿美元</td><td>2593</td></tr>
<tr><td colspan="2">旅游</td><td>万人次</td><td>1565</td></tr>
<tr><td>其中</td><td>来台旅游人数</td><td>万人次</td><td>1074</td></tr>
<tr><td colspan="2">本地生产总值</td><td>亿新台币</td><td>174447</td></tr>
<tr><td colspan="2">人均本地居民总收入</td><td>美元</td><td>24936</td></tr>
<tr><td colspan="2">钢产量</td><td>万吨</td><td>2137</td></tr>
<tr><td colspan="2">汽车</td><td>万辆</td><td>29. 7</td></tr>
<tr><td colspan="2">发电量</td><td>亿千瓦时</td><td>2550</td></tr>
<tr><td colspan="2">印刷电路板</td><td>万平方英尺</td><td>73100</td></tr>
<tr><td colspan="2">晶园</td><td>万片</td><td>3410</td></tr>
</table>

第四章　中部开放崛起

中部地区包括山西、河南、安徽、江西、湖北、湖南六省，是我国重要的粮食生产基地、能源原材料基地、装备制造业基地和综合交通运输枢纽。中部六省总面积102.8万平方千米，占全国总面积的10.7%。中部地区拥有长江、陇海线、京广线、京九线“两横两纵”开放轴。促进中部地区崛起，是国家的发展战略，具有重大战略意义。

中部六省人口众多，腹地广阔，市场潜力巨大。中部六省处在南北与东西运输大通道、欧亚大陆桥、长江黄金航道的“大十字架”上，地理区位优越，交通运输发达。

国家发改委发布《促进中部地区崛起“十三五”规划》，明确提出支持武汉、郑州建设国家中心城市，强化长沙、合肥、南昌、太原等省会城市地位。该规划确定了中部新的战略定位，即全国重要先进制造业中心；全国新型城镇化重点区、全国现代农业发展核心区、全国生态文明建设示范区和全方位开放重要支撑区。

中部崛起尚存在着诸多困难。一是中部是我国重要的农业生产基地，农业人口集中，“三农”问题突出。二是产业结构畸轻畸重，超重型、原料型、初级型是中部省份主要的结构特征。三是工业增长方式比较粗放，资源型城市经济转型迫在眉睫。四是生态破坏和环境污染比较严重，水污染十分普遍，城市和矿区空气污染严重。五是对外开放程度较低，教育、卫生等社会事业发展滞后。

表 4-1 中部地区国民经济和社会发展部分指标（2017 年）

指标	数量	占全国的比重/%
年末总人口/万人	36900. 3	26. 6
地区生产总值/亿元	176486. 6	20. 8
城镇居民人均可支配收入/元	31293. 8	—
农村居民人均可支配收入/元	12805. 8	—
地方一般公共财政预算收入/亿元	16339. 9	17. 9
全社会固定资产投资额/亿元	166139. 5	25. 9
社会消费品零售总额/亿元	77474. 6	21. 3
货物进出口总额/亿元	18635. 3	6. 7
谷物/万吨	19387. 8	31. 5
汽车/万辆	546. 7	18. 8
发电量/亿千瓦时	13198. 8	20. 3
普通高等学校/所	686	26. 1

资料来源：国家统计局，中国统计年鉴 2018。

中部六省发展要点包括：

第一，调整提升农业结构。中部是我国重要的农业基地，需要稳步提高农产品的产量、质量、效益和竞争力，培育一批带动力强的农产品加工、销售企业，延长农业产业链条。政府牵头构建农业技术推广体系、农产品质量检测检验体系、农业技术人才培训体系、农业信息服务体系和优良品种繁育体系。

第二，充分发挥劳动力资源优势。中部人口众多，应充分利用人口红利，大量发展劳动密集型产业。重点支持职业教育和技术培训，提高劳动力素质，引导农村富余劳动力合理有序流动。

第三，支持建立先进制造业基地。落实“2025 中国制造”战略，把更多的重大工业项目放在中部，建设一批零部件本地化、高技术产业化、市场竞争力强的项目，如大数据、云计算、先进装备制造、新能源汽车、光机电一体化项目。

第四，加快能源、原材料基地建设。加大对中部地区煤炭、石油、电力等重大能源建设项目的支持力度，加大对原材料工业的支持力度。提升山西的煤、电生产水平，强调绿色化生态化发展。运用现代信息技术，在原材料精深加工、矿山采掘设备更新改造、提高能源资源综合利用率等方面迈出新步伐。

第五，加快高新技术产业发展。以人工智能、大数据、云计算、先进制造、新材料、新医药、军工为重点，建立特色突出的高新技术产业基地，发展高新技术产业集群。对高新技术开发区优化提升，支持国家级科技创新试点城市建设。

第六，加快传统制造业升级。特别是加大装备制造业、汽车及零部件、原材料加工、纺织、食品、化工、冶金等产业结构调整和技术改造的力度，促进产品升级换代。提高中部承接东部和国外产业转移的能力。对于东部和国际产业转移的集中地区，在信贷、土地等方面给予政策支持。

第七，加快大交通、大流通、大市场建设。加快建设并形成铁路、公路、航空和水运布局合理的交通运输网络体系。发展江海联运，促进沿江对外贸易和经济发展。

第八，加大治理生态环境的力度。加大水污染、空气污染和地质灾害治理力度。抓紧解决长江、黄河、湘江、淮河、鄱阳湖、洞庭湖、巢湖等流域的污水处理和垃圾处理问题，高度重视水资源保护。加大整顿和规范矿产资源开发秩序的力度，严禁滥采乱挖，完善资源开发利用补偿机制和生态环境恢复补偿机制。从资源开发、生产消耗、废弃物利用和社会消费等环节，推进资源综合利用和循环利用。

长江中游城市群发展规划

2015年4月，国家发布《长江中游城市群发展规划》。该城市群以武汉城市圈、长株潭城市群、鄱阳湖城市群为主体，战略定位是中国经济新增长极，中西部新型城镇化先行区，内陆开放合作示范区，“两型社会”建设引领区。

长江中游城市群地处亚热带季风气候区，农业基础扎实，矿产资源丰富，区位条件优越，交通运输发达，产业基础雄厚，科技教育资源丰富，在我国未来空间开发格局中具有重要地位。武汉是老工业基地和中部经济中心，产业体系相对成熟，现已形成以光电信息和生物医药为主体的高新技术产业群。长沙、株洲、湘潭是湖南的“金三角”，综合经济实力要占到湖南的2/5。南昌—九江工业走廊是江西加工制造业的主要集聚区。长江中游城市群建设需要突出武汉、长沙、南昌的中心城市地位，完善合作机制，引领带动武汉城市圈、长株潭城市群、鄱阳湖城市圈的发展。

一、山西省

山西东依太行山，西、南依吕梁山、黄河，北依古长城。土地面积 15. 67 万平方千米，下辖 11 个地级市，119 个县级行政单位。2017 年全省常住人口 3702 万，城镇化率 57. 34%，完成地区生产总值 15528. 42 亿元，人均地区生产总值 42060 元，三次产业构成为 4. 6 ∶ 43. 7 ∶ 51. 7。

省境山环水绕，黄土广泛覆盖，地势东北高西南低。地形东西高，中间低，有山地、丘陵、高原、盆地、台地等多种地貌类型，并覆盖有深厚黄土。东有太行山，西有吕梁山，北有恒山、五台山，南有中条山，中间是由大同、忻州、太原、临汾、长治、运城等盆地绵延而成的谷地。气候属温带大陆性气候。优势矿产有煤、煤层气、铝土矿、铁矿、铜矿、金红石、白云岩、耐火黏土等。其中，煤炭保有储量 2767. 85 亿吨，煤层气保有资源储量 1825. 16 亿立方米。水资源相对贫乏，人均水资源占有量仅为全国的 17%。

山西省是中华民族重要的发祥地，有文字记载的历史长达三千年。尧、舜、禹都曾在此建都立业。夏朝建立在晋南。秦、汉、魏、晋时期山西地位突出。北魏曾以大同为都，东魏、北齐则以太原为别都。著名景点有五台山、平遥古城、云冈石窟、皇城相府、乔家大院、壶口瀑布等。山西号称“中国古代建筑艺术博物馆”，境内保存完好的宋、金以前的地面古建筑物占全国的 70% 以上，著名者如忻州五台山、大同云冈石窟、晋中平遥古城、运城解州关帝庙、太原晋祠等。

山西产业重型化特征明显，产业结构调整任务紧迫。农业生产地域差异明显，雁门关以南两年三熟，主要种植小麦、玉米、高粱、花生、棉花等，晋南汾河下游平原和运城盆地是重要的麦棉产区。畜牧业以晋西北较普遍，主要养殖牛、羊、驴、骡、马等。山西是全国重要的煤炭工业基地，有大同、宁武、西山、沁水、霍西、河东六大煤田。工业有煤炭、电力、冶金等传统支柱产业，以及煤化工、装备制造、新材料、旅游服务等新兴产业。现已形成以铁路、公路为主，航空、管道运输为辅的交通运输网络。

太原是山西省省会，国家历史文化名城，建城历史 2500 多年。辖 6 个市辖区、3 个县，代管 1 个县级市。2017 年人口 369 万，完成地区生产总值 3382. 2 亿元。太原位于山西中部，太原盆地北端，西、北、东三面环山，中、南部为河谷平原，市区坐落在海拔800米的汾河河谷平原上。这里的气候属北温带大陆性气候，夏季炎热多雨，年降水量456毫米。太原是我国重要的重工业基地，现已形成以能源、冶金、机械、化工为支柱，纺织、轻工、医药、电子、食品、建材精密仪器等门类较齐全的工业体系，不锈钢、装备制造、镁铝合金等部门相对突出。在市区交会的铁路有北同蒲、南同蒲、太焦、京原、石太等。太原老城区的道路是棋盘式格局，横平竖直，东西向谓街，南北向谓路。著名景点有晋祠、天龙山石窟、永祚寺、纯阳宫、崇善寺等。太原古城由宫城、王府、内城、外城组成，周长二十四里，高三丈五尺，外侧包砖，共开八门。太原曾是晋商故里，历史可追溯到春秋战国时期，明清两代最为繁盛。晋商在我国历史上首创票号，"商路遥远，汇通天下"曾显赫一时。民间艺术有晋剧、莲花落，太原锣鼓、清徐徐沟背铁棍、剪纸、架火、社火等。

大同古城墙

大同位于山西省北部，是国务院首批公布的24座历史文化名城之一，曾经是两汉要塞、北魏京华、辽金陪都、明清重镇。大同古城是大同历史文化的重要载体，是弥足珍贵的历史文化遗产和文化旅游资源。

大同古城墙为明洪武五年（1372年）在元故城墙旧土城上增筑而成，周长7270.7米，形成方形城池。古城墙占地3.28平方千米。墙体"三合土"夯填，墙表包砖，高约14米，最宽处16.6米。城墙上有62座门楼、角楼、望楼。城门楼四座，其中南门城楼最雄壮，为三层重楼。城墙四角雄峙着四座角楼。在距墙40米处修有护城河，宽10米，深5米。四门外有瓮城，建筑面积17600平方米。瓮城外又筑有月城，将瓮城圈在其中，辟有城门。清顺治六年，大同城池遭受严重破坏。2008年，大同市全面实施了历史文化复兴与古城保护工程，大同古城墙得以再度修复。修复后的古城墙雄伟壮观，古楼阁俊俏秀丽。

山西正处于转型发展的关键时期，发展要点包括：

一是深化供给侧结构性改革。推进资源型地区创新发展、结构性矛盾突出地区协调发展、生态脆弱地区绿色发展、内陆地区开放发展和欠发达地区共享发展，在产业转型、要素配置、创新驱动、环境保护、营商环境等领域先行先试。抓紧建设好省级政务云平台、阳泉智能物联网应用基地、吕梁华为山西大数据中心、山西北斗数据中心、中电科创新产业园等项目。推动太原、运城铝镁合金材料基地、太原第三代半导体材料研制基地、大同石墨烯产业化基地等项目建设。

二是建设资源型经济转型发展示范区。走资源型地区转型升级、创新驱动发展的新路。推动新一代信息技术、高端装备制造、新能源汽车、新材料、新能源、节能环保、生物医药、通用航空、煤层气、现代煤化工等新兴产业集群集聚集约发展。加快建设国家清洁能源基地，构建现代能源体系。山西煤炭资源极为丰富，是目前我国最大的煤炭生产基地。山西煤炭企业众多，但同质化严重，盈利水平不高，需要优化重组，提高产业集中度，增强市场竞争力，改变山西煤炭企业“大而不强”的格局，推进煤炭产业实现“减、优、绿”。重点推进焦煤集团、阳煤集团、潞安集团、晋能集团四大煤企的改革。

三是构建内陆地区对外开放新高地。深度融入国家开放“大战略”，扩大与“一带一路”沿线国家和地区的交流合作，主动融入京津冀协同发展，差异化承接发达地区产业梯度转移，加大与中部和周边地区合作交流。增强金融服务实体经济能力。发挥山西股权交易中心作用，推动企业上市、挂牌培育和上市公司再融资。推动大同、晋城金融改革试验区建设。支持太原率先发展，提高太原都市区国际化、现代化、智能化水平。构建对外开放“大通道”，打通高速公路出省口、断头路和省内重要连接线。加快太原铁路口岸建设，完善多式联运和中欧、中亚班列运行机制。

四是推动生态环境综合治理。继续打好蓝天保卫战、黑臭水体歼灭战、土壤污染防治持久战，提高污染防治法治化、市场化、专业化水平。开展全省域资源环境承载能力和国土空间开发适宜性评价，合理划定城市开发边界、永久基本农田、生态保护“三条红线”和城镇、农业、生态“三类空间”。重点抓好汾河治理，“控污、增湿、清淤、绿岸、调水”五策并举，早日让母亲河“水量丰起来、水质好起来、风光美起来”。严格控制散烧燃煤污染，积极稳妥推进清洁取暖工程。抓好工业固废减量化、资源化、再利用，积极推进朔州国家级区域工业绿色转型发展试点城市、全国工业固废综合利用示范基地建设。

五是建设好黄河、长城、太行三大旅游板块。立足山水风光禀赋和历史文化底蕴，建设国内一流、国际知名的全域旅游目的地。做优做强五台山、云冈石窟、平遥古城等旅游品牌，推动壶口瀑布、太行山大峡谷、洪洞大槐树等景区建设。搞好大河文明国际旅游论坛、港澳青少年长城研学游、太行旅游养生体验季等大型旅游活动。加快推动非遗和演艺进景区，打造高品质文化旅游演艺产品。发挥山西气候清凉、海拔适中、饮食多样、医养资源丰富的优势，加快打造康养山西、夏养山西品牌，率先建设好一批康养旅游城市、康养小镇、康养产业园、康养度假区。

二、河南省

位于中国中东部、黄河中下游。土地面积 16.7 万平方千米。现辖 17 个地级市、1 个省直辖县级行政单位、52 个市辖区、20 个县级市、85 个县。2017 年全省人口 9559 万，城镇化率 50.16%，完成地区生产总值 44553 亿元，人均地区生产总值 46674 元，三次产业构成为 9.3∶47.4∶43.3。

河南横跨海河、黄河、淮河、长江四大水系，黄河横贯中部。属暖温带—亚热带季风气候。地理位置适中，拥有铁路、公路、航空、水运、管道等相结合的综合交通运输体系。郑州是具有全国意义的铁路枢纽，新郑国际机场是国内一类航空口岸。

河南是中华民族与中华文明的主要发祥地之一，历史上先后有 20 多个朝代建都或迁都河南，诞生了洛阳、开封、安阳、郑州、商丘等古都。拥有老子、庄子、墨子、韩非子、商鞅、张良、张衡、杜甫、吴道子、岳飞等历史名人。该省文物古迹众多，旅游资源丰富。截至 2017 年，河南有世界文化遗产 6 项 25 处，全国重点文物保护单位 358 处，国家 5A 级旅游景区 13 处。著名景点有少林寺、龙门石窟、尧山、商丘古城、白云山、龙潭大峡谷等。

河南是我国小麦、玉米、棉花、油料、烟叶、麻类的重要生产基地，粮食产量约占全国的 1/10，油料产量占全国的 1/7，棉花产量占全国的 1/6，许昌是著名的烟叶产区，伏牛山区是我国四大柞蚕丝产地之一，南阳黄牛、泌阳毛驴、新密寒羊是优良畜种。河南是我国重要的工业基地，出产煤炭、石油较多，优势工业产业有食品、有色金属、化工、汽车及零部件、装备制造、纺织服装等。

郑州是河南省省会，地处华北平原南部，河南省中部偏北，北临黄河，西依嵩山，东南为广阔的黄淮平原。它地处中国几何中心，是全国重要的铁路、航空、高速公路、电力、邮政、电信枢纽。这里有汽车、装备制造、煤电铝、食品、纺织服装、电子信息六大优势产业。氧化铝产量占全国总产量的 50%，拥有亚洲最大的大中型客车生产企业，冷冻食品占全国市场份额的 40% 以上。郑州商品交易所是三大全国性商品交易所之一。2017 年人口 842 万，完成地区生产总值 9130 亿元。

著名景点有黄帝故里、嵩山、少林寺、天地之中、嵩阳书院、黄河风景名胜区等。

开封古称汴梁，是我国八大古都之一，位于黄河下游，太行山脉东南侧，地处河南中东部。境内河流众多，分属黄河和淮河两大水系。开封是河南重要的农业种植区，是著名的小麦、棉花、花生、大蒜、西瓜、泡桐生产基地。“黄河泛滥两千载，淹没开封几座城”，开封是一座“城摞城”的城市，并形成河高于城的“地上悬河”。2017 年，完成地区生产总值 1935 亿元，三次产业结构 15. 1∶40. 4∶44. 5。这里是河南重要的装备制造基地。开封汴绣独树一帜，以针线细密、色彩丰富而称著。名胜古迹有龙亭公园、清明上河园、宋都御街、山陕甘会馆、大宋武侠城、天波杨府、禹王台公园、翰园碑林、朱仙镇岳飞庙、大相国寺等。

洛阳位于河南西部、黄河中游，因地处洛河之阳而得名，是国务院首批公布的历史文化名城。先后有商、西周、东周、东汉、曹魏、西晋、北魏、隋、唐等王朝在洛阳建都，有“千年帝都”之称。它是隋唐大运河的重要枢纽。因洛阳牡丹闻名于世，被誉为“千年帝都，牡丹花城”。沿洛河两岸分布着夏都二里头遗址、偃师商城、东周王城、汉魏故城、隋唐洛阳城等五大都城遗址。著名景点有龙门石窟、白马寺、关林庙、白云山、龙潭峡、鸡冠洞、重渡沟等。现已形成较为完备的工业体系，装备制造、能源电力、石油化工、新材料、硅光伏及光电为五大支柱产业，新能源、节能环保、生物医药、电子信息等产业亦呈快速崛起之势。

少林寺

是中国佛教禅宗祖庭和中国功夫的发源地，现为世界文化遗产、国家 5A 级旅游景区。位于郑州登封嵩山五乳峰下。始建于北魏太和十九年（495 年）。因其历代少林武僧潜心研创和不断发展的少林功夫而名扬天下。2010 年 8 月，包括少林寺常住院、初祖庵、塔林在内的天地之中历史建筑群被联合国教科文组织列为世界文化遗产。少林寺常住院位于少溪河北岸，建筑面积 57600 平方米，从山门到千佛殿，共七进院落，自南向北依次是山门、天王殿、大雄宝殿、藏经阁（法堂）、方丈院、立雪亭、千佛殿。寺西有塔林，北有初祖庵、达摩洞、甘露台，西南有二祖庵，东北有广慧庵。

新时期河南省发展要点包括：

第一，深化供给侧结构性改革。继续实施增品种、提品质、创品牌专项行动，大力推进精益制造、品牌制造，支持企业发展个性定制、高端定制。加快装配式建筑业发展。培育现代物流、健康养老、教育培训、优质旅游等新增长点。加快国家大数据综合试验区建设，抓好数据资源集中整合、开放共享，大力发展数字经济。

第二，着力发展实体经济。开展万家工业企业技术改造，推进制造业绿色化、智能化、技术化“三大改造”。启动郑州机场三期工程，加快郑州南站和太焦、商合杭高铁及蒙华铁路河南段建设。充分挖掘健康、养老、教育、体育、文化、旅游等消费领域潜力，推进全域旅游示范区建设。

第三，持续深化改革开放。深化行政执法、医药卫生、供销社、投融资、财税、教育、文化等体制改革。推进河南自贸试验区建设，推进郑州—卢森堡“空中丝绸之路”建设。推进“陆上丝绸之路”建设，提升中欧班列（郑州）运营水平；推进“网上丝绸之路”建设，加快建设跨境电商综合试验区，构建电子世界贸易组织核心功能集聚区。推进郑州航空港经济综合实验区建设，完善国际贸易单一窗口机制，提升国际航空货运枢纽和物流中心功能。

第四，加快郑洛新国家自主创新示范区建设。加快生物育种、通信技术、超级电容、工业 CT 等创新引领型项目产业化，在大数据及网络安全、轨道交通装备、新能源汽车及动力电池等领域，实施一批产业集群专项和重大科技专项。

第五，加快中原城市群建设。支持郑州建设国家中心城市，推进郑汴、郑许一体化和郑新、郑焦深度融合，加快大都市区建设。支持洛阳加快副中心城市建设。支持商丘、南阳、安阳等构建区域中心城市，漯河、济源等壮大城市规模和综合实力，平顶山、鹤壁、濮阳、三门峡等资源型城市协调发展，周口、驻马店、信阳等农业比重大的城市跨越发展。

第六，推进生态环境建设。着力控制污染源头，狠抓末端排放治理，突出重点区域、行业、环节、时段，大力发展城市公共交通，稳步推进清洁取暖。全面落实河长制湖长制，强化重点流域和城市河流治理、城市生态水系建设。加快森林、湿地、流域、农田、城市五大生态系统建设，加快沿黄生态带、沿淮生态带、南水北调中线水源地及干渠沿线生态带、隋唐大运河及明清黄河故道生态带建设。

三、安徽省

安徽位于中国大陆东部，地跨长江、淮河南北，土地面积 13. 94 万平方千米。辖

16地级市6县级市56县。2017年全省常住人口6254.8万人，城镇化率53.5%。全省生产总值2.70万亿元，人均地区生产总值43401元，三次产业结构为9.6：47.5：42.9。

地形地貌上分为淮河平原区、江淮台地丘陵区、皖西丘陵山地区、沿江平原区和皖南丘陵山地。这里属暖温带与亚热带的过渡地区，淮河以北属暖温带半湿润季风气候，淮河以南属亚热带湿润季风气候。巢湖是中国五大淡水湖之一。

安徽是中国史前文明的重要发祥地。清康熙六年（1667）由江南省分治而建，省名由明清时期的安庆府、徽州府两个府的首字合成。北宋时期，由淮南东、淮南西、江南西3个路分领。安徽文化主要由淮河文化、新安文化、皖江文化、庐州文化等组成，拥有淮河、新安、庐州、皖江四大文化圈。有3处世界文化遗产（黄山、西递、宏村），5座国家级历史文化名城（歙县、寿县、亳州、安庆、绩溪），6个国家级自然保护区，10处国家级重点风景名胜区，9家5A级景区。著名景点有黄山、琅琊山、天柱山、明皇陵等。著名大学有中国科学技术大学、安徽大学等。

安徽农业历史悠久，主要生产水稻、小麦、玉米、蔬菜和棉花，是国家重要的商品粮基地。工业以煤炭、电力、石化、冶金、机械、电子为大宗。轻纺、建材等工业部门相对发达。近些年电子、新材料、先进制造等部门发展较快，逐步形成机械、家电、纺织等产业集群。

2016年6月，国家发改委出台《长江三角洲城市群发展规划》，将安徽的合肥、芜湖、马鞍山、铜陵、安庆、滁州、池州、宣城8市纳入规划范围。安徽积极参与长三角城市群建设，加强与沪苏浙的链式合作，抓紧构筑沿江发展带。具体举措包括：建设综合性国家科学中心和产业创新中心，围绕高科技产业链关键环节、传统产业链高增值环节，有针对性地承接产业梯度转移，共同培育产业整体竞争优势。充分发挥文化产业竞争力较强、生态本底良好的优势，推动文化创意、生态与制造业融合发展。全面对接长三角城市群，培育区域联动、优势互补、经济繁荣、城镇密集的沿江发展带。以合肥为核心，以芜湖—马鞍山、安庆—池州—铜陵两大城市群为支撑，打造长三角重要支撑带。

合肥是安徽省省会，皖江城市带核心城市，国家历史文化名城。因淝、施二水交汇而得名，素有“三国旧地、包拯故里”之称。它辖4个区、4个县、1个县级市。2017年人口743万，完成地区生产总值7213.4亿元。地处江淮丘陵，总的地势是中部高，南北低。气候属亚热带湿润性季风气候，四季分明，雨量适中。主要河流有南淝河、店埠河、东淝河、高塘河等。合肥是中国优秀旅游城市，三河古镇为国家5A级旅游景区，著名景点有包公祠、巢湖、周瑜故里、紫蓬山、李府、合肥环城公园等。国家级开发区有合肥经济技术开发区，合肥高新技术产业开发区，合肥新站综合试验区。安徽省明确提出，要把合肥建设成“大湖名城、创新高地”；在交通方面，提升空港国际功能；在都市圈建设方面，加强与全球知名企业和城市的合作。

中国科学技术大学

中国科学技术大学是中国科学院直属的以前沿科学和高新技术为主、兼有特色管理和人文学科的理工类全国重点大学。1958年创办于北京，1970年迁至合肥。现有20个学院、30个系，设有研究生院，以及苏州研究院、上海研究院、中国科大先进技术研究院。2017年入选首批“双一流”世界一流大学A类建设高校。现有中国科学院和中国工程院院士42人（含双聘），8个一级学科国家重点学科，4个二级学科国家重点学科，2个国家重点培育学科。建有国家同步辐射实验室、稳态强磁场科学中心、火灾科学国家重点实验室、核探测与核电子学国家重点实验室等国家级科研机构。校本部位于合肥，校园面积165万平方米，建筑面积104万平方米，分为东、西、南、北、中五个校区。

芜湖地处长三角西南部，是华东重要的工业基地、科教基地和综合交通枢纽。辖4个市辖区、4个县，4个国家级开发区。地貌类型多样，平原丘陵皆备，河湖水网密布。这里属亚热带湿润季风气候。芜湖素称“江东名邑”“吴楚名区”，是国家历史文化名城，明代浆染业中心，近代为“江南四大米市”之首。芜湖铁画以锤代笔，锻织成画，风格独特。芜湖是安徽最大的货运、外贸、集装箱中转港，国家一类口岸，年通过能力5000万吨。裕溪口港是安徽最大的内河港，拥有泊位138个，其中万吨级泊位13个。

新时期安徽省发展要点包括：

第一，打造高效协同的创新体系。建设合肥综合性国家科学中心、合肥滨湖科学城、合芜蚌国家自主创新示范区。以新兴产业、重大项目为依托，以高端制造、智能制造、绿色制造、精品制造和服务型制造为主攻方向，以集成电路、新型显示、智能语音、工业机器人、新能源汽车、高性能新材料为突破重点，培育具有国际竞争力的先进制造业集群。

第二，实施区域协调发展战略。深化与沪苏浙一体化发展，共建具有全球影响力的世界级城市群。推动合肥都市圈一体化发展，建设具有较强影响力的国际化都市圈和支撑全省发展的核心增长极。推进皖江城市带创新升级、绿色发展，加快建设具有国际竞争力的先进制造业和现代服务业基地。强力推动皖北地区全面振兴，加快完善产业、基础设施和公共服务体系，打造人水和谐、绿色共享的淮河生态经济带。

第三，促进产学研深度融合。加快建设合肥综合性国家科学中心和合肥滨湖科学城。建设量子信息科学国家实验室支撑体系，建设聚变堆主机关键系统综合研究设施，支持合肥微尺度物质科学国家研究中心、认知智能国家重点实验室等建设。推动新能源汽车、智能语音、集成电路、工业机器人、现代医疗医药等专项建设，完成江淮大众新能源汽车、中安联合煤化工等重大项目。实施“皖企登云”计划，加快发展智能芯片、智能终端等制造业，大力培育电子商务、大数据、云计算、数字创意、移动传播等数字经济产业集群。

第四，坚决打好污染防治攻坚战。推进重点流域水污染防治，实施淮河流域综合治理，启动巢湖新一轮综合治理。建立污染地块和农用地土壤环境管理信息化系统，强化固体废弃物处理和农业面源污染防治。抓好城乡黑臭水体治理、畜禽养殖废弃物资源化利用和秸秆综合利用。

四、江西省

地处中国东南部，别称赣鄱大地，古有“吴头楚尾，粤户闽庭”之称。全省面积16.69万平方千米，辖11个地级市，100个县（市、区）。2017年常住人口4622万，城镇化率54.6%，完成地区生产总值20006亿元，人均地区生产总值43424元，三次产业结构9.2∶48.1∶42.7。

地形以丘陵山地为主，盆地、谷地广布。地貌上属江南丘陵，省境东、西、南三面环山，中部丘陵和河谷平原交错分布，北部则为鄱阳湖湖积、冲积平原。气候属中亚热带温暖湿润季风气候。主要河流有赣、抚、信、饶、修五大河系，皆注入鄱阳湖，构成以鄱阳湖为中心的向心水系。鄱阳湖是我国第一大淡水湖。矿产资源丰富，铜、钨、铀、钽、重稀土、金银在全国占据重要地位。

江西为传统的农业大省，是我国水稻主产区之一，小麦分布以赣北为主，甘薯则以赣中、赣南为多，大豆主产于鄱阳湖东岸、南岸及吉泰盆地，水产、脐橙、蔬菜亦出产较多。江西是我国重要的铜、钨产地，绿色农产品和有机食品成为新的增长点，基本形成汽车、冶金、制药、电子、食品、化工六大支柱产业，光电、高精铜材、优特钢材、特种车船、精密机械、生物医药、特色化工、绿色食品、度假旅游、新型服务等产业呈现了良好的发展势头。南昌为中国飞机制造基地之一，南昌、临川、上饶等地兴建了汽车制造工业，瑞昌、九江崛起为重要船舶工业基地。

南昌市是江西省省会，辖 6 区 3 县，赣江新区为国家级新区。它始建于公元前 202 年，寓意“昌大南疆、南方昌盛”，是国家历史文化名城，被王勃誉为“物华天宝，人杰地灵”，又因“南昌起义”而享誉天下。著名景点有滕王阁、八一起义纪念馆、八大山人纪念馆、绳金塔、海昏侯墓等。大学以南昌大学、江西财经大学、江西师范大学为代表。水陆交通发达，有“襟三江而带五湖”之称。地形以平原为主，东南相对平坦，西北丘陵较多。城市水网密布，赣江、抚河、玉带河、锦江纵横境内。2017 年人口 525 万，完成地区生产总值 5003 亿元。工业发达，以汽车制造、冶金、机电、纺织、化工、医药为大宗，是我国重要的航空、光电产业基地，拥有 8 个国家级工业园。南昌是沿海连接中西部的商贸中转枢纽，商贸物流蓬勃发展，形成了“城内大商场，城郊大市场，城外大物流”的格局。

九江简称“浔”，是拥有 2200 多年历史的江南名城。它辖 3 区、7 县、3 县级市。九江位于长江、京九铁路的交会处，是长江中游港口城市，号称“三江之口，七省通衢”。九江港是长江主要商港之一。九江雄蟠赣北，濒江扼湖，石钟山、鞋山、落星墩、军山、印山、扁担山隔水相望，形态各异。著名景点有庐山、鄱阳湖、东林寺、庐山西海、星子温泉等。庐山是国家 5A 级景区，属于典型的地垒式块段山，长约 25 千米，宽约 10 千米，绵延的 90 余座山峰，犹如九叠屏风，主峰汉阳峰海拔 1474 米。以雄、奇、险、秀闻名于世，素有“匡庐奇秀甲天下”之美誉。九江近些年迅速崛起，成为鄱阳湖生态经济区重要引擎。

赣州市

位于赣南，是江西面积最大、人口最多的地级市。土地面积 39380 平方千米，辖 3 个区、14 个县、1 个县级市。2016 年末全市户籍人口 971 万。地形以山地、丘陵为主，地势周高中低。属中亚热带季风气候。章贡两江在章贡区相会而成赣江。赣南是我国重要的有色金属基地，矿产以钨、锡、稀土相对突出。赣州市拥有4个国家级开发区和1个综合保税区。2017年完成地区生产总值2524亿元。

赣州市是国家历史文化名城、原中央苏区所在地。文天祥、周敦颐、海瑞、王守仁、辛弃疾和中共第一代核心领导人皆在赣南主政过。著名景点有通天岩、八境台、郁孤台、赣州古城墙、瑞金共和国摇篮景区等。著名旅游品牌有四个，即红色故都、江南宋城、客家摇篮、生态赣州。红色旅游以瑞金为核心，江南宋城以中心城区为核心，客家风情以龙南—赣县为核心，生态旅游以安远—寻乌—定南和上犹—崇义—大余为核心。这里革命将领辈出，1955—1965年授衔的人民解放军将军，赣州籍有133名，其中上将3名、中将10名、少将120名。兴国是全国闻名的“将军县”。

农产品有粮食、烤烟、蔬菜及食用菌、花生、茶、水果、生猪、水产品等，赣南脐橙以品质优良而享誉海内外。大学有江西理工大学、赣南师范大学、赣南医学院等。赣州黄金机场位于南康区，距离市中心16千米。

新时期江西省工作重点包括：

第一，做强做优实体经济。推动互联网、大数据、人工智能与实体经济深度融合，大力发展信息技术服务、检验检测认证等生产性服务业。开工建设昌景黄铁路，建成皖赣铁路浯溪口改线工程，抓紧建设昌吉赣客专、赣深客专、安九客专等5条铁路项目。以优质旅游、全域旅游为引领，大力发展红色、乡村、入境、智慧旅游，加快滕王阁、武功山创建5A旅游景区，推进18个国家全域旅游示范区建设，打造一批城市旅游综合体，促进旅游消费。

第二，推动产业迈向价值链中高端。新建国家级创新平台和载体，建设好鄱阳湖国家自主创新示范区。推动江西—中科院科技成果转移中心，鹰潭国家科技重大专项转移转化试点，中国（南昌）知识产权保护中心的建设。建设好南昌腾讯众创空间、九江恒盛科技园、景德镇“陶溪川”陶瓷文化创意园、上饶创梦空间创业园等重点“双创”示范基地。

第三，培育壮大新兴产业。加快发展航空产业，高标准推进南昌、景德镇通航产业综合示范区建设。推进国家中医药改革试验区、中医药科创城、上饶中医药健康旅游示范区的建设，支持樟树打造“中国药都”。依托稀土等资源优势，加快突破新材料关键工艺技术，打造全国重要的新材料研发生产基地。加快培育集成电路、北斗通信、虚拟现实、智能终端等重点产业，做大做强“南昌光谷”等电子信息产业集群。加快推动食品、陶瓷、家具、纺织服装等产业转型升级，打造江西轻工优势品牌。

第四，务实推动开放合作。实施一批国际产能合作项目和重大基础设施互联互通项目，支持九江争创长江经济带绿色发展示范区。深度融入“长珠闽”板块，推进赣浙、赣粤、赣闽、赣湘等合作平台建设。大力推动外企入赣、央企入赣、民企入赣和赣商回归。构建以航空陆地运输无缝对接、铁海江海多式联运和通关贸易一体化为特征的现代物流体系，稳定开行赣欧班列。推进九江综合保税区申报建设。

第五，推进区域互动发展。抓好赣江新区建设，重点抓好绿色金融改革创新试验区、国家“双创”示范基地等建设。统筹推进南昌核心增长极建设、九江沿江开放开发和昌九、昌抚一体化发展。纵深推进赣南等原中央苏区振兴发展，支持赣州“两城两谷一带”建设；推动吉泰走廊电子信息等优势产业创新发展；加快昌抚合作示范区、向莆经济带建设。推进赣东北扩大开放合作、赣西经济转型升级、“鄱余万都”小康攻坚，支持新宜吉六县跨行政区转型合作试验区建设。依托京九、沪昆等高铁大通道，建设高铁新区新城，打造特色鲜明、竞相发展的区域板块。

五、湖北省

位于长江中游、洞庭湖以北，地处中国中部，土地面积 18.59 万平方千米。辖 13 个地级行政区，包括 12 个地级市、1 个自治州；103 个县级行政区。2017 全省常住人口 5902 万，城镇化率 59.3%，完成地区生产总值 35478.09 亿元，人均地区生产总值 60199 元，三次产业构成 10.0：43.5：46.5。

湖北地处我国地势第二级阶梯向第三级阶梯过渡的地带，地貌类型多样，山地、丘陵、岗地和平原兼备。西部神农架最高峰神农顶海拔 3105 米，中南部为江汉平原，与洞庭湖平原连成一片，地势平坦，土壤肥沃。湖北大多属于亚热带季风性湿润气候，光能充足，热量丰富，无霜期长，降水充沛，雨热同季。长江横贯省境，汉江为长江最大支流。水资源丰富，素称“千湖之省”，较大湖泊如洪湖、长湖、梁子湖、斧头湖。三峡工程是世界上最大的水利枢纽工程，丹江口水库为南水北调中线工程起点。

湖北是中华文明重要的发祥地，拥有灿烂的楚文化。西周湖北境内出现诸多小国，春秋战国南方诸国逐渐统一于楚。秦朝时湖北大部属南郡。三国魏、蜀、吴争夺荆州。两晋湖北大部分属荆州。隋开皇九年（589），荆州统领的江夏郡曾一度改称鄂州。宋在湖北中部设荆湖北路，北部设京西南路。元设湖广行省。明基本属于湖广布政使司。清初仍沿用明制。湖北具有光荣的革命传统，从武昌起义到新中国成立，为中国革命胜利做出了重要贡献。

湖北是中国重要的科教基地，拥有普通高校 129 所，著名大学如武汉大学、华中科技大学、华中农业大学。有武汉、荆州、襄阳、随州、钟祥 5 个国家历史文化名城。著名古迹如武当山古建筑群、钟祥明显陵。著名景点有黄鹤楼、武汉东湖、神农架、武当山、长江三峡、隆中风景区等。

武汉是湖北省省会，地处江汉平原东部。长江及汉水横贯市境，将城区分为武昌、汉口、汉阳三大部分。现有大小湖泊 166 个，被称为“百湖之市”。土地面积 8467 平方千米，2017 年人口 854 万，完成地区生产总值 13410 亿元。武汉是我国重要的科研教育基地，拥有高等院校 98 所；是我国重要的工业基地，支柱产业有钢铁、汽车、光电子、化工、冶金、纺织、造船和医药；是我国重要的交通枢纽，公路网、铁路网辐射全国；是我国内河航运枢纽，长江中游航运中心。著名景点有黄鹤楼、东湖、木兰天池、武汉长江大桥、汉口租界、武汉欢乐谷等。

襄阳位于湖北西北部，汉江中游平原，是中国历史文化名城，已有 2800 多年历史，为经济军事要地。工业以汽车、装备制造、医药、化工、电子、新能源、新材料为大宗。襄阳古城文化积淀深厚，内涵丰富，特色鲜明。襄阳护城河平均宽 180 多米，是我国保存最好的护城河。文化旅游以三国文化为主要特色，著名景点如古隆中、襄阳城、中国汉城、鹿门寺、水镜庄等。

新时期湖北省发展要点包括：

第一，谋划实施一批支撑性重大项目。建设好中国（湖北）自由贸易试验区和国家信息光电子创新中心。集中力量抓好 200 个省级重点项目建设。支持国家存储器基地、商业航天基地、国家网络安全人才与创新基地、比亚迪新能源客车、广汽传祺宜昌基地、江汉战略储气库等重大项目加快建设。实施交通强省三年攻坚行动，加快武汉长江中游航运中心、三峡综合交通枢纽、汉江现代航运体系建设，加快湖北国际物流核心枢纽、荆州机场建设，抓好武西、郑万、武九、呼南、蒙华铁路湖北段和荆荆客专建设。

第二，修复长江生态环境。深入推进长江大保护九大行动，突出整治非法码头和采砂场，保护饮用水源地，“关改搬”沿江化工企业。推进治污水、防洪水、排涝水、保供水、促节水“五水共治”。深入开展自然保护区“绿盾”行动。支持黄冈建设大别山世界地质公园，支持环梁子湖区域建设湖泊治理国家示范区，加强神农架国家公园保护。全力推进“厕所革命”、宜林荒山全绿化、乡镇生活污水处理全覆盖、城乡垃圾无害化处理全达标等重大生态工程。大力实施企业循环生产、产业循环组合、园区循环改造，促进农业废弃物循环利用。支持黄石建设国家级产业转型升级示范区，支持荆门等地建设国家循环经济示范城市。

第三，促进新动能持续快速成长。大力发展新产业、打造新模式、培育新主体，建设一批新产业集聚区，推动集成电路、显示面板、北斗导航、新能源汽车等加快成长为千亿产业。支持襄阳建设新能源汽车之都，支持荆门发展通用航空产业，实施“宽带湖北”行动，加快构建“互联网+产业”生态体系，实施智能制造行动计划和“万企上云”工程。深入实施军民融合六大工程，支持武汉、襄阳、宜昌等示范基地做大做强，支持孝感建设军民融合新能源汽车产业基地，支持随州、咸宁等地建设国家应急产业基地。

第四，大力振兴实体经济。推动汽车、装备制造、电子信息、生物医药等产业内涵式发展，引导化工、建材、冶金、纺织等产业提档升级。支持武汉建设国家制造业创新中心，支持宜昌打造仿制药生产基地，支持十堰建设现代汽车城。开展质量提升行动，实施“工业千项精品工程”。实施服务业提速升级计划，加快发展现代物流、现代金融、商务服务、设计咨询、工业软件等服务业集聚区。支持武汉建设“世界设计之都”“中国软件名城”和区域金融中心。支持鄂州建设中部电商基地。支持恩施、仙桃等 33 个全域旅游示范区建设，实施“灵秀湖北”旅游形象提升工程。

第五，发挥重大平台体系牵引作用。支持武汉建设具有全球影响力的产业创新中心、综合性国家科学中心、全面改革创新试验区，支持襄阳、宜昌建成区域性创新中心，推动创新型城市建设。发挥东湖国家自主创新示范区龙头作用，促进高新区、开发区创新发展。支持黄石、荆州、潜江争创国家高新区。加快武汉光电国家研究中心等重大创新平台建设，实施一批重大科技专项，攻克一批关键领域核心技术。建设长江中游大数据和云计算中心。加快建设国家技术转移中部中心。支持武汉加快建设国家中心城市，创建国家级长江新区。支持襄阳、宜昌进一步提升城市综合实力、集聚能力和辐射带动力。

六、湖南省

湖南省位于我国中部、长江中游。土地面积 21.18 万平方千米。辖 13 个地级市和 1 个自治州，122 个县级行政区。2017 年全省常住人口 6860.2 万人，城镇化率 54.62%。同年湖南完成地区生产总值 33903 亿元，三次产业结构为 8.9 : 41.7 : 49.4。人均地区生产总值 49558 元。

湖南是一个农业大省，素称“鱼米之乡”，盛产稻米、生猪、湘莲、茶叶、油茶、辣椒。湖南工业门类齐全，形成了工程机械、电子信息及新材料、石油化工、汽车及零部件、铅锌硬质合金及深加工等 10 个优势产业集群。湖南铁路交通较为发达，有京广线、沪昆线、湘桂线、石长线、洛湛线、焦柳线、渝怀线等铁路干线。长沙黄花机场为我国重要的枢纽机场。

湖南应充分发挥高铁、高速公路的连通效能，积极对接国家一级开发轴线，主要是京广线、长江和海岸带。以长株潭为中心，以岳阳为湘北门户，以郴州为湘南门户，以怀化为湘西核心，形成以京广线为纵轴、沪昆线为横轴的空间开发格局。依托京广线、沪昆线，以长沙、株洲、湘潭、岳阳、衡阳等城市为支撑，打造京广线、沪昆线经济走廊。

长沙是湖南省省会，湖南的中心城市，中国历史文化名城，2017 年人口 709 万，完成地区生产总值 10536 亿元。地势西北高、东南低，是湘中丘陵盆地向洞庭湖平原过渡的地带，湘江由南向北贯穿长沙全境。现已形成工程机械、烟草食品、新材料、电子信息、文化创意、旅游六大千亿产业集群。教育科技发达，著名高校有国防科技大学、中南大学、湖南大学、湖南师范大学等。名胜古迹有岳麓山—橘子洲、刘少奇故居、长沙世界之窗、湖南省石燕湖生态旅游公园、大围山国家森林公园、湖南省博物馆、雷锋纪念馆、天心阁等。

株洲位于湖南东部，湘江下游东岸，属于国家老工业基地，轨道交通、航空航天、新能源汽车均具备领先优势，已形成冶金、机械、化工、新材料、生物医药、绿色食品、陶瓷等支柱产业。它是我国南方主要的铁路枢纽，京广、浙赣、湘黔铁路在此交会。旅游名胜有炎帝陵、方特欢乐世界、云阳山、酒仙湖等。

湘潭位于湘中偏东，湘江中下游，支柱产业有钢铁、汽车、装备制造、电气、食品等。这里是毛泽东、彭德怀、陈赓、谭政、黄公略、罗亦农等革命家的故乡，也是齐白石、杨度、张天翼等名人志士的家乡。主要景点有毛泽东故居、毛泽东纪念园、韶峰、滴水洞、彭德怀故居、彭德怀纪念馆、东山书院等。

湖南空间结构优化

基于湖南基本现代化建设背景，确定空间开发总体框架。

一级发展轴包括京广线和沪昆线。

京广线 连接岳阳、长沙、株洲、衡阳、郴州等城市，与此基本平行的有京广高铁、京港澳高速及复线、107国道。以长株潭为核心，以岳阳为口岸增长极，以衡阳和郴州为南部增长极。京广线贯穿湖南经济发达地区，向北对接长江，向南对接大湾区，中介区位优势突出。直接带动6市55个县市区，总面积7.76万平方千米。重点打造先进制造、现代服务、外向型经济以形成产业走廊，作为湖南主体发展轴。

沪昆线 连接株洲、湘潭、娄底、怀化等中心城市，东西之间经济梯度差明显。与此基本平行的有沪昆高铁、沪昆高速、320国道。东连鄱阳湖生态经济区乃至长三角，西接武陵山协作区，呼应国家西部大开发。直接带动6市52个县市区，总面积8.46万平方千米。重点发展智能制造、精品钢材、有色加工、食品加工、商贸物流等产业，作为湖南主体发展轴。

二级发展轴包括枝柳线、石长线、湘桂线和洛湛线。

长沙市作为湖南省、我国中部、长江中游地区的中心城市，突出创新驱动职能，尽快建设成国家中心城市。湖南省中心城市包括岳阳、常德、郴州、衡阳、怀化和邵阳。

长株潭城市群为湖南主体增长极，科技教育文化创新基地，国家资源节约型和环境友好型综合配套改革试验区。湖南省区域性城市群有湘北城市群（以岳阳、常德、益阳为核心）、湘南城市群（以郴州、衡阳、永州为核心）、大湘西城市带（以怀化、邵阳、娄底、张家界、吉首为核心）。

新时期湖南省发展要点包括：

第一，把长沙市建设成国家中心城市。加紧创建国家中心城市，着力打造国家智能制造中心、国家创新创意中心、国家交通物流中心，实施高新技术引领和优秀文化带动。长沙的规划发展，需要强化国际视野、国家思维和创新谋划，完成四大转型：

由区域性中心城市向国家级中心城市迈进；由内陆中心城市向国家枢纽城市转型；由传统工业城市向国家创新城市升级；由一般省会城市向国家“两型”城市提升。加快建设和谐宜居、富有活力、独具特色的现代化大都市。长沙的产业建设，突出创新引领功能。侧重大数据、云计算、智能制造、新材料、新能源、生物工程、节能环保等领域，对工程机械、汽车及零部件、传统的加工制造业进行改造提升。新时期长沙市的宏观格局，以湘江为生态轴，划分为湘江东岸与湘江西岸两大部分。湘江以东部分为“提升侧”，重点改造老城区，建设好高铁站—国际会展中心—飞机场新兴产业走廊，侧重商业商务，发展金融、总部、中介、互联网、创意设计、娱乐休闲等部门。湘江以西部分为“创新侧”，依托大学、研究所、开发区、工业园区，作为湖南创新创业的引擎，建立以企业为主体、市场为导向、产学研深度融合的技术创新体系，将湘江新区打造成全国一流的创新平台。

第二，推进长株潭城市群一体化建设。下决心推进三市行政一体化建设，统一规划，统筹布局。依托长株潭国家自主创新示范区建设平台，探索城市群一体化创新发展模式。推进公交、健康、社保“一卡通”建设；加快三市交通一体化建设；整合三市技术、人才、创新平台等资源，促进产业协同发展、企业协同创新、环境协同治理；三市共建交通网络、物流网络、电力系统、信息系统、环保系统、预警应急系统；推行“一张图”规划、“一盘棋”建设和“一体化”发展；探索建立行政管理协同机制、科技创新融通机制和生态环保联动机制；三市建成区沿湘江呈品字形分布，形成一江、两岸、三城、多组团、绿心的空间结构；保护好长株潭城市群的绿心。

第三，推进洞庭湖区生态发展。洞庭湖区包括岳阳、常德、益阳三市，以京广线、石长线、长岳高速为发展轴。发展多式联运，形成以湖区中心城市为枢纽，以环湖公路为纽带的综合交通运输网络。抓紧修建长沙—益阳—常德高铁线路。推动澧县、津市融合建设津澧新城。重点发展粮食、水产品，鼓励发展水禽、蔬菜、双低油菜，适度发展生猪、草食动物、棉麻丝、园艺作物、休闲农业，构建湖区现代农业体系。构建集生态观光、休闲度假、文化体验于一体的国内外知名湖泊型旅游胜地。重点建设好岳阳新港区，推进航道畅通、枢纽互通、江海联通和关检直通。加快临港产业发展，建成全省能源基地、石化基地和长江中游区域性航运物流中心。着力推进水环境综合治理，加快建设高标准农田和现代农业基地。推进环湖公路网、滨湖生态城镇体系建设，打造环湖生态文化旅游圈。

第四，推进湘南地区开放发展。湘南地区包括郴州、衡阳、永州三市。加强与大湾经济区、北部湾经济区的对接，重点对接深圳、广州、香港、澳门、珠海、厦门等中心城市，以及盐田、黄埔、高栏、湛江、防城等港口。围绕三市优势产业，加大技术引进和项目建设力度，促进湘南示范区转型升级、绿色发展和创新发展，把湘南示范区建设成为中部地区承接产业转移的大平台、跨区域合作的引领区、加工贸易的集聚区和转型发展的试验区。郴州作为湘南主体增长极，着力对接珠三角、东盟，重点建设好公路口岸、铁路口岸、出口加工区和湘南国际物流园，推进电子、新材料、新能源、绿色食品基地建设，培育南岭生态观光旅游圈。推进郴资桂一体化，打造湘南增长极。做大做强衡阳中心城区，以及周边的重点开发区。以衡阳、永州为核心，推进湘桂经济走廊建设。壮大冷水滩中心城区，突出先进制造、交通物流、旅游服务等功能。将零陵区建设成历史文化旅游基地。建议道县撤县设市，作为永州南部的中心城市，辐射带动宁远、江华、江永、蓝山、新田等县的发展。

第五，扶持大湘西地区加快发展。大湘西包括怀化市、张家界市、湘西土家族苗族自治州、邵阳市和娄底市。切实把握好长江经济带、武陵山片区、湖南“一带一部”的建设机遇，重点发展生态立体农业、特色资源加工、民俗风情旅游和区域商贸物流等特色产业，建设一系列特色产业基地。构建现代化的区域性交通网络体系，构建地方特色鲜明的旅游网络体系，集原始生态、神秘山水、民风民俗、生态休闲于一体。建立土家族、苗族、侗族原生态环境文化遗产保护地。率先发展怀化、吉首、张家界、邵阳、娄底等中心城市，将其培育为强有力的增长极。怀化作为大湘西主体增长极，中西结合部重要的交通物流枢纽，湘、鄂、黔、渝、桂边界的中心城市，主动对接西部大开发，加速推进鹤城、中方、洪江、芷江一体化建设。统筹大湘西的旅游开发，以张家界为龙头，以芷江、里耶、崀山为重点，加快创建高品质的旅游线路。加快推进精准脱贫，支持特色优势产业做大做强。

第五章　东北振兴

东北包括辽宁、吉林、黑龙江三省。地形结构可概括为“水绕山环，沃野千里”，东、北侧有鸭绿江、图们江、乌苏里江和黑龙江，内侧有大、小兴安岭和长白山，中部是东北平原（包括松嫩、辽河、三江三大平原）。气候属大陆性季风气候，自南而北跨暖温带、中温带与寒温带。降水量自东而西下降，从湿润区、半湿润区过渡到半干旱区，农业上从农林区、农耕区、半农半牧区过渡到纯牧区。矿产资源丰富，矿种比较齐全。主要金属矿产有铁、锰、铜、钼、铅、锌、金以及稀有元素等，非金属矿产有煤、石油、油页岩、石墨、菱镁矿、白云石、滑石、石棉等。松辽平原地下埋藏着丰富的石油资源，探明储量占全国的50%左右。大庆油田是目前中国的最大油田，辽河油田为中国第四大油田，此外还有吉林油田。

东北的农作物有春麦、大豆、马铃薯、玉米、甜菜、高粱。北部盛产大豆、甜菜、大米等，中部盛产高粱、小米、棉花、花生等，南部则盛产温带水果、玉米、棉花等。东北地区是新中国工业的摇篮和重要的农业基地，“一五”时期的156个重点项目中有58项在东北。东北拥有一批优势产业和举足轻重的骨干企业，比如装备制造业、石油化工业、冶金工业、船舶制造业、汽车制造业、高新技术产业、农产品加工业。原油产量占全国的2/5，木材提供量占全国的1/2，商品粮占全国的1/3。主要城市有沈阳、大连、哈尔滨、鞍山、长春等。

表5-1　东北地区国民经济和社会发展部分指标（2017年）

指标	数量	占全国的比重/%
年末总人口/万人	10874.7	7.8
地区生产总值/亿元	54256.5	6.4

续表

指标	数量	占全国的比重/%
城镇居民人均可支配收入/元	30959. 5	—
农村居民人均可支配收入/元	13115. 8	—
地方一般公共财政预算收入/亿元	4847. 0	5. 3
全社会固定资产投资额/亿元	31252. 6	4. 9
社会消费品零售总额/亿元	30762. 2	8. 5
货物进出口总额/亿元	9285. 6	3. 3
谷物/万吨	12915. 0	21. 0
汽车/万辆	383. 9	13. 2
发电量/亿千瓦时	3546. 9	5. 5
普通高等学校/所	258	9. 8

资料来源：国家统计局，中国统计年鉴 2018。

东北的核心问题是体制机制问题，要以改革来破题东北矛盾。东北发展面临两大挑战，一是国企改革的压力依然繁重；二是社保压力依然很大。“十三五”时期，是推进东北老工业基地全面振兴的关键时期。推动东北老工业基地全面振兴，需要注重以下方面：完善体制机制，推进结构调整，鼓励创新创业，保障和改善民生。理顺政府和市场关系，推进行政管理体制改革，深化国企国资改革，大力发展民营经济，着力改善营商环境。

推动哈（尔滨）长（春）沈（阳）大（连）为主轴的东北地区城市群建设。加快哈长城市群建设，依托哈尔滨、长春，打造哈长发展轴和哈大齐牡、长吉图发展带。依托沈阳、大连，增强沈阳经济区和辽宁沿海经济带整体竞争力，加速沈抚同城化进程，积极推动辽中南地区协同发展。哈大高铁北起黑龙江省哈尔滨市，南抵滨海城市大连，线路纵贯东北三省，途径哈尔滨、长春、沈阳、大连四个副省级城市和六个地级市及其所辖区县，全长 921 千米，为双线电气化铁路。

推动形成全面开放新格局，需要新思路、新重点、新举措、新作为。把创新驱动作为核心战略。振兴东北要以更有力的举措抓好稳增长和保民生。要稳投资稳消费，围绕补短板、增后劲、惠民生，抓紧推进已纳入“十三五”规划和东北振兴三年滚动实施方案的项目建设，尤其要激发社会投资活力。积极发展服务业，培育养老、旅游、文化等新消费增长点，尽快扭转经济增速下行态势。

发展基于“互联网+”的新产业新业态，在实施“2025”重塑东北装备竞争力，发挥人均耕地多、机械化水平高的优势，加快发展现代农业。进一步加强对森林、草原、湿地、黑土区的保护，修复自然生态。做强东北开放型经济，打造面向东北亚的重点开放平台。加快推广上海自贸区等的可复制经验。积极开拓重大装备的国际市场，使东北成为国际产能合作的生力军。

东北老工业基地振兴

长期以来，东北老工业基地被誉为共和国的“长子”。“一五”时期苏联援建的156个重大项目，有55个布局在东北，大部分是能源、装备、原材料等重工业项目。在经济新常态下，东北的转型遇到了阵痛，但东北老工业基地在我国经济发展中依然占据重要地位。

东北老工业基地振兴，是国家的重大战略。2015年12月，中共中央审议通过了《关于全面振兴东北地区等老工业基地的若干意见》。到2020年，东北地区要在重要领域和关键环节改革上取得重大成果，在此基础上再用10年左右时间，实现全面振兴。东北要成为中国重要的经济支撑带，具有国际竞争力的先进装备制造业基地和重大技术装备战略基地，国家新型原材料基地、现代农业生产基地和重要技术创新与研发基地。新一轮东北老工业基地振兴，要在4个方面着力，即破除体制机制障碍、推进结构调整、扶持创新创业、保障和改善民生。

一、辽宁省

辽宁省简称辽，南临黄海、渤海，东与朝鲜一江之隔，与日本、韩国隔海相望。土地面积14.8万平方千米。辖14个地级市，其中副省级城市2个（沈阳、大连），省会城市为沈阳。2017年末，全省常住人口4369万，城镇化率67.49%。是中国重要的重工业基地、教育强省、农业强省。2017年全省地区生产总值23409亿元，人均地区生产总值53527元，三次产业构成是8.1∶39.3∶52.6。

地形概貌大体是“六山一水三分田”。地势大致为自北向南，自东西两侧向中部倾斜，山地丘陵分列东西两厢，向中部平原下降，呈马蹄形向渤海倾斜。大的地形单元有辽东山地丘陵区，辽西山地丘陵区，辽河平原区。河流主要有辽河、浑河、大凌河、太子河、绕阳河以及中朝两国共有的界河鸭绿江等。辽宁的菱镁矿是世界上具有优势的矿种，质地优良、埋藏浅，保有资源量矿石量25.6亿吨，分别占中国和世界的85.6%和25%左右，在中国具有优势的矿产还有硼、铁、金刚石、滑石、玉石、石油6种。野生动植物和海洋生物资源丰富，具有科学意义和经济价值的动物有白鹳、丹顶鹤、蝮蛇、爪鲵、海豹、海豚等。

农业以粮食生产为主，主要农产品有稻谷、玉米、大豆、棉花、油料、烟草、花生、苹果、柞蚕等。瓦房店、绥中、盖州是重要的苹果产区，凤城、岫岩、宽甸是重要的柞蚕产区。辽宁是我国重要的老工业基地，拥有沈阳、大连、抚顺、鞍山、本溪、辽阳、铁岭、营口、锦州等重工业基地。全省冶金、机械、化工、石油、建材等工业发达，其中钢铁、石化在全国占据重要地位。辽宁的海港主要有大连港、营口港、丹东港和锦州港。沈阳桃仙、大连周水子是主要的国际航空港。

辽宁省城镇空间布局相对不平衡，城市主要集中在中部和南部，大致上分为三大板块。一是以沈阳为中心的大城市密集区，即辽中南城市群，人口和工业企业高度密集。二是南北城市链，沿着哈大铁路和哈大公路分布，有铁岭、沈阳、辽阳、鞍山、营口、大连6个中心城市，形成辽宁省发展的中轴。三是沿海城市带，辽宁南邻黄海和渤海，东起鸭绿江入海口，西至山海关老龙头，连接丹东、大连、营口、盘锦、锦州、葫芦岛等城市，发展地位逐渐提升。

沈阳是辽宁省省会，东北最大的中心城市，是我国重工业基地。辖10区1市3县。土地面积12948平方千米，市区面积3495平方千米。2017年户籍人口737万，完成地区生产总值5865亿元。沈阳位于辽河平原中部，东部为辽东丘陵山地，北部为辽北丘陵，地形由东北向西南、两侧向中部倾斜。气候属温带半湿润大陆性气候，年降水量600~800毫米。河流主要有辽河、浑河。它有煤、石油、天然气、铁矿等矿产资源。工业门类齐全，是国家重要的重工业基地，装备制造地位突出。沈阳是历史文化名城，清王朝在这里发祥。著名景点有沈阳故宫、大帅府、棋盘山、怪坡、沈阳世博园。沈阳故宫占地6公顷，现有古建筑114座，是清朝入关前清太祖努尔哈赤、清太宗皇太极创建的皇宫，距今已有近400年的历史。

大连是我国北方重要的港口、工业、贸易和旅游城市，辖7区、2县级市、1县。土地面积13237平方千米。2017年全市人口595万，完成地区生产总值7364亿元。它位于辽东半岛南端，东濒黄海，西临渤海。山地丘陵多，平原低地少，整个地形北高南低，北宽南窄；地势由中央轴部向东南和西北两侧的黄、渤海倾斜。冬无严寒，夏无酷暑，属温带季风气候。著名景点有星海广场、棒棰岛、老虎滩海洋公园、金石滩国家度假区。这里是全国重点水产基地之一，盛产鲍鱼、刺参、扇贝、紫海胆、螺类。著名高校有大连理工大学、大连海事大学、东北财经大学。

丹东市

地处辽宁东南部，东与朝鲜民主主义人民共和国新义州市隔江相望，南临黄海，海岸线长 120 千米。它位于中国海岸线北端，是一个以工业、商贸、物流、旅游为主体的沿边城市，建有中朝边民互市贸易区，是中国对朝贸易最大的口岸城市。丹东是辽东山地丘陵的一部分，地势由东北向西南逐渐降低。气候属暖温带亚湿润季风型气候，夏无酷暑、冬无严寒。主要河流有鸭绿江、浑江、瑷河、大洋河。现已形成汽车、农产品深加工、能源、冶金、服装等优势产业，黄海客车、曙光车桥等产品在国内外享有较高声誉。丹东旅游资源丰富，构成鸭绿江百里文化旅游长廊。鸭绿江为中朝两国界河，源出长白山主峰白头山，西南流至丹东市东港附近入海，全长 795 千米，景区段 210 千米，分水丰湖、太平湾、虎山、鸭绿江大桥、东港等 5 个景区。江水蜿蜒，岛屿棋布，两岸叠翠，景色殊美。著名名胜还有锦江山、虎山长城、五龙山、凤凰山、甲午海战遗址等。

新时期辽宁省发展要点包括：

第一，积极参与“一带一路”建设。创建辽宁“一带一路”建设综合试验区，推动综合交通运输国际大通道建设。推进“一带一路”沿线重点工业园区建设，带动更多辽宁装备、技术和服务走出去。以大连港、营口港为主枢纽港，以丹东港、锦州港为地方重要港口，加强与世界各国的商贸联系。

第二，发展壮大新动能。运用新技术、新业态、新模式大力改造提升传统产业，推进沈阳创建中国制造 2025 国家级示范区，推进 100 个智能制造及智能服务试点示范项目，培育 10 家省级工业电子商务试点企业，做大做强沈阳集成电路、大连应用软件、抚顺石化、本溪生物医药等产业集群。提高装配式建筑占比，加快建筑业转型发展。

第三，加快发展服务业。努力推进传统服务业模式创新，推进商贸企业连锁化经营，加快沈阳五爱、鞍山西柳、辽阳佟二堡等千亿元市场建设。大力培育港航物流、融资租赁、科技服务等现代服务业。大力发展旅游业，组建辽宁旅游产业集团，整合旅游要素和资源，加快发展乡村旅游、民宿经济。支持大连商品交易所发展，切实服务实体经济。

第四，加速区域经济发展。推进沈抚新区加快发展。完善体制机制，创新开发模式，改进招商方式，发展大数据、大健康、人工智能等特色产业，争创国家级创新发展示范区。以沈大国家自主创新示范区和沈抚新区为核心载体，构建沈大高新技术产业带。建设国际一流的材料科学研究中心和机器人技术创新中心，推进国家双创示范基地建设，打造创新高地。

第五，抓好国企改革。国有资产的管理要从管资产为主向管资本为主转变，吸收民间资本发展混合所有制经济。分离企业办社会，发展混合所有制，推动政企分开。做大做强装备制造、冶金、化工三大行业，攻克关键零部件严重依赖进口的瓶颈，提高科技成果整体转化率，在企业与高校间建立人才双向交流机制。

现代产业与信息技术加速融合，发展互联网、大数据、人工智能、工业物联网，形成主机厂牵引，一次配套、二次配套项目支撑，协调发展的创新格局。

二、吉林省

吉林省简称吉，位于中国东北中部，处于日本、俄罗斯、朝鲜、韩国、蒙古与中国东北部组成的东北亚几何中心地带。边境线长 1439 千米，其中中朝边境线 1206 千米，中俄边境线 233 千米。吉林省图们江口地区是中国与俄、朝两国经济联系的先导区，也是我国内陆进入日本海的水上通道，在全国地缘战略体系中占据重要地位。吉林的土地面积 18.74 万平方千米。2017 年末总人口 2717 万，城镇化率 56.65%。2017 年全省地区生产总值 14945 亿元，人均地区生产总值 54838 元，三次产业构成 7.4∶46.8∶45.8。

吉林属多民族省份，少数民族主要有朝鲜族、满族、蒙古族、回族、锡伯族等。现辖长春 1 个副省级市，吉林、四平、通化、白山、辽源、白城、松原 7 个地级市，延边朝鲜族自治州和长白山管委会，另直接管辖梅河口、公主岭 2 个县级市。

地势由东南向西北倾斜，总体上东南高、西北低，以大黑山为界，分为东部山地和中西部平原两大地貌区。气候属温带大陆性季风气候，四季分明，雨热同季，冬季寒冷漫长。河流众多，分为图们江、鸭绿江、辽河、绥芬河、松花江五大水系。较大湖泊有长白山天池、松花湖、雁鸣湖、查干湖。这里是我国重要林业基地，森林覆盖率42.5%，长白山区是我国重要林区。矿产资源以油页岩、硅藻土、硅灰石、火山渣相对突出。长白山区拥有享誉全国的矿泉水资源。旅游资源丰富多彩，东部长白山区以山岳森林旅游资源为主，中部以冰雪人文旅游资源为主，西部以河湖草原民族旅游资源为主。松花湖又称丰满水库，是东北最大的人工湖。吉林雾凇俗称树挂或雪柳，出现时千树万树冰花开，凝霜挂雪，壮观绚丽。著名景点有长白山、吉林雾凇、伪满皇宫、松花湖、北大壶、龙潭山、净月潭等。冰雪产业发展势头强劲，“白雪换白银”初步显现。

长白山景区

位于吉林东南部，东南与朝鲜毗邻，景区面积52.42平方千米。它是国家5A级旅游景区，主峰白头山因白色浮石与积雪而得名。气候属温带大陆性山地气候，景区有明显的垂直气候变化，著名景点有天池和长白瀑布。密林深处盛产人参、北五味子等药材。野生动物有濒临灭绝的东北虎及马鹿、紫貂、水獭、黑熊等。这里属于休眠火山。它是世界上少有的“物种基因库”和“天然博物馆”，这里生存着1800多种高等植物，栖息着50多种兽类，280多种鸟类，50种鱼类以及1000多种昆虫。长白山矿泉水储量丰富，流量稳定，品质优良。

天池位于长白山主峰火山锥体的顶部，是一座火山口，经过漫长的年代积水成湖，湖面海拔2189米，略呈椭圆形，总蓄水量20.4亿立方米。湖面面积9.82平方千米，平均水深204米，最深处达373米。天池是松花江、鸭绿江、图们江的发源地。

吉林是中国重要的工业基地，加工制造业比较发达，汽车与石化、农产品加工为三大支柱产业，装备制造、光电子信息、医药、冶金建材、轻工纺织具有自身优势特色。吉林地处松辽平原腹地，土地肥沃，是国家重要的商品农业生产基地，所出产的玉米、大米、大豆在全国一直占据重要地位。现有中俄珲春公路口岸、中俄珲春铁路口岸、中朝圈河口岸、中朝沙坨子口岸等国际口岸。

综合各方面的情况，吉林省大致上可划分为东部山地林业工矿区、中部台地平原农业制造区和西部平原农牧交错区。目前，吉林省在空间布局上形成了分布相对集中的 4 个城镇组群，即中部城镇组群、图们江中下游城镇组群、通化—白山城镇组群和白城—洮南城镇组群。中部城镇组群以长春、吉林两市为核心，以汽车、化工、农产品深加工、高科技为特色。图们江中下游城镇组群以延吉、珲春为核心，依托长白山资源沿边开放发展。通化—白山城镇组群以通化、白山为核心，以医药、钢铁、旅游为特色。白城—洮南城镇组群以白城为中心，发展畜牧业、农产品深加工和旅游业。

长春是吉林省省会，国家历史文化名城，我国重要的工业基地和综合交通枢纽，是著名的老工业基地，新中国最早的汽车工业基地和电影制作基地。辖 7 区 3 县（市），土地面积 20565 平方千米。地势较为平坦，为东部山区与西部松辽平原过渡地带。气候属温带季风气候。著名景点有伪满皇宫、净月潭、长影世纪城、世界雕塑公园、南湖公园等。著名学府有吉林大学、长春理工大学、东北师范大学等。2017 年的总人口有 749 万，完成地区生产总值 6530 亿元。规划重点打造装备制造、生物医药、光电信息、新能源汽车、新材料、大数据等支柱产业。长春是全国重要铁路枢纽，是闻名全国的“雕塑城”；长春世界雕塑公园享誉海内外。

中国第一汽车集团有限公司

位于吉林长春，前身为第一汽车制造厂，简称一汽。1953 年 7 月 15 日奠基。经过 60 多年的发展，一汽已发展成年产销 300 万辆级的国有大型汽车企业集团。在自主发展上，一汽拥有“红旗”“解放”等著名品牌。“红旗”L 系列成为国家重大活动指定用车。“解放”中重型卡车市场份额保持行业第一。在开放合作上，与大众、奥迪、丰田等跨国汽车公司建立了长期战略合作关系。一汽拥有员工 13 万人，2017 年生产汽车 335 万辆。

通化位于吉林省南部，南与朝鲜民主主义人民共和国慈江道隔鸭绿江相望，2/3 以上面积为山区，地处长白山系，属中温带湿润气候区。历史文化底蕴深厚，高句丽王城、王陵及贵族墓葬为世界文化遗产。著名景点有杨靖宇陵园、五女峰国家森林公园、千叶湖、集安高句丽古墓群等。

延边朝鲜族自治州位于吉林省东部中朝边境，首府为延吉市，辖区面积 4.27 万平方千米，2017 年人口约 218 万，其中朝鲜族人口要占到总人口的 36.3%，是我国最大的朝鲜族聚集地。下辖延吉、图们、敦化、和龙、珲春、龙井、汪清、安图。东与俄罗斯滨海区接壤，南隔图们江与朝鲜咸镜北道、两江道相望。边境线长 755.2 千米，其中，中朝边境线 522.5 千米，中俄边境线 232.7 千米。延边地处长白山区，基本上是“八山一水半草半分田”。整体地势西高东低，自西南、西北、东北三面向东南倾斜，以珲春一带为最低。气候属中温带湿润季风气候，季风明显，春季干燥多风，夏季温热多雨，秋季凉爽少雨，冬季寒冷期长。境内盛产人参、鹿茸、貂皮，被誉为“东北三宝”，延边的大米、烟叶、苹果梨、黄牛等也驰名中外。图们江是中国内地通向日本海的唯一水上通道，中国拥有主航道的行驶权利，疏浚后可通行较大轮船。大学有延边大学。著名景点有长白山、敦化六顶山风景区、珲春防川风景区等。

新时期吉林省发展要点包括：

第一，着力推进经济体制改革。全面落实《中国制造 2025 吉林实施纲要》，重点实施传统产业改造提升、优势产业发展提速、新增长点培育提高、服务业转型提质四大工程。要用新理念、新模式、新技术加快改造汽车、石化、农产品加工等传统产业；要用新市场、新路径、新举措大力支持装备制造、生物制药、电子信息和旅游等优势产业做大做强；要用新眼光、新战略、新环境精心培育卫星遥感、大数据、新能源、新材料、信息服务、生产服务、金融服务、科技服务等新产业增长点。

第二，加快互联互通。打造“丝路吉林”大通道和图们江出海通道，“借港出海”实现突破。深入实施长吉图战略，扩大东北亚区域开放合作。全力加快长平经济带、白通丹经济带建设，深入推动四辽铁通经济协作区建设，积极谋划向北开放和白齐兴生态经济合作区建设。加强“丝路吉林”大通道建设，推进鸭绿江产业带开放开发。

第三，抓好生态建设行动计划。以东部森林、中部黑土地和西部草原湿地三大生态系统保护与修复为重点，推进山水林田湖草生态工程。实施清洁空气、水体、土壤行动计划，推进秸秆综合利用，实施河湖连通等工程，抓紧改善重点流域、重点湖泊水质。

第四，实施一批重大科技研发项目。推进吉林大学大科学工程建设。深化军民科技协同创新，加快精密仪器与装备、战术车辆、碳纤维等领域军民融合项目建设。推进长春—吉林一体化建设，依托高新区、经开区、著名大学和研究所，共同实施一系列具有国际前沿水平的高新科技项目。

三、黑龙江省

黑龙江省简称黑，位于欧亚大陆东部、太平洋西岸、中国最东与最北部。土地面积 47.3 万平方千米。辖 1 个副省级市（哈尔滨）、11 个地级市、1 个地区，以及 64 个市辖区、18 个县级市、45 个县、1 个自治县。2017 年全省人口 3789 万，城镇化率 59.4%，完成地区生产总值 15903 亿元，人均地区生产总值 41916 元，三次产业构成 18.6∶25.5∶55.9。

该省与俄罗斯接壤，有 3000 余千米的国界线，其中界江 2300 千米；有 25 个开放口岸，较大者如绥芬河、黑河、东宁、抚远。总体上看，黑龙江省可划分为 4 大地理区域，即北部大小兴安岭林区、东部山地林矿区、西部松嫩平原农牧交错区、东北部三江平原农业产业化经营区。

西部属松嫩平原，东北部为三江平原，北部、东南部为山地。主要山脉有大兴安岭、小兴安岭和张广才岭、老爷岭。气候属温带大陆性季风气候，其中北部属于寒温带季风气候，南部属于中温带季风气候。河流有黑龙江、松花江、乌苏里江三大水系，以及兴凯湖、镜泊湖、连环湖、五大连池等湖泊。森林覆盖率 43.6%，森林面积居全国前列。天然林主要分布在大小兴安岭和长白山地。大部分地处中温带，山区冬季雪量大，雪期长，雪质好，适于滑雪旅游。滑雪资源主要集中在哈尔滨、伊春、牡丹江和大兴安岭等地。

黑龙江是中俄两国界江，是中国第三大河，省内最大的河流。黑龙江属雨雪混合补给型，有明显的春汛和秋汛。松花江是黑龙江水系的最大支流，有南北两源，南支松花江发源于长白山天池，北支嫩江发源于大兴安岭北部伊勒呼里山，南北两支在肇源县汇合向东为松花江干流，在同江附近注入黑龙江。松花江全长 1897 千米，流域面积 54.6 万平方千米。兴凯湖是我国位置最东的大型淡水湖，也是我国最大的国际界湖。兴凯湖面积 4380 平方千米，中国境内面积 1080 平方千米。

重要矿产有石油、石墨、玄武岩、火山灰、大理岩、铼矿。大庆油田为目前我国最大油田。扎龙国家级自然保护区是我国第一个大型水禽保护区。五大连池是世界地质公园。著名景点有亚布力滑雪旅游度假区、漠河北极村、扎龙湿地、镜泊湖等。

黑龙江省耕地总面积占全国 1/10 以上，黑土、黑钙土、草甸土占耕地的 60% 以上，是重要的粮食产区，也是世界著名的三大黑土带之一，以松嫩平原、三江平原相对集中。三江平原号称“北大仓”，盛产大豆、水稻、玉米、小麦和马铃薯，拥有许多现代化大农场。黑龙江省是国家重要的商品粮基地，每年都要为国家提供大量商品粮和农副产品。黑龙江省是我国重工业基地，工业门类以机械、石油、煤炭、木材和食品工业为主，石油产量居全国第一位。工业布局以滨洲线、滨绥线相对集中。

大庆油田

大庆油田是目前我国规模最大的油田，位于黑龙江省大庆市。属于特大型砂岩油田，由萨尔图、杏树岗、喇嘛甸等 52 个油气田组成，含油面积 6000 多平方千米。它为大型背斜构造油藏，油层为中生代陆相白垩纪砂岩，深度 900~1200 米。现有二级单位 51 个，员工 24 万人。1959 年在高台子油田钻出第一口油井，1960 年投入开发建设。1976 年以来，年产原油长期保持在 5000 万吨以上。大庆油区的开发，证实了陆相地层能够生油并能形成大油田。到 2016 年底，大庆油田累计生产原油 18.21 亿吨，占同期全国陆上石油总产量的 47%，连续 27 年高产稳产。近些年来，由于资源方面的原因，油田产量逐渐下降。大庆油田为国家创造了巨大财富，培育了以“爱国、创业、求实、奉献”为主要内容的铁人精神。

哈尔滨是黑龙江省省会，东北北部中心城市。土地面积 5.31 万平方千米，辖 9 个市辖区、7 个县，代管 2 个县级市，市辖区面积 10198 平方千米。2017 年人口 955 万，完成地区生产总值 6355 亿元。四季分明，冬季漫长寒冷，夏季短暂凉爽。河流属于松花江和牡丹江水系，主要有松花江、呼兰河、阿什河、拉林河等。作为金、清两代王朝的发祥地，哈尔滨是中国历史文化名城、热点旅游城市和国际冰雪文化名城。这里拥有异国情调，融合中西文化，被誉为“冰城夏都、东方莫斯科、东方小巴黎”，哈尔滨国际冰雪节享誉世界。著名景点有太阳岛、中央大街、亚布力滑雪场、冰雪大世界、中华巴洛克等。著名学府有哈尔滨工业大学、哈尔滨工程大学、东北林业大学、黑龙江大学、哈尔滨医科大学、东北农业大学、哈尔滨师范大学等。科技综合实力较强，已形成以大学、研究所、大企业科技力量为主的研发体系。它是东北北部主要的交通运输枢纽。

齐齐哈尔位于黑龙江西部，是黑龙江第二大城市、我国老工业基地、商品粮基地，也是黑龙江省西部中心城市。辖 7 区 1 市 8 县。气候属中温带大陆性季风气候。

主要江河有嫩江、诺敏河、雅鲁河等。它是国家历史文化名城。清康熙三十八年起作为黑龙江省省城，长达255年之久。它也是东北西部主要的铁路交通枢纽。大学有齐齐哈尔大学、齐齐哈尔医学院等。著名景点有扎龙自然保护区、龙沙公园、明月岛、昂昂溪遗址、罗西亚大街等。扎龙国家级自然保护区总面积21万公顷，是世界最大的芦苇湿地，是丹顶鹤重要的栖息地。

黑河位于黑龙江省西北部，小兴安岭北麓，是中俄边界城市。以黑龙江主航道中心为界，与俄罗斯远东第三大城市、阿穆尔州首府布拉戈维申斯克（海兰泡）隔江相望，最近距离仅750米。小兴安岭自西北向东南贯穿市境。它为黑龙江北部重要的交通枢纽。著名景点有五大连池、中俄民族风情园、闯关东影视基地、锦河大峡谷、瑷珲古城等。

新时期黑龙江工作要点包括：

第一，大力发展以冰雪为特色的旅游业。发挥地理优势，突出旅游特色，比如独特的冰雪风光、壮丽的火山山水、丰富的野生动植物资源、特殊的天文景观、丰厚的文物古迹、多彩的民族风情、神秘的边境区位。持续推动旅游养老健康体育文化等产业融合发展，推进亚布力、五大连池、镜泊湖、汤旺河等重点旅游度假区建设，创建全域旅游示范区、跨境旅游合作区。办好哈尔滨之夏音乐会、黑龙江之冬国际文化艺术节、哈尔滨国际音乐比赛。

第二，推动绿色生态发展。树立“绿水青山就是金山银山、冰天雪地也是金山银山”的理念，深入实施大气、水、土壤污染防治计划，强化生态保护。开展国土、环保、城建等“多规合一”试点，全面落实河长制、湖长制。加强松花江污染防治，加大对阿什河、肇兰新河等重点支流综合整治，加强兴凯湖、五大连池等良好生态湖泊保护。

第三，加强开放发展。对接国家“一带一路”，积极参与“中蒙俄经济走廊”建设，建设好黑河、绥芬河等口岸城市。推进绥芬河机场、亚布力机场、哈尔滨机场第二跑道建设，加快伊春机场、漠河机场改扩建。加快京哈高速哈尔滨至拉林河段扩容改造，打造沿边高等级公路走廊。以跨境通道和口岸建设为重点，加快铁路、公路、航空、水运、管道交通基础设施建设，形成对接俄罗斯、辐射东北亚、内联国内腹地的综合交通运输体系，建设功能配套、衔接紧密、快速便捷的国际大通道。做大做强优势特色产业，构筑外向型产业体系，建设全国重要的商品粮生产、绿色食品加工、重大装备制造和能源资源保障供应基地。

第四，重点建设好哈大齐工业走廊。以哈尔滨为龙头，以大庆、齐齐哈尔、绥化为支撑，重点发展先进制造、高新科技、石油化工、农产品深加工等产业。做大做强哈尔滨、齐齐哈尔两大交通枢纽，改进基础设施和公共服务设施。促进信息技术与实体经济深度融合，创建“中国制造 2025”哈大齐国家示范区。运用大数据、云计算、人工智能对老工业基地进行全面改造，重点发展先进制造、新材料、电子信息、新医药等部门。将哈尔滨建设成国际化大都市，将大庆建设成国内规模最大的高水平石油化学基地，将齐齐哈尔建设成东北西部中心城市和先进制造基地。促进滨洲铁路沿线战略性新兴产业集聚发展和生态环境保护。

第五，建设好哈尔滨城市群。该城市群以哈尔滨为中心，包括齐齐哈尔、绥化、牡丹江、大庆、鸡西、双鸭山、鹤岗、七台河等城市，辐射到伊春和佳木斯。核心优势是幅员辽阔、劳动力丰富、城市分工明确、铁路交通便利。提高哈尔滨高科技、国际化水平，培育强有力的增长轴心。推动龙煤集团（鸡西、鹤岗、双鸭山、七台河）结构优化和产业升级。大力发展冰雪观光旅游业。

第六章　西部大开发

西部包括12个省、自治区、直辖市，即四川省、陕西省、甘肃省、青海省、云南省、贵州省、重庆市、广西壮族自治区、内蒙古自治区、宁夏回族自治区、新疆维吾尔自治区、西藏自治区。土地面积690万平方千米，占全国国土面积的71%。西部地域辽阔，资源丰富，是我国少数民族聚集的地区。西部自然资源丰富，水能占全国的82.5%，煤炭储量占全国的60%，石油占45%，天然气占53%。

新中国成立以来，西部地区的工业体系、交通通信、科技教育等都有了较大发展，为进一步开发奠定了较为坚实的基础。20世纪末，国家系统提出西部大开发战略，着力抓好重点区域、基础设施、特色优势产业、城乡统筹、社会事业和生态环境保护。西部大开发已经取得了重大成就，相继完成了多个重点工程，比如青藏铁路、西气东输、北煤南运、西油南输、西电东送、西棉东调等。

西部是国家重要的生态屏障和能源原材料生产基地，也是脱贫攻坚、全面建成小康社会的主战场。西部可持续发展，必须抓住基础设施和生态环保两大关键。西部开发事关我国现代化建设全局，是实现共同富裕、加强民族团结、保持社会稳定和边疆安全的战略举措，是扩大国内有效需求、适应世界结构调整、提高我国综合国力的迫切要求。

实施西部大开发，务必注重发展的质量和效益，注重充分发挥区域比较优势，注重因地制宜、分类指导，集中力量解决全局性、战略性和关键性问题，坚持政府引导、市场运作，强调因地制宜和差别化发展。西部陆地边境线长达1.8万千米，与周边14个国家和地区接壤，是我国通往中亚、南亚、东南亚以及俄罗斯、蒙古的重要通道，地缘优势突出。西部要加快建设“一带一路”，构筑沿边开放开发的桥头堡和增长极。

表 6-1　西部地区国民经济和社会发展部分指标（2017 年）

指标	数量	占全国的比重/%
年末总人口/万人	37694.7	27.2
地区生产总值/亿元	168561.6	19.9
城镇居民人均可支配收入/元	30986.9	—
农村居民人均可支配收入/元	10828.6	—
地方一般公共财政预算收入/亿元	17787.3	19.4
全社会固定资产投资额/亿元	169715.0	26.5
社会消费品零售总额/亿元	68098.8	18.7
货物进出口总额/亿元	20982.3	7.5
谷物/万吨	14253.8	23.2
汽车/万辆	663.2	22.9
发电量/亿千瓦时	23136.8	35.6
普通高等学校/所	675	25.7

资料来源：国家统计局，中国统计年鉴 2018。

川藏铁路

川藏铁路起于四川成都，途径雅安、康定、昌都、林芝、山南，抵达西藏拉萨，全长 1629 千米，其中四川境内 650 千米，设计时速 160~200 千米，建成后从成都到拉萨乘动车组列车仅需 10~13 个小时。

该铁路包括三大路段：成康段（成都至康定）、康林段（康定—林芝）、拉林段（拉萨—林芝）。该铁路已于 2014 年动工，计划 2026 年全线通车。铁路等级为国铁Ⅰ级，计划采用和谐号 CRH5 型电力动车组。桥隧总长 819 千米，占线路总长的 42.5%。最长隧道念青唐古拉山隧道长 19.5 千米。它是进藏五条铁路之一，客货兼运。该铁路预计投资 2700 亿元。

川藏铁路建设难度很大，号称“巨型过山车”，铁路线路“八起八伏”，累计爬升高度超过 14000 米。该铁路需要穿过四川盆地、云贵高原、青藏高原，沿途跨越岷江、金沙江、雅鲁藏布江等大河，翻越鹧鸪山、雀儿山、念青唐古拉山等高山，跨越多个断裂带。

该铁路建成后，将承担起超过 48%的进出藏客运量和 41%的进出藏货运量，从根本上改变川西甘孜和西藏昌都、林芝、山南落后的交通运输条件。该铁路通过西藏亚东口岸和聂拉木口岸，将打通我国与南亚的陆路经贸通道。

一、四川省

四川省简称川，位于我国西南腹地，是西南、西北和中部的重要结合部，土地肥沃，物产丰饶，被誉为“天府之国”。土地面积48.6万平方千米，辖21个市（州），183个县（市、区）。2017年末，全省常住人口8302万，城镇化率50.79%，完成地区生产总值36980.22亿元，人均地区生产总值44651元，三次产业的构成是11.5∶38.8∶49.7。四川为多民族聚居地，少数民族人数较多的有彝、藏、羌、苗、回、蒙古、土家、傈僳等。

新石器时代晚期，四川形成以宝墩、三星堆、金沙等文化为代表的古蜀文明。商周时期建立了古蜀国。公元前316年，秦兼并蜀。周赧王五十九年（前256），蜀郡太守李冰父子主持修建都江堰水利工程。隋唐时期，四川经济进入全盛时期。五代王建、孟知祥建立前蜀、后蜀政权，定都成都。元设四川行省。明四川是全国13个承宣布政使司之一。清初湖广填四川。

全省分为四川盆地、川西高山高原、川西北高原山地、川西南山地、米仓山大巴山中山区五部分。省内紫色土分布相对集中。气候类型多样：四川盆地属亚热带湿润气候，川西南山地属亚热带半湿润气候，川西北属高山高原气候。水文以长江水系为主，较大支流有雅砻江、岷江、大渡河、理塘河、沱江、嘉陵江、赤水河。湖泊主要是邛海、泸沽湖和马湖。矿产资源丰富，以天然气、钛、钒、硫铁矿、锂、芒硝相对突出。四川有世界遗产6处，即九寨沟、黄龙、四川大熊猫栖息地、峨眉山—乐山大佛、青城山—都江堰、东风堰。位于广汉市的三星堆遗址为全国重点文物保护单位，出土了大批青铜器、金器、玉器、石器和象牙等。金沙遗址为古蜀王国的都邑所在。川菜历史悠久，突出麻、辣、香、鲜，油大味厚，重用辣椒、花椒和鲜姜。

中心城市为成都、德阳。主要河流有岷江、沱江。平原河网密集，但泄水能力有限，易爆发洪灾。工业相对发达，优势部门有机械、电子、冶金、化工、航空航天、核工业、建筑材料、食品、丝绸、皮革等。新一代信息技术、高端装备制造、新能源、新材料、节能环保等新兴产业发展较快。工业布局以成都为核心，产业产品特色明显，如成都的电子信息、生物制药，德阳的重型机械，绵阳的电子信息、航空航天，乐山的电子元器件、医药化工。四川现已形成现代化铁路网。

成都平原位于四川盆地西部，土地面积18810平方千米。由岷江、沱江及其支流冲积而成，沉积较厚，地势平坦，四周群山环抱。气候属亚热带暖湿气候，四季分明，气候温和，降雨充沛。一般海拔600米左右，土壤肥沃，是我国重要的水稻、甘蔗、蚕丝、油菜籽产区，有“天府之国”的美誉。

成都简称蓉，四川省省会、国家重要的高新技术产业基地、商贸物流中心和综合交通枢纽。它位于四川盆地西部，成都平原腹地，地处川西北高原向四川盆地过渡的交接地带。主要河流有岷江、沱江。辖11个市辖区、4个县，代管5个县级市。土地面积14605平方千米，2017年常住人口1435万，地区生产总值13890亿元。成渝线、宝成线、成昆线、达成线、遂成线5条电气化铁路干线在成都交会。双流国际机场是我国西部最大的机场。蓉欧班列开行数量突破1000列。成都商业发达，有春熙路商圈、盐市口商圈、骡马市商圈，还有宽窄巷子、琴台路、锦里、文殊坊等民俗文化风情街。成都是首批国家历史文化名城，拥有2项世界遗产，以及武侯祠、杜甫草堂、永陵、望江楼、青羊宫、文殊院、明蜀王陵、昭觉寺等历史名胜古迹。

四川旅游

四川旅游资源丰富，是我国著名的旅游大省。自古就有“天下山水在于蜀”之说，并有“峨眉天下秀，青城天下幽，剑门天下险，金城天下奇”之誉。

全省有世界遗产6处，居全国第2位。其中，世界自然遗产3处（九寨沟、黄龙、四川大熊猫栖息地），世界文化与自然双重遗产1处（峨眉山—乐山大佛），世界文化遗产1处（青城山—都江堰），世界灌溉工程遗产1处（东风堰）。省内有国家5A级景区10处，4A级景区130处；有自然保护区166个，占地89100平方千米，占全省土地面积的18.4%；有国家历史文化名城8个，中国优秀旅游城市21座；有全国重点文物保护单位128处，省级重点文物保护单位576处。

全省分为巴文化区、蜀文化区、攀西文化区和川西高原文化区。四川话是流行于川渝地区及周边省份邻近地区的主要汉语言。川剧属于优秀的传统剧目，唐代即有“蜀戏冠天下”的说法。川菜作为我国八大菜系之一，取材广泛，口味清鲜，醇浓并重，以善用麻辣著称。

新时期四川省发展要点包括：

第一，抓紧培育新动能。全面实施《中国制造 2025 四川行动计划》，改造提升食品、医药、石化、服装、家电等传统产业，优先发展电子信息、汽车制造、航空航天、轨道交通等新兴产业。深化“互联网+先进制造”，促进大数据、人工智能等与实体经济深度融合，积极培育数字经济、创意经济、共享经济等新经济形态。创建国家军民融合创新示范区，构建十大军民融合高技术产业基地。

第二，全面推动开放合作。开展“千企行丝路”活动，深化与沿线国家商贸、制造、资源、能源、旅游等领域的合作。建设好中德、中法、中意等外向型园区，提高蓉新欧等国际班列营运水平。支持成都创建西部金融总部商务区。

第三，优化提升城市体系。推动大中小城市和小城镇协调发展，支持产业发展快、人口迁入多的市（州）建设城市新区。建设绿色城市、海绵城市、智慧城市，推进生态修复和功能修补，从严保护历史文化街区和历史建筑。

第四，加速提升天府新区。做大做强成都科学城，完善交通能源、公共服务、生态绿地等功能配套。建设好“先进制造业创新发展示范区”，培育高端产业集群。建设好天府国际空港新城，加快航站主体工程配套。促进天府国际机场和双流国际机场协同发展，高水平建设好自贸试验区，推动多式联运和通关一体化。

第五，推动文化繁荣发展。开展“江口沉银”遗址二期水下考古，推进历史名人博物馆建设。举办好中国川剧节，振兴四川出版和四川影视，推动文化创意、数字音乐、网络文化等创新发展，打造“四川音乐季”品牌。发展乡村旅游和红色旅游。深入推进“交通+旅游”，推动景观全域优化、服务全域配套、治理全域覆盖、产业全域联动。

第六，全面推进污染防治。落实河（湖）长制，加大沱江、岷江等河流和严重污染的小流域整治力度。推进土壤污染修复。加快城镇污水处理和城乡垃圾处理设施建设。推进荒漠化、石漠化、水土流失综合治理。加速建设国家清洁能源示范省，深入实施“气化全川、电能替代、清洁替代”工程。

二、陕西省

陕西省简称陕，位于西北内陆腹地，横跨黄河和长江两大流域。土地面积 20.58 万平方千米，辖 1 个副省级城市、9 个地级市。2017 年末全省常住人口 3835 万，城镇化率56.79%，完成地区生产总值21899亿元，人均地区生产总值57266亿元，三次产业结构比例为7.9∶49.7∶42.4。它拥有西安交通大学、西北工业大学、西安电子科技大学等8所985或211工程类大学。

全省地势南北高，中部低，北部是陕北高原，中部是关中平原，南部是秦巴山区，太白山海拔3767米。矿产以盐、煤、石油、天然气、钼、汞、金、石灰岩相对突出。气候差异很大，由北向南渐次为温带、暖温带和北亚热带。

渭河平原又称关中平原，是由断层陷落地带经渭河及其支流泾河、洛河等冲积形成的平原。它位于陕西省中部，介于秦岭与渭北北山之间，西起宝鸡，东至潼关，长约300余千米，海拔323~800米，土地面积3.6万平方千米。因在函谷关（潼关）与大散关之间，古称“关中”，西窄东宽，号称“八百里秦川”。这里自古灌溉发达，盛产小麦、棉花等，是我国重要的商品粮产区。这里又是华夏文明重要的发祥地，古丝绸之路的起点，承载着中华民族的厚重记忆。

陕西省发展历史悠久，是中华文明的重要发祥地，又是帝王建都之所，九个大一统王朝有五个建都西安（咸阳），留下79座帝王陵墓。秦始皇统一中国，以咸阳为首都，并把全国划分为36郡。西汉以长安为都城。西晋以长安为陪都。隋、唐以西安为都。明为陕西承宣布政使司。陕西文物点、博物馆数量均居全国首位。有三项九处世界遗产，即长城、秦始皇兵马俑、大雁塔、小雁塔、兴教寺塔、大明宫、未央宫、彬县大佛寺石窟、张骞墓。著名景点有兵马俑、法门寺、华山、太白山、黄帝陵、大雁塔、长城等。

关中平原城市群地处我国内陆核心位置，是亚欧大陆桥的重要支点。以西安为中心的“米”字形高速铁路网、高速公路网，有利于资源、人口、经济要素向西安都市圈集聚。西安都市圈以西安、咸阳为核心，是重要的工业、科技和旅游基地。“一轴”即沿陇海铁路和连霍高速的主轴线。强化西安的综合枢纽地位和辐射带动作用，增强宝鸡、渭南、杨凌、天水等重要节点的集聚力，加强城市分工协作，形成现代化的综合开发带。

西安古称长安，是陕西省省会、国家重要的科研、教育和工业基地，是国家历史文化名城，世界旅游目的地城市。地处关中平原中部，北濒渭河，南依秦岭。辖10区3县，总面积10108平方千米。2017年人口906万，完成地区生产总值7469.8亿元。西安拥有3100多年建城史、1100多年的建都史，是中国著名古都。现有两项六处遗产被列入《世界遗产名录》，即秦始皇陵及兵马俑、大雁塔、小雁塔、唐长安城大明宫遗址、汉长安城未央宫遗址、兴教寺塔。自古有“八水绕长安”之美称，主要河流如灞河、浐河、渭河、泾河等。西安咸阳国际机场是我国重要的国际航空港。西安工业基础雄厚，已建成了以设备制造、电子信息、航空航天、生物医药、食品饮料、石油化工为主的工业体系，形成了高新区、经开区、曲江新区、浐灞生态区、阎良国家航空高新技术产业基地、西安国家民用航天产业基地、国际港务区、沣渭新区八大发展平台。

宝鸡古称“陈仓”，誉称“炎帝故里、青铜器之乡”。它地处关中平原西部。全市下辖3区9县，面积1.82万平方千米，中心城区人口逾100万。宝鸡是周秦王朝发祥地，城市历史悠久，曾出土过毛公鼎、大盂鼎等大量青铜器。著名景点有七彩凤县、法门寺、太白山、关山草原、红河谷、炎帝陵、九成宫等。境内的太白山是秦岭的主峰，海拔3767米，地理景观垂直分异明显。

延 安

古称肤施，是中国革命圣地，国务院首批公布的国家历史文化名城。它位于陕西省北部，地处黄河中游，黄土高原中南部。辖2区11县。煤炭、石油、天然气、铁矿等矿产相对丰富。1935年10月，中央红军胜利到达吴起镇，延安成为中国革命的落脚点和出发点。毛主席等老一辈革命家在这里生活战斗了13个春秋，领导了抗日战争和解放战争，培育了延安精神，是全国爱国主义、革命传统和延安精神三大教育基地。城区处于宝塔山、清凉山、凤凰山三山鼎峙，延河、汾川河两水交汇之处。著名景点有延河、宝塔山、杨家岭、枣园、壶口瀑布、南泥湾、木兰祠。以壶口瀑布为中心的风景区，集黄河峡谷、黄土高原、古塬村寨为一体，展现了黄河的壮美。安塞腰鼓、洛川蹩鼓、陕北说书、安塞剪纸、陕北秧歌5个项目被列入国家非物质文化遗产保护名录。

新时期陕西省发展要点包括：

第一，加快推动产业转型升级。增强制造业核心竞争力，实施技术改造升级工程。大力发展汽车产业，构建具有全国意义的汽车生产和出口基地。壮大电子信息产业，推动5G规模组网，促进互联网、大数据、人工智能和实体经济深度融合。支持西安、宝鸡建设国家电子商务示范城市。加快全域旅游示范省建设，打造一批特色鲜明的文化旅游景区和文化产业基地。

第二，促进新动能持续快速成长。建设好西安高新区、西咸新区、杨凌双创示范基地。推进西安航空航天产业基地、兵器工业基地、电子信息产业园、汉中航空智慧新城等建设。加快西部科技创新港、中科院西安科学园、丝绸之路科教创新城的建设。狠抓重点项目建设，比如中煤榆林煤炭深加工基地、延长石油志丹 LNG 二期、陕北—武汉输电工程、西安咸阳机场扩建工程。

第三，大力发展枢纽经济。构建国际运输走廊和国际航空枢纽，加快发展综合交通，尽快形成航空高端带动，高铁与公路、地铁等交通无缝衔接的现代化交通体系。建设好国家临空经济示范区，吸引领事馆、签证中心、大型企业、金融和商务代表机构聚集。大力推动多式联运，持续提高“西安港”和“长安号”班列运营水平。

第四，优化提升空间布局。强关中、优陕北、兴陕南。加速关中协同创新发展，打造全国知识创新、技术创新和成果转化的重要策源地。陕南发挥绿色优势，积极融入汉江生态经济带。深化京陕、津陕战略合作，推动川陕革命老区振兴发展，加强呼包鄂榆城市群、黄河金三角等区域合作。推进“大西安”和西咸一体化、富阎一体化建设。

第五，加快建设美丽陕西。抓好关中治污治霾，推进重点湖库和地下水污染防治，切实保护好南水北调中线水源和饮用水水源。加强重金属污染、土壤污染等综合治理，强化固体废弃物处置。加强对秦岭和 62 个自然保护区的督查和整治。推进关中水系和湿地修复，启动泾河综合整治工程。

三、甘肃省

甘肃省简称甘或陇，省名取甘州（今张掖）与肃州（今酒泉）两地首字而成。土地面积 42.59 万平方千米。辖 12 个地级市、2 个自治州，17 个市辖区、5 个县级市、57 个县、7 个自治县。2017 年常住人口 2626 万，城镇化率 46.39%。该省属于多民族聚居的省份，少数民族主要有回、藏、东乡、土、裕固、保安、蒙古、撒拉、哈萨克、满等。实现地区生产总值 7459.9 亿元，人均地区生产总值 28497 元，三次产业结构比为 11.5 : 34.3 : 54.2。

甘肃地处我国西北，黄河上游、六盘山以西，为黄土高原、青藏高原和内蒙古高原三大高原的交会地带。甘肃是个多山的省份，主要山脉有祁连山、乌鞘岭、六盘山，其次有阿尔金山、马鬃山、合黎山、龙首山、西倾山、子午岭山等，多数山脉属西北—东南走向。森林资源多集中在这些山区。气候类型多样，主要有亚热带季风、温带季风、温带大陆性和高山高原四大气候类型。风能、太阳能丰富。

著名景点有莫高窟、麦积山、崆峒山、嘉峪关、鸣沙山月牙泉、拉卜楞寺等。先秦省境大部属雍、凉二州，旧称“雍凉之地”。秦置 36 郡，甘肃属陇西郡和北地郡。西汉增设武威郡和酒泉郡。西晋属凉州、秦州和雍州。唐省境分属关内道、陇右道和山南道。北宋设甘肃军司。元设甘肃行中书省。明属陕西布政司、陕西都司、陕西行都指挥使司。清设陕西右布政司，后改甘肃布政司，行政中心从陇西迁至兰州。

兰州是甘肃省省会，西北中心城市，重要的工业基地和综合交通枢纽，西陇海兰新经济带重要支点。土地面积 13086 平方千米，辖 6 区 3 县以及兰州新区和高新区。2017 年人口 326 万，完成地区生产总值 2523.5 亿元。地貌复杂多样，山地、高原、平川、河谷、沙漠、戈壁类型齐全，交错分布，地势自西南向东北倾斜。气候属于温带大陆性气候。著名学府有兰州大学、西北师范大学、兰州理工大学。它是我国重要的科研基地，以中国科学院兰州分院为龙头。兰州是西北主要的铁路枢纽，陇海线、包兰线、兰新线、兰青线汇集于此。兰州中川国际机场是西北枢纽型机场。著名景点有中山桥、五泉山公园、白塔山公园、兴隆山、甘肃博物馆等。

河西走廊

它位于甘肃西北部。古称雍州、凉州。因位于黄河以西，为两山夹峙，故名河西走廊。东起乌鞘岭，西至玉门关，有武威、张掖、敦煌等历史文化名城。东西长约 1000 千米，南北宽数十千米，海拔 1500 米千米。自古就是西北重要的交通要道，汉唐时“丝绸之路”在此经过。

大部分为山前倾斜平原。祁连山海拔多在 4000 米以上，最高峰 6305 米，山上有丰厚的积雪和浩荡的冰川。河流有石羊河水系、黑河水系、疏勒河水系。在祁连山冰雪融水灌溉的绿洲，农业生产历史悠久。气候属大陆性干旱气候，降水很少，日照较长，有利于瓜果糖分的积累。矿产资源丰富，有玉门石油、山丹煤田、金昌镍矿。

河西走廊是西北重要的商品粮基地和经济作物集中产区，出产小麦、玉米、棉花、甜菜、油料、啤酒大麦和瓜果蔬菜。畜牧业发达，山丹马营滩为著名军马场。

这里有莫高窟、榆林窟等古代石窟寺7处，敦煌古城、瓜州城、桥湾城、阳关、玉门关、锁阳城等古城关遗址27处，保存完好的汉长城13段，烽燧100余座，古寺庙建筑30余处，旅游资源丰富。敦煌莫高窟和阳关均位于走廊西部，兰新铁路也由此通过。

敦煌莫高窟始建于秦建元二年（366），是一座举世闻名的佛教艺术宝库。至今仍有保存完整的洞窟492个，里面珍藏着历史壁画45000多平方米，彩塑2400多身，还有唐宋木结构建筑五座。莫高窟艺术融建筑、彩塑、壁画为一体。1991年被联合国教科文组织列入“世界文化遗产”名录。

新时期甘肃省发展重点包括：

第一，优化提升产业结构。积极发展先进制造、节能环保、清洁能源、生物医药、文化旅游、军民融合等产业，建设兰州—白银国家自主创新示范区、河西走廊和陇东南绿色生态产业经济带。健全以企业为主体、市场为导向、产学研用深度融合的技术创新体系，推进创新链与产业链、资金链、人才链、政策链协同配合。大力发展戈壁生态农业，努力将河西地区打造成面向西北乃至中西亚、南亚和中东欧的“菜篮子”生产供应基地。

第二，抢占“一带一路”建设制高点。依托华夏文明传承创新区和敦煌文博会等平台载体，加强与“一带一路”沿线国家的人文交流，加快中医药走出去步伐，抢占文化制高点；依托中新南向通道，推动高铁经济带、兰州空港临空经济发展，打造“一带一路”综合交通枢纽、物流集散中心、加工贸易基地，推进“铁公机、江海息”六位一体发展。依托丝绸之路国际知识产权港，抢占技术制高点；依托丝绸之路信息港，共享陆海大数据，抢占信息制高点。

第三，加强环境生态保护。筑牢西部生态安全屏障，统筹推进山水林田湖草系统治理。推进祁连山生态环境修复，搬迁核心区农牧民。继续实施天然林保护、三北防护林建设、新一轮退耕还林还草、退牧还草、已垦草原治理、湿地保护与修复等重点生态工程和项目。

第四，加快重大项目建设。重点建设好中核甘肃核技术产业园、中车高端轨道交通装备造修基地、钍基熔盐堆核能系统、引洮供水、中川国际机场三期、武都至九寨沟高速公路等项目。在石化通用装备、电工电器装备、信息技术等领域实施一批重大标志性项目。做大做强原材料产业，大力发展镍钴新材料、铝镁合金材料、电池材料和稀土功能材料。推进军民融合创新发展，在核产业、特种化工、电子信息、装备制造等领域取得突破。

第五，推动旅游产业加速发展。培育“交响丝路·如意甘肃”旅游品牌。重点抓好张掖丹霞、黄河三峡、官鹅沟5A级景区创建工作。大力发展以农耕文化为魂、田园风光为韵、村落民宅为形、生态农业为基的乡村旅游，新建旅游专业村100个。举办好敦煌行·丝绸之路国际旅游节。

四、青海省

青海省简称青，位于青藏高原东北部，土地面积72.1万平方千米。辖西宁、海东两个地级市和玉树藏族自治州、海西州、海北州、海南州、黄南州、果洛州6个民族自治州，共48个县级行政单位。有藏、回、蒙古、土、撒拉等43个少数民族。2017年全省常住人口598万，城镇化率53.1%，完成地区生产总值2624.8亿元，人均地区生产总值44047元，三次产业比例为9.1∶44.3∶46.6。

公元前206—公元220年，汉在青海设临羌县和破羌县。公元397—414年，鲜卑人建立吐谷浑王国。公元640年文成公主嫁松赞干布，公主一行对青海、西藏产生很大影响。公元710年金城公主嫁吐蕃赤德祖赞。唐与吐蕃和好，并立碑于日月山，青海成为沟通长安与拉萨的交通要道（即唐蕃古道）。元设吐蕃宣慰司都元帅府。明改西宁州为西宁卫。清雍正改西宁卫为府。

境内山脉绵延，河流纵横，湖泊棋布。昆仑山横亘中部，唐古拉山耸立于南，祁连山矗立于北，柴达木盆地浩瀚展布。长江、黄河之源头在青海。最高点为昆仑山布喀达坂峰（6860米）。总体来看，青海地势高，呈现出自西向东倾斜的格局，地貌类型复杂多样，地域差异大。青海属温带大陆性气候，气温低，昼夜温差大，降雨少而集中，日照长，太阳辐射强。青海境内的河流分外流与内流两大系统，东南部为外流区，西北部为内流区。外流水系主要包括黄河、长江、澜沧江三大水系。内流水系包括柴达木水系、青海湖水系、哈拉湖水系、茶卡—沙珠玉水系、祁连山地水系、可可西里水系。境内有湖泊230多个，其中咸水湖50多个。青海湖海拔3200米。扎陵湖和鄂陵湖是黄河源头的两个高原淡水湖泊。扎陵湖面积525平方千米，湖面海拔4294米。鄂陵湖面积618平方千米，湖面海拔4272米。察尔汗盐湖位于柴达木盆地中南部，是我国最大的盐湖，湖泊面积5800平方千米，平均海拔2670米，矿化度

321.46 克/升，水化学类型属硫酸镁亚型。青海省石油、天然气、钾盐、石棉、有色金属储量丰富，地位突出。

青海农业以畜牧业和种植业为主体。东部黄土广布的河湟地区以种植业为主，属农业区；环湖地区和柴达木盆地畜牧业与种植业交错分布，属半农半牧区；青南高原以牧业为主，属牧业区。青海工业沿兰青线—青藏线布局，主要是以西宁为中心的湟水流域区、以格尔木为中心的柴达木盆地区。黄河谷地的水电开发，形成了水电走廊，集中了一批具有全国意义的高能耗工业企业。青海有色金属工业特色突出，主要集中在湟水谷地和柴达木盆地，较大的企业如民和镁厂、大通铝厂、锡铁山矿。位于格尔木的青海钾肥厂是我国最大的钾肥基地。青海交通运输发展迅速，极大地改变了区域发展条件。主要公路有青藏公路、青康公路（西宁—云南景洪）、青新公路（西宁—新疆喀什）、宁张公路（西宁—甘肃张掖）、柳格公路（甘肃柳园—格尔木）。铁路主要是兰青铁路和青藏铁路。

西宁是青海省省会，位于青海省东部，湟水中游河谷盆地，是青藏高原东部门户，素有“西海锁钥”、海藏咽喉之称。辖 4 区 3 县以及西宁国家级经济技术开发区、城南新区、高新区、海湖新区。2017 年全省人口 206 万，完成地区生产总值 1284.9 亿元。气候属大陆性半干旱气候，夏季平均气温 17～19 ℃，是消夏避暑胜地，有“中国夏都”之称。市区海拔 2261 米，年降水量 380 毫米。湟水及其支流南川河、北川河在市区汇合。著名学府有青海大学、青海师范大学、青海民族大学等。环青海湖国际公路自行车赛始于 2002 年，每年 7—8 月举行，是世界上海拔最高的国际性公路自行车赛。铁路干线有兰青铁路、青藏铁路、兰新铁路第二双线。西宁曹家堡机场是青海唯一的二级机场，也是青藏高原重要的空中交通枢纽。西宁文化特色突出，比如塔尔寺的酥油花、堆绣和壁画，黄南州的热贡艺术，湟中农民画等。河湟花儿是西北花儿的代表。塔尔寺是中国六大藏传佛教寺院之一，东关清真大寺是西北四大清真寺之一。

格尔木地处青海省中西部、青藏高原腹地，平均海拔 2780 米，隶属海西蒙古族藏族自治州。土地面积 11.9 万平方千米，市区建成面积 27 平方千米，2017 年人口 24 万。气候属温带大陆性气候。著名景点有玉珠峰、昆仑山国家地质公园、察尔汗盐湖。青藏、青新、敦格三条公路干线在此交会，青藏铁路通过市区。

青海湖

地处青海省西北部，位于西宁以西 130 千米，湖泊周长 360 千米，湖泊面积 4583 平方千米，是我国最大的内陆湖泊，也是我国最大的咸水湖。湖面海拔 3260 米，平均深度 21 米，最大深度 32.8 米。湖泊呈椭圆形，周长 360 千米。湖泊容积 739 亿立方米，湖水平均矿化度 12.32 克/升。气候属温带大陆性气候，光照充足，冬寒夏凉，年平均水温 16 ℃。湖水补给来源主要是河水及降水。布哈河是最大入湖河流。鸟类资源丰富，有记录的 222 种，分属 14 目 35 科，总数在 16 万只以上，以斑头雁、棕头鸥、鱼鸥、鸬鹚为主。湖中出产青海裸鲤，其次还有硬刺条鳅、隆头条鳅。较大岛屿有海心山、海西皮、沙岛、三块石、鸟岛等。鸟岛是亚洲特有的鸟禽繁殖场所，居我国八大鸟类保护区之首。湖区属多民族居住区，有藏、汉、蒙古、回、土、撒拉、满等 12 个民族。青海湖景色壮美，是青海主要景区之一。二郎剑景区位于青海湖南侧，现为青海湖主景区。附近还有金银滩、日月山、倒淌河等著名景点。

新时期青海省发展要点包括：

第一，推动全省经济高质量发展。抓住“一带一路”、长江经济带、西部大开发、对口援青等战略机遇，采取得力举措加速自身发展。把光伏发电、特色医药、观光旅游打造成特色支柱产业。推进有色金属深加工，开发高精度铝板材、黄金板锭、高档铝箔，以及铜、锶、锂深加工。西宁经开区重点发展新材料、中藏药、生化药、保健品、绿色食品；甘河滩工业园重点发展有色、建材产业；青海生物科技产业园重点发展生物医药、高原食品。利用高原水体适度发展冷水性渔业。

第二，推动城镇化、农业现代化协调发展。构建宜居宜业“大西宁”、城乡统筹“新海东”、开放“柴达木”、特色“环湖圈”、绿色“江河源”。促进农牧业与旅游休闲、农耕体验、文化传承、健康养生等深度融合，建设一系列高原特色美丽小镇，走农牧业、旅游业内涵式发展道路。河湟区侧重于种植业、先进制造业和现代服务业，环湖区侧重于观光旅游业和特色农产品，柴达木区侧重于有色金属、盐湖资源开发，三江源区侧重于生态环境保护。

第三，推动制造业向数字化、网络化、智能化、绿色化转变。改造提升盐化工、有色冶金、能源、建材、轻纺等传统产业，加速建成金属镁一体化、盐湖资源开发等大项目。实施锂电产业和光伏制造扩能提升、新材料产业链条延伸、信息技术应用示范等大工程。加大柴达木矿产资源的加工深度，形成钾盐、锂、硼、锶、镁的产品系列。

第四，着力促进文化旅游深度融合。深入挖掘昆仑文化和河湟文化，建设喇家国家考古遗址公园，支持热贡文化艺术发展，促进旅游业全域化、全季化、多元化发展。推进卓尔山、茶卡盐湖等创建5A级景区。推进藏羌彝文化产业走廊建设。提升推广河湟“花儿”、藏族“拉伊”和“六月傩祭”、回族和撒拉族“宴席曲”、蒙古族“高林道”、土族“纳顿会”等民间文化。

第五，加大生态环境保护力度。继续实施退耕还林还草，抓好祁连山山水林田湖草生态保护修复试点，建设好湟水林场和西宁生态森林公园。建设好东部特色种养高效示范区、环湖农牧交错循环发展先行区、青南生态有机畜牧业保护发展区和沿黄冷水养殖适度开发带，推动农牧业绿色化、优质化、特色化、品牌化建设。

五、云南省

云南省简称云或滇，位于我国西南边陲，土地面积39.4万平方千米。2017年全省人口4801万，城市化率46.7%，完成地区生产总值16376亿元，人均地区生产总值34221元，三次产业结构14.3∶37.9∶47.8。南部与缅甸、老挝、越南三国接壤，陆疆长达4061千米。云南是我国拥有少数民族最多的省份，少数民族人口要占到总人口的1/3以上。

云南位于我国地势三大阶梯的第二级阶梯，地处青藏高原与中南半岛之间的过渡带，又是青藏高原向中国中南部平原、江南丘陵的过渡带。它处于亚热带低纬度高原，省内地理差异明显。气候兼具低纬气候、季风气候、山原气候的特点，区域差异和垂直变化明显。主要河流有金沙江、澜沧江、红河、南盘江、怒江等。温泉以安宁温泉、腾冲温泉为代表。云南素有“动物王国”“植物王国”“有色金属王国”的美誉。有色金属是云南主要的矿产优势，铝、铜、锡、铅、锌地位突出，磷、钛的储量也比较多。云南生物资源丰富，动植物总种数为全国之冠，其中脊椎动物种数占全国的58.9%，植物种数占全国的60.0%，有“药物宝库”“植物王国”之称。

殷周时期，云南被称为“百濮之国”。前3世纪，楚国大将庄蹻进入滇池地区，建立滇国。三国时期，云南称为“南中”。晋朝泰始七年（271），改置宁州。咸康五年（339），爨琛降晋，晋王朝封爨琛为宁州刺史，并承认其世袭地位，从此彝族豪族爨氏统治云南400年。1253年，忽必烈派蒙古军队征服大理国，1276年正式建立云南行省。1938年修通滇缅公路。1938—1946年，清华大学、北京大学、南开大学在昆明联合办学，称为国立西南联合大学。

云南历史文化悠久，自然风光绚丽，拥有丽江古城、三江并流、石林、哈尼梯田、大理古城、崇圣寺三塔、玉龙雪山、洱海、滇池、抚仙湖、梅里雪山、普达措国家公园、噶丹松赞林寺、西双版纳热带雨林等旅游景点。滇池位于昆明市区南部，湖泊面积311平方千米，湖面海拔1887米，平均水深5.1米，最深处11.3米，蓄水量15.9亿立方米。洱海位于大理市区北部，湖泊面积253平方千米，湖面海拔1966米，平均水深10.8米，最大水深21.5米，蓄水量28.8亿立方米。云南的文化具有多样性、封闭性、乡土性、边缘性、兼容性、亲和性的特征。云南传统民居建筑以竹木结构为主要形式，主要有抬梁式、穿斗式、井干式、干栏式人字形屋架和密梁平顶五种形式。

昆明市是云南省省会，国家历史文化名城，是我国重要的旅游、商贸城市，西部地区重要的中心城市。地处云贵高原中部，滇池盆地北部，地势北高南低，多喀斯特地貌。气候属亚热带季风气候。土地面积21473平方千米，辖7区3县3自治县，代管1县级市。2017年全市人口563万，完成地区生产总值4858亿元。昆明历史悠久，文化灿烂，是国务院公布的首批24个国家历史文化名城之一，拥有2200多年的建城史。市中心海拔1890米。气候温和，夏无酷暑，冬无严寒，四季如春，气候宜人，是著名的“春城”“花城”。著名景点有石林、滇池、翠湖、金殿、圆通禅寺、金马碧鸡坊等。大学有云南大学、昆明理工大学、云南师范大学、昆明陆军学院等。昆明农业特色突出，“斗南花卉”“呈贡蔬菜”成为国内外知名品牌；形成以机械、冶金、烟草加工为主的工业体系。昆明长水国际机场是我国面向东南亚、南亚和连接欧亚的门户机场。

西双版纳

西双版纳傣族自治州位于云南省南端，地处北回归线以南的热带湿润区，有明显的干湿季之分。它与泰国直线距离仅200余千米。国境线长达966千米，“西双版纳”傣语意为“十二个行政区”。每年泼水节于4月

13—15 日举行。这里拥有中国唯一的热带雨林自然保护区，珍禽异兽较多，如亚洲象、犀鸟、孔雀、黑冠长臂猿。地貌多为中低山和丘陵。矿产以铁、煤、铜居多。地热资源丰富，热泉、矿泉较多。森林覆盖率为60%。共有植物两万多种，其中热带植物5000多种，食用植物10000多种，野生水果50多种，速生珍贵用材树40多种，还有抗癌药物美登木、嘉兰，治疗高血压的罗芙木，健胃驱虫的槟榔。

澜沧江—湄公河航道源于青海扎曲，在我国境内称澜沧江，出境后称湄公河，为东南亚第一长河，于越南胡志明市流入南海。一江连接中、缅、老、泰、柬、越六国。景洪港是我国国家一类口岸，与老缅泰三国商船通航。自治州建有西双版纳嘎洒国际机场。常住人口约120万。傣族历史悠久，以傣历、傣文、民间文学艺术、雕刻、绘画著称于世。傣族民居竹楼，是我国典型的干栏式建筑，造型古雅别致，住在里面清凉舒爽。

新时期云南省发展要点如下：

第一，抓紧培育新动能。打造绿色能源、绿色食品、健康生活目的地。加快建设干流水电基地，加强西电东送通道建设，推进水电铝材、水电硅材一体化发展。打造绿色食品牌，形成一批具有云南特色、高品质、有口碑的“云南名品”。大力发展现代中药、干细胞应用，支持昆明大健康产业示范区加快发展。

第二，加快旅游产业转型升级。推进全域旅游建设，以“一部手机游云南”为平台打造智慧旅游，开发精品自驾旅游线路，加快汽车营地、厕所等基础设施建设，推动旅游产业全面转型升级。推进特色小镇建设，紧扣“特色、产业、生态、易达、宜居、智慧、成网”七大要素，杜绝滥竽充数和变相房地产开发，使云南的蓝天白云、青山绿水、特色文化转化为发展优势。

第三，大力培育创新主体。加快培育和引进高新技术企业、科技型中小企业，充分发挥滇中新区、国家级经开区和高新区的创新引领作用。建设创新产业园，打造高水平产业技术创新战略联盟。以现代中药、民族药、新型疫苗研发为主体，形成一批创新产品。发展高原特色农业，打造“绿色食品牌”。

第四，加快“森林云南”建设。推进大规模国土绿化行动，加快水土流失和荒漠化、石漠化综合治理。推进西双版纳州、玉龙县国家主体功能区试点示范和普洱市国家绿色经济试验示范区建设。加强重点流域生态系统修复和环境综合治理，积极参与长江绿色生态廊道建设。加强生物多样性、自然保护区、重要湿地和生态脆弱区域生态保护。

第五，加强区域级合作。云南作为我国参与大湄公河次区域合作的主体和前沿，与次区域国家有地理上的天然联系和经贸上的传统往来。要推进与次区域国家的五大合作，即农业开发合作、烟草产业合作、能源开发合作、矿业开发合作、旅游开发合作。中越经济贸易合作方面，主要是建设河口便捷经济合作区，开展大湄公河次区域合作，建设好“昆明—老街—河内—海防—广宁”“南宁—谅山—河内—海防—广宁”两条经济走廊和环北部湾经济圈。

金沙江水电基地

2002 年，中国三峡总公司先期开发金沙江下游河段的乌东德、白鹤滩、溪洛渡、向家坝四座电站。其中，白鹤滩、溪洛渡、向家坝位于云南昭通。金沙江水电基地具有良好的经济效益，4 座水电站装机容量 4300 万千瓦，每年可发电 2000 亿千瓦时，并显著增加三峡、葛洲坝等水电站的保证出力和枯水期发电量。（1）白鹤滩水电站位于云南巧家县与四川凉山州宁南县交界处，水库库容 188 亿立方米，装机容量 1200 万千瓦，年发电量 515 亿千瓦时，为我国第三大水电站。（2）溪洛渡水电站位于四川雷波县与云南永善县交界处，水库库容 127 亿立方米，装机容量 1260 万千瓦，年发电量 571 亿千瓦时，为我国第二大水电站。（3）向家坝水电站位于四川宜宾县与云南水富县交界处，水库库容 52 亿立方米，装机容量 640 万千瓦，年发电量 307 亿千瓦时。

六、贵州省

贵州省简称黔或贵，位于我国西南腹地。辖贵阳、遵义、安顺、毕节、铜仁、六盘水六市和黔西南布依族苗族自治州、黔东南苗族侗族自治州、黔南布依族苗族自治州。

春秋以前，贵州为荆州西南裔。战国后期，夜郎国逐步发展成为西南地区的大国之一。隋置牂州牂牁郡、明阳郡。唐建置的羁縻州有矩州、蛮州。元在贵州遍行土司制度。明设置贵州承宣布政使，正式建制为省，以贵州为省名。2014 年 1 月，国家在此地设立国家级新区——贵州贵安新区。2017 年底常住人口 3580 万，城镇化率 46.02%，完成地区生产总值 13541 亿元，人均地区生产总值 37956 元，三次产业构成 15.0∶40.1∶44.9。贵州是一个多民族共居的省份，少数民族主要有苗、布依、侗、土家、彝、仡佬、水、白、回等民族。

贵州地处云贵高原，土地面积 176167 平方千米。地势西高东低，自中部向北、东、南三面倾斜，平均海拔 1100 米。高原山地居多，素有“八山一水一分田”之说。岩溶地貌非常发育，占全省总面积的 62%。气候属亚热带季风性湿润气候，四季分明、春暖风和、雨量充沛、雨热同期。著名景点有黄果树瀑布、梵净山、织金洞、万峰林、千户苗寨等。

河流属于长江、珠江两大水系，苗岭是长江、珠江两大流域的分水岭。矿产资源丰富，优势矿种有汞、重晶石、磷、铝土矿、稀土、煤、锑、金、硫铁矿。煤炭储量大，煤种齐全、煤质优良，素有“江南煤海”之称。磷矿储量 27.0 亿吨，占全国总储量的 40% 以上；重晶石储量为全国的 1/3。全省森林覆盖率为 55.3%，拥有国家级自然保护区 10 个，国家级森林公园 30 个，国家级湿地公园 45 个。

农作物一年两熟，粮食作物以水稻、玉米、小麦、薯类为主，经济作物主要有烤烟、油菜、棉花、苎麻、甜菜等，经济林主要有油桐、油茶、乌桕、漆树等。工业以煤炭、电力、磷化工、铝业、航空航天、电子信息为主。近年制药、食品、大数据、旅游等行业发展较快。

贵阳是贵州省省会，西南地区重要的中心城市，辖 6 区 3 县 1 市，已有 400 多年历史。贵阳山中有城，城中有山，绿带环绕，森林围城。优势矿产有铝土矿、磷矿、重晶石、水晶、石英砂等。这里以温度湿度适宜、空气水质优良而著称，被誉为“中国避暑之都”。2017 年人口 408 万，完成地区生产总值 3538.0 亿元。贵阳是西南重要的铁路枢纽，川黔、贵昆、湘黔、黔桂 4 条铁路干线在此交会，沪昆速铁横贯市区。大学主要有贵州大学、贵州师范大学等，建有花溪大学城和清镇职教城。它是国家级大数据产业集聚区，全国首个全域公共免费 WiFi 城市，全国首个大数据交易中心。著名景点有黔灵山、青岩古镇、花溪公园、小车河、甲秀楼、天河潭等。

遵义市位于贵州省北部，是西南地区重要的交通运输枢纽，辖 3 区 9 县和 2 个县级市。气候属亚热带季风气候，终年温凉湿润。遵义地处云贵高原向湖南丘陵和四川盆地过渡的斜坡地带，地形起伏大，地貌类型复杂，海拔高度在 800~1300 米之间。河流分属乌江、赤水河和綦江三大水系。矿产资源丰富，以煤、铝土矿、钛、锰相对突出。素称“黔北粮仓”，粮食产量占贵州总产量的1/4。遵义是首批国家历史文化名城，拥有世界文化遗产海龙屯、世界自然遗产赤水丹霞。1935年，中国共产党在遵义召开了著名的“遵义会议”。大学有遵义师范学院、遵义医学院等。著名景点有遵义会议会址、赤水风景名胜区、世界遗产海龙囤、茶海之心等。

茅台酒

茅台酒是中国传统特产酒，属大曲酱香型白酒，已有800多年生产历史。它具有色清透明、酱香突出、入口柔绵、清冽甘爽、回味悠长的特点。已知香气成分300余种，酒度在52°~54°之间。以本地优糯高粱为原料，用小麦制成高温曲。生产茅台酒采用赤水河水，赤水河水质好，微量元素丰富，且无污染。酿制工艺要经过两次下料、九次蒸煮、八次摊晾加曲、七次取酒，生产周期长达一年，再贮存三年以上，勾兑调配，然后再贮存一年，使酒质更加和谐醇香，绵软柔和，全部生产过程达五年之久。

新时期贵州省发展要点包括：

第一，对产业结构进行整体提升。做大做强航空航天、装备制造、新能源汽车等部门。培育壮大共享经济、数字经济、生物经济，在新材料、新能源、节能环保等方面形成新的增长点。推动特色产业做大做强，以酒、烟、茶、绿色食品、民族医药为重点。发展煤炭、化工、有色等精深加工。推动服务业优质高效发展，促进“旅游+”多业态融合，实现4A级景区县域全覆盖、5A级景区市州全覆盖，建设全域旅游示范省和世界知名旅游目的地。

第二，推进国家大数据综合试验区建设。推进智能化升级，发展工业互联网、物联网和智能制造、智能农业、智能物流、智能商务、智能能源。引进培育大数据企业，在北斗导航和智能终端、智能机器人、智能运载工具等领域取得突破。创建“云上贵州”，聚焦政务服务、交通、医疗、环保、公共安全等领域热点难点问题，推进大数据和人工智能集成应用。加强国家实验室和科技创新中心建设，共建一批军民协同创新研发平台。支持贵阳建设“中国数谷”。

第三，推进基础设施网络建设。打造以贵阳为核心的高铁交通圈。建成夹岩、马岭、黄家湾等骨干水源工程，解决农村缺水问题。构建安全可靠的能源基础设施网，加强地方电网建设，完成新一轮农村电网改造。建成西南地区成品油战略储备基地，县县通天然气管道、乡镇供气全覆盖。推进清洁能源汽车充电充气设施建设。

第四，推进高原特色新型城镇化。以贵阳市和贵安新区为龙头，提升黔中城市群综合品质。推进贵阳—贵安—安顺、都匀—凯里一体化建设，推动六盘水、遵义、毕节、铜仁、兴义等中心城市组群发展壮大。推动山水田园城融合、产城景文旅互动，建设一批具有地域特征、民族特色和时代风貌的建筑精品。

第五，加强生态环境保护。推进治山、治水、治气、治渣，淘汰高污染、高排放企业。强化山水林田湖草生命共同体保护，推进主体功能区建设，完成城市开发边界划定。加强草海生态保护与综合治理，开展城市修补和生态修复。探索水权交易，开展碳排放权、排污权交易，实施生态环境损害赔偿制度。加强农产品质量安全追溯体系建设，打造“贵州绿色农产品”整体品牌。

七、重庆市

重庆市简称巴或渝，是直辖市、国家中心城市，长江上游地区经济中心城市。土地面积82403平方千米。辖23个区、11个县、4个自治县。2017年全市常住人口3075万，城镇化率64.08%，完成地区生产总值19425亿元，人均地区生产总值63442元，三次产业结构为6.6：44.2：49.2。

先秦时期，诸侯国巴国先后在枳（今重庆涪陵区）、江州（今重庆渝中区）、垫江（今重庆合川区）建都。秦惠文王更元九年（前316）筑巴郡城（今渝中区）。隋文帝开皇元年（581）改楚州为渝州。北宋崇宁元年（1102），改渝州为恭州。南宋淳熙十六年（1189）正月，孝宗之子赵惇先封恭王，二月即帝位为宋光宗皇帝，称为“双重喜庆”，遂升恭州为重庆府，重庆由此而得名。元世祖至元十六年（1280）立重庆路总管府。明太祖洪武四年（1371）复改为重庆府。1891年3月1日，重庆海关在朝天门附近设立。1929年，重庆正式建市。1937年11月，中华民国政府颁布《国民政府移驻重庆宣言》，定重庆为战时首都。1954年7月，重庆与四川合并。1997年6月18日，重庆设立中央直辖市。

地貌以丘陵、山地为主，坡地面积较大，有“山城”之称。气候属亚热带季风性湿润气候，温暖多雾。主要河流有长江、嘉陵江、乌江、涪江、綦江等。优势矿产有天然气、锶、煤、铝土、锰等。

重庆拥有国家级新区——两江新区，渝新欧国际铁路，重庆两路寸滩保税港区，重庆西永综合保税区，重庆铁路保税物流中心，重庆南彭公路保税物流中心，万州保税物流中心，过境 72 小时内免签，进口整车、水果、肉类等口岸。重庆老工业基地改造振兴步伐加快，形成电子信息、汽车、装备制造、化工、材料、能源和消费品制造等千亿级产业集群。

巴渝文化个性鲜明，起源于巴文化。著名景点有巴渝十二景、长江三峡、桃花源、洪崖洞、武陵山大裂谷等。大足石刻始建于晚唐，历经五代而盛于两宋，石窟多达 70 多处，石刻造像 5 万余尊，石刻铭文 10 万余字，尤以宝顶山和北山摩崖石刻艺术价值最高。民航机场有重庆江北国际机场、万州五桥机场、黔江武陵山机场。中欧班列（重庆）成为陆上丝绸之路经济带贸易主通道。

渝中区

渝中区是重庆中心城区，地处长江与嘉陵江汇流处；东、南、北三面环水，西面通陆，为东西向狭长半岛。它已有 3000 多年历史，以此为核心，形成了巴渝文化、抗战文化和红岩精神。气候属中亚热带季风性湿润气候。土地面积 23.24 平方千米，2017 年常住人口 65.9 万，辖 11 个街道。经济以三产为主，2017 年地区生产总值 1122.2 亿元，财税收入 213.0 亿元。商圈发展良好，特色街区如朝天门中新合作示范区、下半城历史文化风貌带、化龙桥国际商务区、大溪沟文化创意区。本区是重庆水陆客运交通枢纽，渝蓉、渝黔、襄渝 3 条铁路在此交会，朝天门是长江上游最大的客运港口。文化名胜有解放碑、洪崖洞、湖广会馆、重庆人民大礼堂、红岩村、通远门、罗汉寺、若瑟堂等。

巴渝文化

巴渝文化是长江上游地区特色鲜明的地方文化。它起源于巴文化，是巴族和巴国在历史发展中所形成的地域性文化。巴人生活于高山大川之间，以顽强坚韧、剽悍勇猛而著称。巴渝文化的典型代表包括：渝派川菜、龙门阵、重庆方言、陪都文化、川剧、袍哥文化、重庆码头文化、川江号子、蜀绣等。重庆民间多劳动号子，打石头有“石工号子”，抬滑竿有“报路号子”。巴渝人民喜欢“摆龙门阵”（讲故事）。重庆火锅起源于重庆嘉陵江畔、朝天门等码头船工纤夫的粗放餐饮方式，原料主要是牛毛肚、猪黄喉、鸭肠、牛血旺等，口味厚重，以麻辣见长，关键在于用火烧锅，以汤导热，煮涮食物。随着岁月的推移，重庆火锅逐渐风靡海内外。2016 年 5 月，“重庆火锅”当选为“重庆十大文化符号”之首。

新时期重庆市建设要点包括：

第一，融入“一带一路”建设和长江经济带发展。建成国际物流枢纽和内陆口岸高地。强化两江新区综合枢纽、开放口岸、现代金融、保税物流、国际会展等核心功能，高标准实施中新互联互通项目，对标国际自由贸易港，加快自贸试验区制度和政策创新。依托中欧班列（重庆）、“渝黔桂新”铁海联运和国际航空枢纽，建设一批辐射国内外的现代产业集聚区。提高“重庆智造”出口比重，增强“重庆服务”国际化能力。拓展跨国邮包运输和旅游通道功能，加密“渝黔桂新”南向铁海联运班列。创建国家全域旅游示范区，做强做靓大都市、大三峡、大武陵山国际旅游目的地，全面提升重点旅游景区和精品线路品质。

第二，加速推进信息化。推动互联网、大数据、人工智能与实体经济的深度融合，形成智能产业、智能制造、智能应用“三位一体”的发展格局。培育大数据、人工智能、智能硬件、软件服务、物联网、区块链等智能产业链，加快发展数字经济。构建新能源汽车、高端装备、新材料、生物医药、节能环保等战略性新兴产业集群。充分运用大数据智能化改造提升传统制造业，促进制造业向数字化、网络化、智能化发展。加强大数据、云计算、人工智能在经济社会各领域的广泛应用和深度融合。鼓励实体商业转型发展，建设智慧商圈、智慧商场，构建“线上+线下、商品+服务、零售+体验”新模式。

第三，完善基础设施建设。统筹推进交通、水利、能源、信息网络建设，围绕建成国际性综合交通枢纽，加快建成“米字型”高铁网、“三环十二射多联线”高速公路网。改造提升江北机场。实施重点航道整治，完善内河航运体系。持续实施缓堵保畅工程。推进跨区域骨干水源、供水和防洪工程，提升农村自来水普及率。力争成为 5G 规模化商用试点城市，建成国家通信信息枢纽。

第四，建设国家军民融合创新示范区。统筹军民产业深度融合，做精做强军工主业、发展军转民、培育民参军。统筹用好军地创新资源，打造一批军民融合、产学研一体的科技创新平台，扩大军民两用技术博览会的影响。统筹军地社会服务保障，落实驻渝部队社会保障改革，做好转业干部和退役军人安置服务。统筹应急应战体系建设，完善国防动员体系。

第五，建设创新之城和创业之都。以两江新区为龙头，打造高新区升级版，高标准建设国家自主创新示范区。建立以企业为主体、市场为导向、产学研深度融合的技术创新体系，培育引进一批具有全球影响力的创新型领军企业，建设一批功能完备的创新平台和产业化基地，形成全链条创新创业孵化体系，显著增强城市创新能力。

八、广西壮族自治区

广西壮族自治区简称桂，位于华南西部，南濒北部湾，面向东南亚，西南与越南毗邻。聚居有汉、壮、瑶、苗、侗、京、回等民族。土地面积 23.67 万平方千米。国境线长 800 多千米，大陆海岸线长 1500 千米。辖 14 个地级市，37 个市辖区、7 个县级市、54 个县、12 个民族自治县。2017 年末常住人口 4885 万，城镇化率 49.21%，完成地区生产总值 18523.26 亿元，人均地区生产总值 38102 元，三次产业构成 15.5∶40.2∶44.3。广西是多民族聚居的自治区，世居民族有汉、壮、瑶、苗、侗、仫佬、毛南、回、京、彝、水、仡佬等 12 个民族。

广西处于云贵高原东南边缘，两广丘陵西部。平原有河流冲积平原和溶蚀平原两大类。西江是区内最大的河流，西江支流桂江上游称漓江，与湘江间有秦时开凿的灵渠相通。矿产资源丰富，种类繁多，储量较大，较为知名的是南丹锡矿、平果铝土矿、宁明膨润土矿。气候属亚热带季风气候。这里盛产水果，主要品种有火龙果、番石榴、荔枝、金橘、蜜橘、龙眼。著名景点有桂林山水、德天瀑布、北海银滩、白浪滩、桂平西山、左江花山等。著名大学有广西大学、广西师范大学等。

战国时岭南称百越，广西属百越一部分。秦广西分属桂林郡、南海郡、象郡。西汉合浦是我国“海上丝绸之路”的始发港之一。唐咸通三年（862）分岭南道为岭南东道和岭南西道，广西成为一级独立政区。宋代分广南路为广南东路和广南西路，广南西路简称广西。元至正二十三年（1363）置广西行中书省。明太祖洪武九年（1376）设广西承宣布政使司。清复设广西省，省会驻桂林。民国广西沿袭清朝称省。广西设省起直至民国，省会均在桂林，1912—1936 年曾一度迁到南宁。1958 年，广西壮族自治区成立。

广西地理位置优越，东邻广东，西接云南，东北接湖南，西北靠贵州，南临北部湾，隔海与海南相望，西南与越南接壤，是大西南出海的便捷通道，是西部资源型经济与东部开放性经济带接合部。根据自然地理状况和经济人文条件，把广西划分为桂东地区、桂北地区、桂南沿海区、桂西地区和桂中地区。（1）桂东地区由梧州、贵港、玉林、贺州四市组成，是西南经济区与华南经济区的结合部。四市发展各有侧重，梧州为岭南山水名城，贵港为桂东南经济中心，玉林为先进制造基地，贺州为湘桂粤边界中心城市。（2）桂北地区以桂林市为主体，以旅游业和现代农业为主导产业，做强做精山水观光旅游，建设好桂林旅游中心和阳朔、兴安两个旅游次中心，开发好漓江、漓江西线景区和漓江东线景区，共同打造大桂林旅游区。（3）桂南沿海区包括南宁、北海、钦州和防城港 4 个城市。南宁是环北部湾沿岸的中心城市。北海重点发展海洋产业和滨海旅游业。钦州和防城港为我国大西南对外开放的主要门户和贸易枢纽。现阶段集中力量做大做强防城港。（4）桂西地区包括百色、河池和崇左三市，水能资源和有色金属资源丰富，但石漠化问题突出。治理石漠化的关键措施包括：降低人口密度，改进耕作方式，加大生态移民和植被恢复力度，提高社会人文素质水平。（5）桂中地区包括柳州市和来宾市，水能资源、矿产资源和旅游资源都很丰富。柳江、融江、红水河河流落差大，加之水量大，水能资源丰富。桂中盛产糖蔗、柑橘、龙眼、板栗。柳州的机械制造、汽车、制糖等工业相对发达。提升柳州的先进制造业，尤其是汽车及零部件生产。来宾的制糖业进行扩容提质。

南宁是广西壮族自治区首府。这里气候暖湿，四季常青，有“绿城”的美誉。辖 7 区、5 县，面积 2.21 万平方千米，常住人口 757 万，完成地区生产总值 4118.8 亿元。南宁是一个以壮族为主体、多民族聚居的城市。以邕江为中轴，形成西起凤凰山、东至青秀山的狭长河谷盆地。较大河流有邕江、右江、左江、红水河等。工业有制糖、食品和轻纺、机械、电子、建材、化工、冶金、煤炭等。

柳州位于广西中北部，是广西最大的工业城市，以汽车、机械、冶金为支柱产业。这里属于典型的喀斯特地貌，形成了“拔地奇峰画卷开”的山水特点。柳江为境内最大河流。柳州商贸活跃，素有“桂中商埠”之称。民族风情独具神韵，壮族的歌、瑶族的舞、苗族的节和侗族的楼，堪称“四绝”。著名景点有都乐岩、大龙潭、立鱼峰和柳侯公园等。

桂林山水

以“山青、水秀、洞奇、石美”而称著。桂林处处皆胜景，漓江山水堪称典范。漓江风光以桂林阳朔为最，“桂林山水甲天下，阳朔堪称甲桂林。群峰倒影山浮水，无水无山不入神”，高度概括了阳朔自然风光的美。两江四湖景区，是指由漓江、桃花江、木龙湖、桂湖、榕湖、杉湖构成的环城风景带，且形成三个主题景区：以木龙古渡、古城墙为主景，宝积山、叠彩山等为背景，体现城市文化的木龙古水道景区；以山林自然野趣为特色的桂湖景区；以体现“城在景中，景在城中”山水城市空间特征为特色的榕湖、杉湖景区。

新时期广西壮族自治区发展要点包括：

第一，加快重大产业项目建设。推进新能源汽车、特种玻璃、光电芯片、移动智能终端等重大项目的建设，提升防城港钢铁、生态铝业、华谊化工、天桂铝业、河池锡业、装配式建筑、玉林家具等重大项目建设，推进凭祥跨境物流园、中国—东盟检验检测认证集聚区、南宁研祥智谷、南宁国际文化旅游休闲集聚区、防城港东盟检验检测中心、防城港综合物流园、南宁农产品交易中心、广西边海国家风景道、贺州长寿养生产业园、桂林万达文化旅游城、北海涠洲岛旅游区等服务业集聚区的建设，支持南宁、梧州、贺州、河池等市新建生态产业园区。

第二，促进城乡区域协调发展。建设自治区级现代特色农业示范区 60 个，新建“双高”糖料蔗基地，创建国家有机产品认证示范区。支持来宾和横县建好国家现代农业产业园。打造和推广生态有机高端农产品品牌。推动北部湾城市群建设，把同城化政策拓展到玉林、崇左，加快推进龙港新区玉港合作园建设。加快桂林国际旅游胜地、左右江革命老区的一批重大项目建设。突出陆海联动，培育远洋捕捞、深海养殖、海产品精深加工及海上运动休闲等海洋产业。

第三，加强基础设施建设。重点建设好钦州港集装箱中心站、南宁国际物流园等项目，贯通南北铁海联运国际贸易物流主干线。开行北部湾港至重庆班列和北部湾港至新加坡、北部湾港至香港班轮“天天班”，实现北部湾港至欧洲中欧班列常态化，在西部建设一批内陆无水港。打造中国桂林·越南下龙湾旅游黄金线路。

第四，抓好环境保护治理。推进九洲江、南流江、漓江、下雷河流域治理。加强危险废物监管和安全处置。启动第二次污染源普查和第三次土地调查。统筹山水林田湖草系统治理，实施百色、崇左、南宁生态系统保护和修复工程。抓好森林、湿地和野生动植物保护，加强石漠化治理。继续实施金山银山工程，加快推进国家储备林建设。

第五，培育新的增长极。重点建设好北部湾经济区，包括南宁、北海、钦州、防城港4个城市。这里地理位置优越，资源丰富，人地矛盾少，多重政策覆盖，面临诸多机遇，发展前景广阔。积极发展临海型产业、外向型加工制造业、资源与特色产业和高科技产业。建设好中国—东盟自由贸易区，举办好博览会、商务与投资峰会，加强与粤港澳大湾区和大西南的经济合作。

第六，加快广西旅游业的发展。做好自然山水、滨海休闲、边关览胜、民族风情、红色旅游等旅游领域。自然山水侧重桂林山水、百色天坑、八角寨丹霞、龙胜梯田、大瑶山、德天瀑布等内容。滨海休闲以北海银滩、钦州三娘湾、防城港江山半岛、北海涠洲岛为主体。边关览胜以凭祥友谊关、水口和东兴为重点。民族风情突出少数民族特色。红色旅游以百色为中心，丰富左右江、桂北红色根据地的红色旅游内容。建设好桂林、南宁两大旅游集散中心，加强与周边地区乃至东南亚的旅游对接。

防城港

防城港被誉为“西南门户、边陲明珠”，是北部湾经济区的核心城市。著名景点有江山半岛、簕山古渔村、白浪滩、金滩、仙人山公园、西湾旅游景区等。防城港市毗邻越南，是我国唯一与东盟陆海相通的城市。大陆海岸线584千米，边境线200多千米。气候属亚热带季风气候。这里拥有世界唯一的金花茶自然保护区，2017年末常住人口94万，实现生产总值741.62亿元。

防城港是我国沿海12个主枢纽港之一，是西部第一大港，是重要的铁矿石、建材及煤炭的中转基地。现有码头泊位128个，其中万吨级以上深水泊位39个，拥有20万吨级矿石码头，设计年吞吐能力达10亿吨。拥有5个国家级口岸，其中东兴口岸是中国陆路边境通关人数最多的口岸。全面推进东兴国家重点开发开放试验区建设，依托大港口布局钢铁、能源、化工、粮油及物流等大产业，成为全国最大的磷酸加工出口基地和重要的粮油加工基地。

九、内蒙古自治区

内蒙古自治区简称内蒙古，位于我国北部边陲，首府呼和浩特，横跨东北、华北、西北地区，北与蒙古国和俄罗斯联邦接壤。它地处欧亚大陆内部，国境线长4200千米。全区面积118.3万平方千米。主要有汉、蒙古、满、回、达斡尔、鄂温克等民族。辖9个地级市、3个盟，共计22个市辖区、11个县级市、17个县、49个旗、3个自治旗。1206年成吉思汗建立大蒙古国，54年后元世祖忽必烈在中原建立了元朝。漠北地区是蒙古帝国初期的核心地。2017年末常住人口2529万，城镇化率62.0%，完成地区生产总值16103.2亿元，人均地区生产总值63764元，三次产业比例为10.2∶39.8∶50.0。

内蒙古横跨东北、华北和西北，连接八省，紧靠京津，既是环渤海地区的腹地，又是华北沟通大西北的重要通道，具有承东启西、辐射中部的区位优势。内蒙古东部属于外流区，西部属于内流区。内蒙古大部分是草原地带，从东到西依次呈现森林景观—草原景观—荒漠景观，从北向南跨越牧区、农牧交错区和农业区。内蒙古草原面积广阔，是全国最大的牧场，饲草种类丰富。

内蒙古自然资源丰富，可归纳为“东林西矿、南农北牧”，草原、森林和人均耕地均居全国第一位，稀土金属储量居世界首位。内蒙古草场资源丰富，牲畜品种优良，畜牧生产基地遍布，是我国重要的畜牧业基地。蒙古牛、蒙古马、乌珠穆沁羊、内蒙古白绒山羊、阿拉善双峰驼被列为国家级保护品种。区内拥有以锡林郭勒、科尔沁草原为主体的细毛羊基地，以乌兰察布草原为主体的半细毛羊生产基地，以鄂尔多斯草原为主体的绒山羊生产基地，以呼伦贝尔草原、科尔沁草原为核心的商品牛生产基地。内蒙古煤田广布，石油及天然气储量大，能源产业体系完备，是我国重要的能源基地。霍林河、伊敏河、元宝山、准格尔为大型露天煤矿，东胜煤田的精煤和阿拉善盟的无烟煤，以优质著称于世。东胜—准格尔煤田是目前我国探明的最大煤田。

内蒙古是我国民族古文明发祥地之一，留下了“河套文化”“大窑文化”“红山文化”和“夏家店文化”；又是我国古代北方少数民族繁衍生息的摇篮，匈奴、乌桓、鲜卑、突厥、回纥、契丹、女真、蒙古等多个游牧民族在此生产生活，这些部族长期与汉族不断交流、融合或冲突。著名景点有成吉思汗陵、呼伦贝尔草原、额济纳胡杨林、阿尔山天池等。元上都遗址的宫殿、皇城、宫城、外城、防御设施和关厢遗址仍保存完好，体现了当时的规模、格局和草原都城特色。机场主要有呼和浩特白塔国际机场、包头机场、满洲里机场、通辽机场等。内蒙古大学为自治区规模最大的大学。

地貌以蒙古高原为主体，除东南部外，基本是高原，主要是呼伦贝尔高平原、锡林郭勒高平原、巴彦淖尔—阿拉善高原、鄂尔多斯高原，平均海拔 1000 米左右。气候属温带大陆性季风气候。降水量少，风大，寒暑变化剧烈。白云鄂博矿山是世界上最大的稀土矿山。大型露天煤矿有伊敏、霍林河、元宝山、准格尔。农业区和半农半牧区主要分布在大兴安岭和阴山山脉以东和以南。天然草场辽阔，是我国重要的畜牧业生产基地；有呼伦贝尔、锡林郭勒、科尔沁、乌兰察布、鄂尔多斯和乌拉盖 6 大草原。

河套平原为黄河上游的冲积平原，自古以来就是黄河流域富庶之地。民谚曰：黄河百害，唯富一套。河套平原是指阴山以南的黄河冲积平原，包括前套平原和后套平原。前套平原主要指内蒙古包头、呼和浩特一带的平原，南北朝时称敕勒川，明朝以后称土默川；后套平原指乌拉山以西至巴彦高勒的平原。广义的河套平原还包括银川平原。河套地处中温带，深居大陆内部，气候寒冷干燥，多风沙。自然植被多以荒漠、半荒漠草原为主。

呼和浩特是内蒙古自治区首府，全区的政治、经济、文化、科教和金融中心。市域面积 17224 平方千米，辖 4 区、4 县、1 旗。先秦时期，赵武灵王在此设云中郡。民国时期为绥远省省会。1954 年改名为呼和浩特，蒙古语意为“青色的城”。此处历史悠久，文化灿烂，是鲜卑拓跋的龙兴地，是旅蒙商家互市之地。呼和浩特中心城区由归化城与绥远城在清末民国时合并而成，故旧称归绥。2017 年人口为 243 万，完成地区生产总值 2743. 7 亿元。内蒙古有“中国乳都”之称，拥有“伊利”“蒙牛”两大国内知名乳业品牌。主要工业部门有火电、电子、医药、冶金、机械。

包头是内蒙古的工业中心，也是自治区规模最大的城市，誉称“草原钢城”“稀土之都”。它位于蒙古高原的南端，南濒黄河，阴山山脉横贯，形成北部高原、中部山地、南部平原三个地形区域。土地面积 27768 平方千米，中心区面积 315 平方千米，2017 年人口有 288 万。著名景点有希拉穆仁草原、赛汗塔拉生态园、北方兵器城、五当召、南海公园等。大学有内蒙古科技大学、包头医学院等。包头是我国重要的钢铁和稀土生产基地。是我国重要的交通枢纽，京包、包兰、包西、包环、包满、包神、甘泉等铁路在此交会。包头是一座典型的移民城市，经历了数次大规模人口迁徙，造就了丰富多彩的移民文化。

白云鄂博

白云鄂博，蒙古语意为“富饶的神山”，历史上是当地蒙古族牧民的神山圣地，每年农历五月间，数百里之内的牧民聚集于此，举行盛大的“祭敖包”活动，并召开“那达慕”盛会。1927年丁道衡先生首次发现了白云鄂博矿山。从此，白云鄂博逐渐为世界所瞩目。

白云鄂博矿区位于包头市正北约150千米处，稀土资源储量占全国的97%，是一座世界罕见的多金属共生矿床，分布在东西长18千米、南北宽3千米、总面积48平方千米的范围内。现已探明矿体内蕴藏着175种矿物，71种元素。矿物种类主要有铁、铌和稀土矿物。其中铁矿储量14亿吨，铌矿储量660万吨，稀土矿工业储量3600万吨，占全世界的36%，占全国的90%以上，因而被誉为“稀土之乡”。另外，还蕴藏着铜、石英石、萤石、磷灰石、软锰矿等多种矿物。

新时期内蒙古工作要点包括：

第一，大力培育新动能。推动能源、化工、冶金、装备制造等产业迈向中高端。培育高端新材料、新能源汽车、清洁能源、生物制药、蒙中医药等产业。大力发展绿色旅游，提升旅游文化内涵。壮大优势特色农牧业。建设粮食生产功能区、重要农畜产品保护区、特色农畜产品保护区。发展节水灌溉，建设高标准农田。推进农牧业标准化生产，建立健全质量安全追溯体系，强化地理标志和生态原产地产品保护及注册，培育更多的龙头企业和知名品牌。

第二，积极推进区域协调发展。推动呼包鄂协同发展、东部盟市加快发展、乌海及周边地区转型发展，改造升级工业园区，科学规划、有序建设和林格尔新区。推动形成全面开放新格局。完善与俄蒙合作机制，推进中蒙俄经济走廊建设，继续抓好满洲里和二连浩特国家重点开发开放试验区建设工作。落实中欧班列常态化运行支持政策。加强与京津冀、长三角、珠三角和香港澳门等地区合作。

第三，实行绿色生态发展。继续推进天然林资源保护、“三北”防护林、新一轮退耕还林还草等重点生态工程建设，实施浑善达克和科尔沁沙地等重点区域专项治理。全面落实水污染防治计划，深入实施呼伦湖、乌梁素海、岱海等湖泊综合治理工程，着力消除重污染水域和劣五类断面。重点抓好草原的保护和建设，工作要点包括：严禁滥垦、滥砍、乱挖，封育围栏，保护草场；坚决实行以草定畜，草畜平衡，严禁超采过牧，实现减畜增效；在生态环境恶化的地段，实行禁牧休牧；以自然恢复植被为主；改良畜种，优化畜群结构；建立防灾机制，重点防范黑灾、白灾、旱灾、风灾、火灾和鼠灾。

第四，扬长避短与因地制宜发展。从经济地理的角度来看，内蒙古大致上分为蒙东地区、蒙中地区和蒙西地区。蒙东地区包括呼伦贝尔市、兴安盟、通辽市和赤峰市，自然环境和资源条件较好，应加强森林和草原保护，提高矿产开发利用水平，培育通辽、赤峰、乌兰浩特、呼伦贝尔等中心城市，完善满洲里口岸，加强与东北经济区的合作。蒙中地区包括包头市、呼和浩特市、乌兰察布市和锡林郭勒盟，是自治区政治、经济、文化中心区，区位条件优越，重点建设好能源、化学、金属矿采选冶炼、农畜产品加工、建材五大行业，将呼和浩特、包头两市培育成高水平的增长极。蒙西地区包括鄂尔多斯、乌海、巴彦淖尔三市和阿拉善盟，地处西北内陆，干旱少雨，荒漠广布，应提升农牧业生产水平，搞好能源基地和化工基地的建设，搞好沙产业的开放，加强生态环境的保护。

第五，重点建设好呼包鄂金三角。由呼和浩特、包头、鄂尔多斯三市构成的三角地带，土地面积23.75万平方千米，集聚了全区60%以上的研发机构和75%以上的科技人员，呼包鄂一体化对于加速内蒙古的发展可谓意义重大。三市需要从更高的层面谋划一体化建设，形成一个综合实力雄厚、创新功能突出、辐射带动作用强大的城市综合体。立足于北亚经济圈的概念，构建国家向北开放的核心区。在产业布局上，呼和浩特强化首府功能，积极发展现代服务业；包头大力发展钢铁、铝业、装备制造和稀土产业；鄂尔多斯重点建设国家能源基地和区域性先进制造中心。

十、宁夏回族自治区

宁夏回族自治区简称宁。地处中国西部，黄河上游，自治区首府银川。土地面积6.64万平方千米。辖银川、中卫、固原、吴忠、石嘴山。2017年人口总数为682万，城镇化率58.0%，完成地区生产总值3443亿元，人均地区生产总值50765元，三次产业结构7.3∶45.9∶46.8。

宁夏是中华文明发祥地之一，历史上曾是东西部交通贸易的重要通道。秦为北地郡，汉属朔方史部。唐属关内道。1038 年，党项族首领李元昊在此建立西夏王朝，并形成了西夏文化。北宋属秦凤路。明初设府，后改卫。清设巡抚，属陕西布政司，下制卫所。1958 年 10 月 25 日，宁夏回族自治区正式成立。

境内高原与山地交错，地形南北狭长，地势南高北低，西部高差较大，东部起伏较缓。贺兰山绵亘西北部，六盘山位于南部。气候属温带大陆性半干旱气候。区内主要河流有黄河干流及其支流，包括祖厉河、清水河、红柳沟、苦水河、葫芦河、泾河等。著名景点有西夏王陵、沙湖、六盘山等。矿产资源以煤和非金属为主。煤种齐全，煤质优良，形成贺兰山、宁东、香山和固原四个含煤区。石膏矿藏量居中国第一。贺兰山汝箕沟矿区的优质无烟煤，具有热量高、灰分低、硫分低、磷分低的特点，“太西煤”享誉国内外，是重要的出口创汇资源。宁夏是我国地震灾害多发地区之一，历史上曾多次遭受严重的地震灾害。1920 年海原大地震是我国乃至世界的特大地震之一。

宁夏是一个多民族聚居的地方。回、维吾尔、东乡、哈萨克、撒拉、保安等族信奉伊斯兰教。全区现有清真寺 3300 多处，阿訇 4000 多人。大学以宁夏大学、宁夏医科大学为代表。主要景点有西夏王陵、中卫沙坡头、平罗沙湖、中卫高庙、火石寨等。

灌溉农业发达，历史悠久，是我国西北重要的农业区。银川平原引黄灌溉已有两千多年历史。主要粮食作物有春小麦、水稻、玉米、高粱、糜子等，经济作物有胡麻、甜菜、油菜、枸杞、瓜果等。宁夏还是我国重要的裘皮羊产区，滩羊皮、中卫山羊皮享有盛誉。工业以煤炭、电力、石化、冶金、毛纺为主，贺兰山石炭井矿区是优质焦煤基地。毛纺织工业生产的提花毯、地毯、绒线、呢绒畅销国内外。宁夏特产以“五色宝”驰名，即白色的中卫滩羊皮、红色的中宁枸杞、黄色的盐池和同心甘草、蓝色的贺兰山石砚和黑色的海原发菜。此外，还有“五朵金花”，即向日葵、红花、黄花菜、玫瑰和啤酒花。

银川是宁夏回族自治区的首府，是全区的政治、经济、文化、交通中心。2017 年人口为 189 万，完成地区生产总值 1803. 3 亿元。轻纺工业发展较快，机械、化工、建材工业协调发展。银川地处宁夏平原中部，西倚贺兰山，东临黄河，是历史悠久的塞上古城，史上西夏王朝的首都，素有“塞上江南”的美誉。城西有著名的国家级风景区西夏王陵。

贺兰山与六盘山

贺兰山地处银川平原与阿拉善高原之间，是银川平原重要的生态屏障。南北绵延250千米，宽约30千米，海拔1600~3000米，最高峰敖包疙瘩3556米。植被垂直分带明显，自然环境复杂多样。贺兰山出产贺兰石，是雕刻我国名砚贺兰砚的原料。这里建有贺兰山国家级自然保护区。独特的位置、典型的山地生态系统、明显的垂直带、丰富的生物资源，使贺兰山成为我国北方干旱半干旱地区主要的天然物种基因库。当地的山地针叶林群落，蓝马鸡、岩羊、马麝、马鹿，都具有重要的保护意义。

六盘山地处宁夏南部黄土高原之上，绵延240多千米，由大小关山、马东山和月亮山三大支脉构成，主峰米缸山2942米。山势高峻，峡谷深邃，山路曲折，须经六重盘道才能到达山顶，六盘山因此得名。六盘山是我国黄土高原西部保存比较完整的山地森林系统，是泾河、清水河、葫芦河的发源地，森林繁茂，是我国西北典型的水源涵养林区，重要意义在于物种遗传基因库、森林涵养水源作用、气候调节功能。现建有国家级自然保护区。

西夏文明

西夏（1038—1227）是我国古代的一个王朝，是党项族首领李元昊于公元1038年建立的，当时统治着今宁夏、甘肃、陕西北部和内蒙古西部的广大地区，最后于1227年灭亡。天圣九年（1031），李元昊执掌政权，主张按照党项的文化和生产生活方式，战斗为先，兵马为务，建立具有鲜明民族特色的独立政权。公元1038年，李元昊正式称帝，年号“天授礼法年祚”，国号“大夏”，定都兴庆府（今银川）。兴庆府的设计，直接受到唐代长安和北宋东京的影响，城内居民约20万，城呈长方形，周十八里，宗教活动场所有承天寺、高台寺、戒坛寺、佛祖院等。1227年，西夏为成吉思汗所灭。西夏文字自成一体，由官方在短时期内创制并推广使用，属于字符文字，其骨架与汉字类似。西夏王陵、承天寺塔、拜寺口双塔、一百零八塔、昊王渠、灵武古瓷窑，都是西夏留下的故迹。

新时期宁夏发展要点包括：

第一，打造西部转型发展先行区。深化供给侧改革，实施传统产业提升、新兴产业提速、特色产业品牌、现代服务提档“四大工程”。宁夏大致上分为沿黄经济区和中南部经济区。沿黄经济区开发条件较好，为全国重要的能源化工、新材料基地，清真食品、穆斯林用品和特色农产品加工基地，区域性交通物流中心。中南部经济区主要是西海固、沙坡头以及中宁县山区，需要抓紧治理水土流失，加强农田基础设施建设，建设畜牧业商品基地，完善产前、产中、产后服务，同时还要加强生态移民，从根本上改善贫困群众的生产生活条件。

第二，打造全国脱贫攻坚示范区。聚焦深度贫困地区重点攻坚，以解决“五县一片”特殊贫困地区瓶颈问题为重点，培育一批产业扶贫示范村、龙头企业、合作社和致富带头人。现阶段重点抓好西海固地区的脱贫攻坚，重点培养其造血功能。积极发展特色农业，比如肉羊、奶、枸杞、葡萄酒、硒砂瓜、马铃薯、脱水蔬菜等行业。枸杞产业以中宁、银川、惠农、固原为核心。葡萄酒产业以银川、石嘴山、青铜峡、红寺堡为核心，倾力打造“御马”“西夏王”等品牌。硒砂瓜以中卫为核心。马铃薯生产以宁南黄土丘陵区为主体，推动马铃薯深加工产业。宁夏的文化以黄河文化、回族文化、西夏文化、丝路文化和边塞文化为特色，应以此为依托发展文化旅游业和观光旅游业。

第三，打造内陆开放型经济试验区。主动融入“一带一路”建设，最大限度用好内陆开放型经济试验区先行先试政策，营造国际化、法治化、便利化营商环境；发挥中阿博览会平台作用，推进陆上、空中、网上开放通道建设，打造丝绸之路经济带战略支点，构建多层次、宽领域、全方位开放发展新格局。发挥银川都市圈龙头作用。建设银川国际空港综合枢纽。完善黄河宁夏段防洪工程，推进黄河水资源共享共治。常态化运行银川至德黑兰国际货运班列，争取开通直达沿海港口的特需班列。

第四，大力实施创新驱动战略。开展创新发展、节能降耗、降本增效等专项行动，打造智能制造示范引领区，带动新材料、装备制造、节能环保等新兴产业做强做大。大力实施焦炭制烯烃、石墨烯储能材料等优势产业项目，银西高铁、银川集中供热等基础设施项目。坚持绿色兴农，加快农业由增产导向转向提质导向，集中打造贺兰山东麓葡萄酒、宁夏大米、中宁枸杞、盐池滩羊、灵武长枣等农产品品牌。

第五，开展国土绿化行动。统筹抓好“护山、治水、造林、养田、蓄湖、育草、固沙”工作，建设北部平原绿洲、中部干旱带防风固沙、南部山区绿岛三大生态系统，城市绿地率达到 40%，森林覆盖率达到 16%，构筑祖国西部生态安全屏障。巩固天然林保护、禁牧封育、防沙治沙等成果，实施三北防护林、平原绿网提升等生态工程。采取得力措施，重点治理干旱、沙尘暴、雪灾、草原病虫害等灾害。

十一、新疆维吾尔自治区

新疆维吾尔自治区简称新，位于我国西北边陲，首府乌鲁木齐。它是中国陆地面积最大的省级行政区，土地面积 166 万平方千米。地处亚欧大陆腹地，陆地边境线 5600 多千米，是古丝绸之路的重要通道，现为第二座“亚欧大陆桥”必经之地。居住有维吾尔、汉、哈萨克、回、蒙古、柯尔克孜、锡伯、塔吉克、乌兹别克、满、达斡尔、塔塔尔、俄罗斯等民族。1955 年 10 月 1 日成立新疆维吾尔自治区，辖 14 个地、州、市，89 个县（市）。2017 年全区常住人口 2445 万，城镇化率 49. 38%，完成地区生产总值 10882 亿元，人均地区生产总值 44941 元，三次产业结构 14. 3：39. 8：45. 9。乌鲁木齐地窝堡国际机场现为我国第四大国际航空港。

新疆古称西域。西汉中央政府在西域设置地方政府机构。公元前 60 年，西汉中央政权设立西域都护府。西汉时期，西域的农作物，如胡麻、蚕豆、石榴、大蒜、葡萄、苜蓿等相继传入内地，大宛马、乌孙马以及各种毛皮也输入中原。中原的丝绸也传入西域并西传欧洲。

地形大势可概括为“三山夹两盆”：北部阿尔泰山，南部昆仑山，天山横亘中部；南部是塔里木盆地，北部是准噶尔盆地。天山以南为南疆，天山以北为北疆，哈密、吐鲁番盆地为东疆。气候属温带大陆性气候，气温温差较大，日照时间充足，降水量少，气候干燥。主要河流有塔里木河、伊犁河、额尔齐斯河。主要湖泊有博斯腾湖、喀纳斯湖、赛里木湖、艾比湖、艾丁湖等。全区最低点吐鲁番艾丁湖低于海平面 155 米。较大的沙漠有塔克拉玛干沙漠、古尔班通古特沙漠、库姆塔格沙漠。塔克拉玛干沙漠是我国最大的沙漠，是世界上著名的极度干旱地带。新疆是典型的内流区域，除额尔齐斯河流入北冰洋外，其余河流都注入内陆的湖泊，或消失在大漠中。湖泊多为内陆湖，含盐量高。高山冰川和雪峰分布普遍，水资源储量丰富，是多数河流的主要补给来源。

塔里木河是我国最长的内陆河，全长 2179 千米，流域位于新疆南部，地处暖温带干旱区，流域内土地资源、光热资源、石油天然气资源非常丰富，作为国家级棉花与农业基地、能源战略接替区和石油化工基地。塔里木河流域气候干旱，对水资源不合理利用，以及盲目开垦、乱砍滥伐、超载过牧等的影响，致使天然植被衰退、土地荒漠化和土壤盐渍化。对塔里木河流域进行综合整治，要点包括：实现流域水资源的统一管理；推广节水灌溉新技术；改善河道条件，优化输水路径；贯彻节水优先、治污为本的原则，优化流域产业和城镇布局。

新疆矿产资源丰富，优势矿产有石油、天然气、煤、金、铬、铜、镍等。新疆的三大油田为克拉玛依油田、塔里木油田、吐哈油田，新疆的九大煤田为准东、准西、准南、三塘湖、吐哈、伊犁、尤鲁吐司、焉耆、塔北。新疆风能资源非常丰富，大风区如阿拉山口风区、达坂城风区、哈密南北戈壁风区、吐鲁番西部风区。

新疆的粮食作物主要是小麦、水稻和玉米，主要产区是伊犁河谷、塔城—博乐、阿克苏等。新疆是我国长绒棉主产地，现已形成叶尔羌河流域、塔里木河中下游地区、准噶尔盆地南缘三大优质棉产业带。新疆是重要的甜菜产地，甜菜含糖量高，石河子—呼图壁为主产区。细毛羊基地在伊犁、塔城、博乐等地，肉羊基地在阿勒泰和巴州的和静县，羔皮羊基地在阿克苏。养马业基地主要在伊犁河谷、焉耆盆地和巴里坤盆地。

新疆工业发展较快。能源工业是新疆的支柱产业。现已建成五大炼油厂，即克拉玛依、独山子、乌石化、中石化库车、泽普石化。新疆纺织业实力较强，现已形成棉纺织、毛纺织、丝绸、针织、化纤、麻纺、服装等门类比较齐全、布局相对合理的纺织工业体系。八一钢铁集团、八一钢铁股份有限公司具备一定生产规模。此外，铝、铜、锂、铍均形成了一定的生产规模。特色产业主要有酿酒、罐头、饮料、乳制品、日用化工、香精香料、宝玉石加工、制糖、民族用品等。

乌鲁木齐是新疆维吾尔自治区首府，全疆政治、经济、文化、科教和交通中心。市域面积 14216.3 平方千米，辖 7 区、1 县。“乌鲁木齐”是蒙古语，意为“优美的牧场”。2017 年人口有 223 万，完成地区生产总值 2743.8 亿元。它是我国西部桥头堡和中国向西开放的重要门户，同时也是中亚五国第一大城市。地处亚欧大陆中心，天山山脉中段北麓，准噶尔盆地南缘。著名景点有国际大巴扎、汗腾格里清真寺、红山、水磨沟、一号冰川等。机场有乌鲁木齐地窝堡国际机场。拥有中国科学院新疆分院、新疆大学等机构。

伊宁市位于自治区西北部，是伊犁哈萨克自治州首府，新疆主要的边界城市。特产如伊犁马、花帽、莫合烟等。伊宁是伊犁主要的物资集散地和商贸中心，是国家历史文化名城，著名景点有伊犁将军府、陕西大寺、拜都拉大寺、火龙洞、伊犁草原、伊犁河等。

吐鲁番市位于天山东部山间盆地。吐鲁番盆地西起阿拉山沟口，东至七角井峡谷西口，东西长 245 千米。盆底艾丁湖水面，低于海平面 155 米，是我国最低的盆地。气候属独特的暖温带大陆性干旱荒漠气候，7 月气温甚高。现有国家 5A 级景区 1 处、4A 级景区 1 处、国家级重点文物保护单位 9 处。市郊有著名城市遗迹高昌古城和交河故城。

阿拉山口市位于阿拉套山与巴尔鲁克山之间，北邻哈萨克斯坦，南依艾比湖。1990 年 6 月，国务院批准设立阿拉山口口岸；2012 年 12 月，国务院批准设立阿拉山口市。全市总人口 4 万，辖艾比湖镇和阿拉套街道办事处，是丝绸之路经济带的重要门户。这里属极端干旱的温带荒漠气候，日照时间长，年平均 8 级以上大风 166 天。该市已发展成为集铁路、公路、管道、航空于一体的国际商贸口岸。

天 山

天山呈东西走向，在我国境内绵延 1700 千米，占地 57 万多平方千米。天山把新疆大致分成两部分：南边是塔里木盆地，北边是准噶尔盆地。锡尔河、楚河和伊犁河都发源于天山。最高峰托木尔峰海拔 7435 米，博格达峰海拔 5445 米。天池是由古代冰川和泥石流堵塞河道而形成的高山湖泊。湖面海拔 1900 米，长 3300 米，湖泊最大深度 104 米，清澈的湖水倒映着青山雪峰，风光旖旎，宛若仙境。

胡 杨

胡杨是落叶中型天然乔木，直径可达 1.5 米，木质纤细柔软，树叶阔大清香。其耐旱耐涝，生命顽强，是自然界稀有的树种之一。胡杨树龄可达 200 年，树干通直，高 10~15 米，稀灌木状。树叶奇特，因生长在极旱荒漠区，为适应干旱环境，生长在幼树嫩枝上的叶片狭长如柳，大树老枝条上的叶却圆润如杨。能忍受荒漠中干旱的环境，对盐碱有极强的忍耐力。胡杨是温带大陆性气候条件下的树种，喜光、抗热、抗大气干旱、抗盐碱、抗风沙。世界上绝大部分胡杨生长在中国，而中国 90%以上的胡杨又生长在新疆塔里木河流域。

新时期新疆维吾尔自治区发展要点包括：

第一，培育壮大特色优势产业。构建具有新疆特色的现代产业体系。把推进农业产业化经营、发展农副产品精深加工作为主攻方向，促进多种形式适度规模经营，延长产业链条、提高产品档次，打造集生产、保鲜、储运、加工、销售为一体的全产业链，切实解决农产品“仓储难”“销售难”、价格低等问题。积极发展绿洲特色农业，构建高水平的商品棉、商品粮、糖料和水果基地，开发核桃、石榴、哈密瓜、葡萄、香梨、杏等优质果品。

第二，推动工业转型升级。积极推进煤、电、化等上下游产业一体化经营，发展现代煤化工产业，推动石油石化、冶金建材、轻工食品、机械制造、民族医药等传统产业提高产品技术、工艺装备、能效环保等水平。推动先进装备制造、节能环保、电子产品、金属加工、硅基新材料等战略性新兴产业发展，扩大新能源装备、输变电装备、特色农牧机械等产业优势，加快制造业向数字化、网络化、智能化、绿色化转变。扶持和优先发展以纺织服装产业、电子组装、民族手工业为代表的劳动密集型产业。

第三，大力推行全域旅游发展模式，完善旅游基础设施，做优精品路线，提升旅游品质，打造特色品牌。加快丝绸之路经济带创新驱动发展试验区、“乌昌石”国家自主创新示范区建设。把新疆划分为乌鲁木齐、北疆、南疆、东疆四大旅游区。乌鲁木齐旅游区以天池、南山、昌吉、吐鲁番为重点。北疆旅游区重点建设好喀纳斯—那拉提生态旅游、伊犁塞外江南、赛里木湖高山湖泊等观光旅游区。南疆旅游区突出喀什民俗风情、阿克苏龟兹文化旅游、巴州大漠生态与特种旅游、和田美玉之都旅游。东疆旅游区做大做强哈密旅游区，以哈密回王府、巴里坤古城、东天山白石头景区为重点。

第四，建设天蓝地绿水清的美丽新疆。严格执行能源、矿产资源开发自治区政府“一支笔”审批制度、环境保护“一票否决”制度，落实最严格的生态保护制度和空间用途管制制度、最严格的耕地保护和水资源管理制度。加快库鲁斯台等重大生态修复工程建设，扎实推进艾比湖流域水环境综合治理专项工作。加大“乌昌石”“奎独乌”等重点区域大气污染同防同治力度。

第五，进一步扩大开放。建设中欧（中亚）班列集结中心和乌鲁木齐铁路口岸、多式联运海关监管中心、综合保税区，打造乌鲁木齐国际陆港区和临空经济区，努力实现中欧（中亚）班列运营规模化、高效化、常态化。积极参与中巴、中蒙俄经济走廊建设，推动乌鲁木齐、喀什、阿拉山口综合保税区和中哈霍尔果斯国际边境合作中心规范运营，大力推进乌鲁木齐跨境电商综合试验区建设，支持塔城加快完善开发开放试验区总体方案，做好中哈霍尔果斯国际边境合作中心跨境人民币创新业务试点。工作重点主要是：加强政府宏观调控作用；推进全方位、多层次、宽领域的对外开放；探索不同模式和层次的口岸建设；组建中亚次区域经济圈。

十二、西藏自治区

西藏自治区简称藏，位于中国青藏高原西南部，南与缅甸、印度、不丹、尼泊尔等国毗邻，西与克什米尔地区接壤，陆地国界线 4000 多千米，土地面积 120.2 万平方千米，平均海拔在 4000 米以上，素有“世界屋脊”之称。辖 4 个地级市、3 个地区，4 个市辖区、72 个县。西藏以雄伟瑰丽的自然风光闻名于世。其主要宗教有雍仲本教、藏传佛教、民间宗教等。

公元 7 世纪初，吐蕃王朝建立。唐贞观十五年（641），唐太宗把文成公主嫁给松赞干布。文成公主入吐蕃，密切了汉藏之间的交流联系。元代西藏纳入我国中央政府的直接管辖之下。明朝承袭了元朝的划置方式。清朝循历史定例在西藏行使主权。1652 年，藏传佛教格鲁派五世达赖喇嘛应召到北京觐见清世祖顺治皇帝，次年受到清朝正式册封。五世班禅受到康熙皇帝的册封。1727 年，雍正皇帝设立驻藏大臣处理西藏事务。《中华民国临时约法》规定：西藏是中华民国 22 行省之一。1951 年 5 月 23 日，西藏和平解放。1965 年 9 月 1 日成立西藏自治区。

西藏是藏族文化的发祥地，悠久的历史为西藏奠定了深厚的文化底蕴，确立了西藏作为藏族文化中心的地位。藏族的建筑、雕塑、绘画、舞蹈、藏医藏药都达到了很高的水准。藏传佛教历史悠久，内涵丰富，是博大精深的西藏文化的主要组成部分。

西藏地势由西北向东南倾斜，地形区分为喜马拉雅山区、藏南谷地、藏北高原、藏东高山峡谷区。西藏拥有巨大的高原山系，构成地形的基本骨架。主要山系有喜马拉雅山系、冈底斯—念青唐古拉山系、喀喇昆仑—唐古拉山系、昆仑山系。藏北高原包括昆仑山以南、冈底斯山以北的广大地区，东西长 1000 千米，南北宽 700 千米，高原上分布有许多湖泊。气候复杂多样，具有西北严寒干燥、东南温暖湿润的特点。空气稀薄，太阳辐射强，日照长。气温偏低，降水偏少，各地差异明显。西藏是我国生态环境的重要屏障，是我国乃至南亚、东南亚重要的生态源。较大湖泊如纳木错、羊卓雍湖、玛旁雍错、班公湖。纳木错是世界上海拔最高的大湖，湖面海拔 4178 米，湖泊面积 1920 平方千米，湖水主要依靠冰雪融水和降水补给，湖水水温成层分布现象明显。优势矿种有铜、铬、硼、锂、铅、锌、金、锑、铁、地热、矿泉水等。西藏水能资源约占全国三成，以雅鲁藏布江、金沙江相对丰富。由于地质构造特殊，气候复杂多变，西藏多地震、暴雨、雪崩、泥石流、山洪、雪灾等自然灾害。

雅鲁藏布江是世界上海拔最高的大河之一，发源于喜马拉雅山北麓杰马央宗冰川，上游称马泉河，由西向东横贯西藏南部，绕过喜马拉雅山脉最东端的南迦巴瓦峰转向南流，经巴昔卡出中国境。它全长 2840 千米，流域面积 93.5 万平方千米，在中国境内长 2057 千米，流域面积 24.6 万平方千米。它水能蕴藏量丰富，在我国南段地区形成巨大谷地，是重要的青稞产地。进入印度后称布拉马普特拉河，是重要的茶叶产地。雅鲁藏布江大峡谷是世界第一大峡谷。国家将雅鲁藏布江及其支流拉萨河、年楚河的“一江两河”工程开发列入国家重点建设项目。

2017 年西藏人口为 337 万，城镇化率 30.9%，完成地区生产总值 1311 亿元，人均地区生产总值 39267 元，三次产业结构为 9.4 : 39.2 : 51.4。全年接待旅游者 2561.43 万人次，其中国内旅游者 2527.08 万人次，入境旅游者 34.35 万人次，旅游总收入 379.37 亿元。随着青藏铁路、林芝机场等一系列重点工程的建设，以拉萨为中心，有山南地区、林芝地区、日喀则地区等构成的经济区逐渐形成。

西藏农业以牧为主，农牧并重，具有独特的高原农业特色。农作物主要有青稞、小麦、玉米、油菜、豆类。牲畜以牦牛、藏绵羊、藏山羊、黄牛为主。矿业以铜、铅锌、铬、金为多。工业以医药业和矿业为支柱，已建立起能源、轻工、纺织、机械、森工、建材、化工、制药、印刷、食品等工业门类。藏药是在广泛吸收中医药学、印度医药学、大食医药学的基础上，经过漫长实践所形成的独特医药体系。

拉萨是自治区首府，西藏的政治、经济、文化和宗教中心。拉萨多晴朗天气，全年日照时间在 3000 小时以上，素有“日光城”的美誉。拉萨以风光秀丽、历史悠久、风俗民情独特、宗教色彩浓厚而闻名于世。拥有纺织、皮革、塑料、火柴和织毯等产业。2017 年人口有 54 万，完成地区生产总值 479.3 亿元。贡嘎机场位于山南地区贡嘎县甲竹林镇，雅鲁藏布江南岸，海拔 3600 米，可供波音 747、空中客车等大型飞机起降。拉萨古迹名胜众多，布达拉宫、大昭寺和罗布林卡被列为世界文化遗产。主要景点有哲蚌寺、色拉寺、小昭寺、宗角禄康、藏王陵、西藏博物馆、药王山等，主要商业区有八廓街、宇拓路步行街。

布达拉宫

坐落在拉萨玛布日山上，是世界上海拔最高，集宫殿、城堡和寺院于一体的宏伟建筑，也是西藏最庞大、最完整的古代宫堡建筑群。布达拉宫海拔3700米，占地36万平方米，建筑面积13万平方米，主楼高117米，共13层，其中宫殿、灵塔殿、佛殿、经堂、僧舍、庭院等一应俱全，全部为石木结构。东部白宫为达赖喇嘛居住场所，中部红宫为佛殿及历代达赖喇嘛灵塔殿。宫殿依山垒砌，群楼重叠，是藏式古建筑的杰出代表。

布达拉宫是为松赞干布迎娶尺尊公主和文成公主而建。1645年布达拉宫重建后，成为历代达赖喇嘛冬宫居所，以及重大宗教和政治仪式举办地，也是供奉历世达赖喇嘛灵塔之地。1994年12月，联合国教科文组织将其列为世界文化遗产。

它拥有极为丰富的历史文物，包括释迦牟尼舍利子、2500余平方米的壁画、近千座佛塔、上万座塑像、上万幅唐卡，还有贝叶经、甘珠尔经等珍贵经文典籍，明清皇帝封赐达赖喇嘛的金册、金印、玉印以及大量的金银珠宝。宫内设置8座灵塔，最大为达赖五世灵塔，耗费黄金3721公斤，镶嵌上万颗宝石。

日喀则位于青藏高原西南部，与尼泊尔、不丹、印度等国接壤，平均海拔4000米以上，建城已有600多年历史，是西藏第二大城市。南北地势较高，其间为藏南高原和雅鲁藏布江流域，基本上由高山、宽谷和湖盆组成。著名景点有珠穆朗玛峰、羊卓雍湖、扎什伦布寺、白居寺、萨迦寺。在日喀则，8000米以上的山峰有5座，即珠穆朗玛峰、洛子峰、马卡鲁峰、卓奥友峰、希夏邦玛峰。扎什伦布寺是日喀则最大的寺庙，为四世之后历代班禅驻锡之地，是全国黄教六大寺院之一。樟木口岸是我国通向尼泊尔的最大口岸。

珠穆朗玛峰

位于喜马拉雅山中段，海拔8844.43米，是世界第一高峰。整个山体呈金字塔状，地形险峻复杂，天气恶劣多变。北坡雪线高度5800~6200米，南坡5000~6100米，南北垂直带差异明显。珠穆朗玛峰具有明显的垂直地带性，以南坡为例，海拔1000米以下为低山季雨林带，海拔1000~2500米为山地常绿阔叶林带，海拔2500~3100米为山地针阔混交林带，海拔3100~3900米为山地暗针叶林带，海拔3900~4700米为山地森林带，海拔4700~5000多米为高山草甸带，再往上则为永久积雪带。1988年，国家设立日喀则地区珠穆朗玛峰国家级自然保护区。绒布寺是世界上最高的寺庙，海拔5800米，作为从北坡攀登主峰的大本营。目前，珠峰地区的生态环境保护得到各方面的充分重视，并演化为各种实际行动。

新时期西藏自治区发展要点包括：

第一，积极融入“一带一路”。主动对接孟中印缅经济走廊，打通向南亚开放的重要通道。推进中尼跨境经济合作区建设，扩大与尼泊尔的贸易和旅游交流。推进以拉萨为中心，辐射山南、林芝、日喀则、那曲的3小时藏中经济圈建设，协调推进昌都、阿里发展。推进吉隆口岸和普兰、亚东、樟木、日屋—陈塘、里孜等口岸以及乃堆拉、吉太等通道边贸市场建设。

第二，大力发展特色产业。推动青稞增产、牦牛育肥工作，加快推进旅游文化、清洁能源、净土健康、天然饮用水、绿色建材等特色产业发展。围绕全域旅游，打造“人间圣地·天上西藏”品牌。推动高原生物产业快速发展，主要是绿色农牧业、藏药产业、高原健康生物制品、天然饮用水。

第三，推动特色旅游文化产业全域发展。根据旅游资源的地理特征、人文特点、可进入性、接待能力，西藏旅游大致上可划分为中部旅游区、茶马古道旅游区、藏西古文化生态旅游区和北部游牧文化旅游区。突出特色高端精品方向，打造特色景点景区；拓宽进出藏通道；推进旅游与特色文化深度融合。积极打造色林错、阿里大峡谷、易贡等核心景区。

第四，推进生态环境保护。启动实施“两江四河”造林绿化工程。建立区、市、县、乡四级河长制，全面落实大气、水、土壤污染防治，使生物多样性得到有效保护。节约集约利用水、土地、矿产等资源，严控能源资源消耗强度和温室气体排放，发展循环经济。严禁“三高”项目进入西藏，继续实行矿产资源“一支笔”审批和环境保护“一票否决”制度。加强自然保护区建设和管理，推进地球第三极国家公园建设。实施山水林田湖草系统治理。

第五，着力推进固边稳藏工程。坚持屯兵与安民并举、固边与兴边并重，扎实推进兴边富民，增加边境地区路网密度和通达深度，开工建设日喀则至吉隆口岸铁路。稳妥推进边境地区水电开发，确保边境地区用电人口全覆盖。大力实施“互联网+”边境发展计划，高质量完成628个边境小康村建设任务。大力发展数字经济，推进数字西藏建设。

第七章　建设海洋强国

海洋是地球上广阔水体的总称，边缘部分称作海，中心部分称作洋，共同组成统一的水体。全球海洋总面积 3.6 亿平方千米，占地球表面积的 71%。平均水深 3795 米，最深处马里亚纳海沟深达 11034 米。全球海洋中含有 13.5 亿立方千米的水，约占地球总水量的 97%。

地球四大洋为太平洋、大西洋、印度洋、北冰洋。太平洋、大西洋和印度洋分别占地球海洋总面积的 46%、24%和 20%。重要的边缘海多分布于北半球，它们部分为大陆或岛屿包围。海洋从一般深 100~200 米的大陆棚坡折处开始，大陆坡一路降为广阔的深海平原。每个大洋都有自身独特的洋流和潮汐系统。

海的面积约占海洋的 11%，水深较浅，平均深度从几米到两三千米。海邻近大陆，海水的温度、盐度、颜色和透明度，都受陆地、河流和气候的影响，有明显的季节变化。海分为边缘海、内陆海和地中海。

海水含有 3.5%左右的盐，大部分是氯化钠，还有少量的氯化镁、硫酸钾、碳酸钙等。

世界海底石油储量约 1300 亿吨。中国有浅海大陆架近 200 万平方千米，先后发现了渤海、南黄海、东海、珠江口、北部湾、莺歌海、台湾浅海等储油盆地，东海、南海石油蕴藏丰富。

重要的边缘海多分布于北半球，如地中海、加勒比海、白令海、鄂霍次克海、黄海、东海、日本海等。海洋的主要特征包括温度、盐度和密度，它们决定了海水的性质和运动。

我国海洋石油天然气资源

根据2015年全国油气资源评价，我国石油地质资源量1257亿吨，其中陆上占比81.0%，资源量1018亿吨；近海占比19.0%，资源量239亿吨。我国天然气地质资源量90.3万亿立方米，其中陆上占比76.9%，资源量69.4万亿立方米，近海占比23.1%，资源量20.9万亿立方米。目前，我国海洋石油工业勘探开发的海上油田水深普遍小于300米，大于300米水深的油气勘探开发处于起步阶段。

（1）渤海油气盆地面积8万平方千米，沉积厚度达10000米以上，是油气资源比较丰富的海域。（2）南黄海油气盆地面积10万平方千米，是中、新生代沉积盆地，分南、北两个坳陷，石油储量较为丰富。（3）东海油气盆地面积46万平方千米，是白垩纪—第三纪形成的大型含油气盆地，油气储量为40亿~60亿吨。（4）南海油气资源极为丰富，整个南海盆地群石油地质资源量约为230亿~300亿吨，天然气约16万亿立方米，占我国油气总资源量的1/3，其中70%蕴藏在154万平方千米的深海区域。南海深水区油气资源的勘探开发具有高技术、高成本、高风险的特点，尤其是受到台风的制约。深水区一口钻井费用在3000万~6000万美元之间。

一、中国的海洋

我国地处太平洋西岸，是世界上重要的海洋大国。我国沿海岛屿众多，海岸线曲折漫长，领海总面积约300万平方千米。我国是一个海陆兼备的国家，海疆辽阔，濒临太平洋与边缘海。根据1994年11月16日生效的《联合国海洋法公约》规定和我国政府的主张，我国在“四海一洋”所辖海域面积达300万平方千米，相当于陆地面积的近1/3。

1. 渤海

是中国的内海，以辽东半岛南端老铁山角经庙岛群岛，至山东半岛北端蓬莱角一线与黄海分界。渤海三面环陆，在辽宁、河北、山东、天津之间。渤海通过渤海海峡与黄海相通。渤海海峡口宽59海里，有30多个岛屿，较大者如南长山岛、砣矶岛、钦岛、皇城岛，总称庙岛群岛。

渤海由北部辽东湾、西部渤海湾、南部莱州湾、中央浅海盆地和东部渤海海峡五部分组成。面积 77284 平方千米，平均水深 18 米，最大水深 85 米。大陆海岸线长 2668 千米。渤海是我国最大的盐业生产基地，著名海盐产区如长芦、辽东湾、莱州湾。

渤海沿岸江河纵横，其中莱州湾沿岸 19 条，渤海湾沿岸 16 条，辽东湾沿岸 15 条，形成渤海沿岸三大水系和三大海湾生态系统。入海河流每年携带大量泥沙堆积于三个海湾，形成辽河口三角洲湿地、黄河口三角洲湿地、海河口三角洲湿地。湿地生物种类繁多，盛产芦苇。

渤海海洋动物和植物 170 种以上，有各种鱼类，哺乳类的海豹，软体动物乌贼和鱿鱼，甲壳类虾和蟹，棘皮动物海参，腔肠动物海蜇，海绵类和海藻类有海带、紫菜、石花菜等。环渤海有 13 个城市。随着海洋资源的开发利用，渤海的资源环境受到较大的破坏，水质严重恶化，海岸带污染明显，生态系统弱化，赤潮、富营养化现象突出。

渤海海峡跨海通道建设方案

2010 年 1 月，渤海海峡跨海通道工程论证工作正式启动，由国家发改委牵头组织研究。2013 年 8 月，渤海海峡跨海通道方案定稿，以中国工程院的名义上报国务院。2015 年 1 月，国家发改委同意在编制“十三五”规划时把渤海跨海通道统筹考虑并予以支持。

从建设方案来看，跨海通道设计长度 123 千米，连接辽宁大连与山东烟台，项目投资 2500 亿~3000 亿元。通道建成后，从大连到烟台仅需 40 分钟。国家规划修建中国沿海大铁路，长 5700 千米，从黑龙江同山到海南三亚，其间需要经过渤海海峡。

从烟台蓬莱到大连旅顺直线距离 106 千米，乘船需要 6~8 个小时，并且每年有 1 个多月因风浪影响不能通航。因渤海海峡阻隔，陆路交通需要绕道 1800 多千米。该工程的建设，使环渤海由原来的 C 形环绕运输变为 I 形直达运输，渤海经济圈与胶东乃至长三角经济圈紧密结合，对东北振兴、东部腾飞意义重大。

2. 黄海

黄海是太平洋西部的边缘海，位于中国大陆与朝鲜半岛之间，是一个近似南北向的半封闭浅海。长江口北岸启东角与济州岛西南角的连线，是黄海与东海的分界线。黄海平均水深 44 米，最大水深在白翎岛西南侧，为 86 米。海底平缓，为东亚大陆架的一部分。从胶东半岛成山角到朝鲜长山串之间海面最窄，以此为界将黄海分为北黄海和南黄海两部分。黄海面积 38 万平方千米，其中北黄海 7. 1 万平方千米，南黄海 30. 9 万平方千米。

注入黄海的主要河流有淮河、鸭绿江、大同江、汉江等，主要沿海城市有中国连云港、盐城、南通、日照、青岛、烟台、威海、大连、丹东，朝鲜的新义州、南浦，韩国的仁川等。

黄海海水温度为 15~24 ℃，水温年变化小于渤海，海水盐度较低，为 32‰。受季风影响，黄海冬季寒冷干燥，夏季温暖潮湿。主要经济鱼类有小黄鱼、带鱼、鲐鱼、鲅鱼、黄姑鱼、鳓鱼、太平洋鲱鱼、鲳鱼、鳕鱼等，还有金乌贼、枪乌贼等头足类和鲸类中的小鳁鲸、长须鲸和虎鲸。

山东半岛蓝色经济区是我国第一个以海洋经济为主题的经济区，是推进陆海统筹、发展海洋经济的示范区。其范围包括山东沿海六市两县，海域面积 15. 95 万平方千米，陆域面积 6. 4 万平方千米。该经济区以青岛为龙头，以海洋产业为支撑，积极创建海洋生态文明示范区。

3. 东海

长江口北岸启东角与朝鲜济州岛一线以南，南以南海为邻。广东南澳岛与台湾岛南端鹅銮鼻的连线是东海与南海的分界线。东海海域面积 77 万平方千米，平均水深 349 米，在台湾东北侧最深，达 2322 米。海水温度为 20 ℃ ~24 ℃，年温差 7 ℃ ~9 ℃。东海水温和盐度均比较高，潮差 6~8 米，海水呈蓝色。周边国家有中国、日本等。流入东海的河流有长江、钱塘江、瓯江、闽江、浊水溪等。

东海大陆架蕴藏有丰富的石油资源。1974 年起我国在此勘探，陆续发现了许多油气田，比如春晓、平湖、残雪、断桥、天外天等油气田，探明的天然气储量逾 700 亿立方米。

日本暖流（黑潮）在台湾东侧洄流北上至日本列岛，其中一分支即台湾暖流在巴士海峡进入台湾海峡后北上进入东海，另一分支即黄海暖流进入东海北部，并影响到黄海。

东海大陆棚海底平坦，水质优良，多种水团在此交汇，是良好的渔场，盛产大黄鱼、小黄鱼、带鱼、墨鱼等。舟山群岛附近的渔场是世界著名渔场之一。

我国沿海岛屿约60%分布在东海，比如台湾岛、舟山群岛、澎湖群岛、钓鱼岛等。东海海湾以杭州湾为最大。东海优良港湾很多，如上海港、宁波港、舟山港、温州港、南澳港、基隆港、汕头港等。

舟山群岛是我国第一大群岛，岛屿众多，陆域面积1371平方千米，最大的舟山岛面积为502.65平方千米，为我国第四大岛。舟山群岛与上海、杭州唇齿相依，是东部沿海和长江流域走向世界的主要门户。舟山群岛海运条件优越，宁波—舟山港现为世界上货物吞吐量最大的海港。2009年12月，舟山跨海大桥通车，标志着舟山与国家高速公路网连成整体。2011年6月，国家设立浙江舟山群岛新区。这是我国第一个以海洋经济为主题的国家新区。

钓鱼岛及其附属岛屿位于台湾岛东北侧，是台湾的附属岛屿，由钓鱼岛、黄尾屿、赤尾屿、南小岛、北小岛、南屿、北屿、飞屿等岛礁组成，总面积5.69平方千米。钓鱼岛及其附属岛屿自古以来就是中国的神圣领土。1992年，我国颁布《中华人民共和国领海及毗连区法》，明确规定“台湾及其包括钓鱼岛在内的附属各岛”属于中国领土。

4. 南海

南海位于中国大陆南方，属太平洋西部海域，海域面积350万平方千米，其中中国领海面积210万平方千米，为中国近海中面积最大、水最深的海区，平均水深1212米，最大深度5559米。南海南北长2000千米，东西宽1000千米，北起广东省南澳岛与台湾岛南端鹅銮鼻一线，南至加里曼丹岛、苏门答腊岛，西依中国大陆、中南半岛、马来半岛，东抵菲律宾，通过海峡或水道东与太平洋相连，西与印度洋相通，是一个东北—西南走向的半封闭海。南海是东亚通往南亚、中东、非洲、欧洲的重要航道，具有十分重要的战略地位。

南海岛屿众多，属于我国领土的有南沙群岛、东沙群岛、西沙群岛、中沙群岛。东沙群岛位居广东省陆丰市、海南岛、台湾岛及菲律宾吕宋岛的中间位置。西沙群岛为南海诸岛中最西的一群，处于东沙群岛、海南省、中沙群岛、南沙群岛之间。中沙群岛位于南海中部海域，是南海诸岛中位置居中的一群。南沙群岛位于南海南部，北起雄南礁，南至曾母暗沙，是南海最南的一组群岛。2012年6月21日，国务院批准设立海南省三沙市，管辖西沙群岛、中沙群岛、南沙群岛的岛礁及其海域。

南海热带海洋性气候显著，春秋短，夏季长，空气湿润，雨量充沛，但台风活动相对频繁。南海主要海流有季风海流、黑潮暖流、上升流和潮流等。

南海石油天然气资源、海岛旅游资源丰富，是我国主要的珊瑚礁、红树林、海草床等热带生态系统的分布区。南海石油资源丰富，含油盆地有十余个，面积85.24万平方千米，石油储量230亿~300亿吨，天然气储量20万亿立方米。南海海底蕴藏有大量的可燃冰，多金属锰结核矿也很丰富。南海诸岛磷矿厚10~100厘米，总储量约200万吨，以东沙群岛、中沙群岛、西沙群岛为多。

中国人民在南海的活动已有2000多年的历史。中国最早发现、命名和开发利用南海诸岛及相关海域，最早并持续、和平、有效地对南海诸岛及相关海域行使主权和管辖，确立了在南海的领土主权和相关权益。中国在南海的领土主权和海洋权益包括：一是中国对南海诸岛，包括东沙群岛、西沙群岛、中沙群岛和南沙群岛拥有主权；二是中国南海诸岛拥有内水、领海和毗连区；三是中国南海诸岛拥有专属经济区和大陆架。

三沙市

隶属海南省，现辖西沙群岛、中沙群岛、南沙群岛的岛礁及其海域，政府驻地西沙永兴岛，是2012年设立的新行政区。它是我国位置最南、海域面积最大、陆地面积最小、人口最少的地级市。陆地面积约10平方千米，海域面积约200万平方千米。人口约1500人。在永兴岛建有机场。著名景点有西沙海洋博物馆、西沙将军林、收复西沙纪念碑等。

西沙群岛是三沙市位置最北的群岛，主体部分为永乐群岛与宣德群岛。中沙群岛位于西沙群岛东南部，多为环礁、暗沙，黄岩岛是唯一高潮时露出海面的岛屿。南沙群岛是三沙市位置最南、分布最广的群岛，主要分为东、南、西三群。气候属热带海洋气候。海洋动物品种繁多，水产品如珠贝、海螺、鲍鱼、海参、海胆、龙虾、海龟、玳瑁、抹香鲸等。岛屿陆生动物主要是海鸟类，有鲣鸟、鹭、鸥、军舰鸟等60多种。三沙海域石油资源丰富。

三沙热带海岛风光绮丽。地貌景观全部由珊瑚礁地貌构成，分为岛屿、沙洲、礁、暗滩、暗沙等类型。永乐环礁的海洋蓝洞“三沙永乐龙洞”是目前世界最深的海洋蓝洞。甘泉岛唐宋居住遗址为中国最南端的国家级重点文物保护单位。

5. 台湾海峡

台湾海峡是福建省与台湾省之间连通南海、东海的海峡。北起台湾省台北县富贵角与福建省福州平潭岛连线，南至福建漳州东山岛与台湾鹅銮鼻连线。以大陆架为主，水深 70 米。海峡的岛屿，除靠近福建的沿海岛屿外，还有澎湖群岛和台湾屏东小琉球岛。

台湾海峡属于东海，呈东北—西南走向，长 370 千米。北窄南宽，北口宽约 200 千米，南口宽约 410 千米，最窄处在台湾岛白沙岬与福建海坛平潭岛之间，约 130 千米。其总面积约 8 万平方千米。台湾海峡具有突出的航运价值，也是我国进口石油的重要通道。

澎湖岛与台湾岛之间为澎湖水道，长 65 千米，宽 46 千米，系地壳断裂形成的峡谷，水深由北部 70 米向南渐深至 160 米，海峡最深处可达 1000 米，连通南海海盆。

澎湖列岛位于海峡南部，由 64 个岛屿和许多礁石组成，岛屿总面积 127 平方千米，为火山喷出熔岩凝结形成的玄武岩台地，最高海拔 79 米。

台湾海峡有寒暖洋流交汇，是重要的渔场。以鲯、鲨、鱿、鲷、鲔、鲻、虱目为多，其中鲯、鲔、鲨为这里的三大渔产。

6. 琼州海峡

琼州海峡地处广东省雷州半岛与海南岛之间，海峡东西长 80 千米，南北最大宽度为 39. 5 千米，最窄为 19. 4 千米，平均宽度 29. 5 千米，海域面积 2370 平方千米，平均水深 44 米，最大深度 114 米。琼州海峡是广东海区与北部湾海上交通的重要通道，沟通北部湾和南海中、东部的海上走廊，也是广州、湛江至海南、广西以及越南的海上交通捷径。琼州海峡气候温暖，雨量充沛，台风频繁。海峡年均气温 24 ℃左右，年均降水 1500 毫米以上。海峡受台风影响主要在 5—10 月份。

琼州海峡跨海通道

琼州海峡位于广东省雷州半岛与海南岛之间，是我国三大海峡之一。海峡东西长 80 千米，南北宽 29. 5 千米，最宽处 33. 5 千米，最窄处 18 千米。火车轮渡通过琼州海峡，至少需要 3 个小时。建设琼州海峡跨海通道意义重大。1994 年起国家组织琼州海峡跨海工程前期研究工作。现已形成从徐闻四塘至海口天尾角的中线方案，从徐闻灯楼角至澄迈道伦角的西线方案。西线方案海底平坦，地质条件较好，施工技术成熟，可作为首选方案。中线方案距离较短，但施工技术难度偏大。西线方案穿越徐闻珊瑚礁国家级自然保护区，需要采取有效措施进行保护。目前，倾向于琼州海峡跨海隧道方案，项目投资1500多亿元，铁路设计时速160千米，公路桥设计时速为100千米。

7. 北部湾

北部湾是广东雷州半岛、海南岛、广西壮族自治区与越南之间的海湾，全部在大陆架上，面积约13万平方千米，平均水深42米，最深达100米。它地处热带和亚热带，冬季受大陆冷空气的影响，多东北风，海面气温约20 ℃；夏季多西南风，海面气温高达30 ℃，时常遭受台风的袭击。北部湾有南流江、红河注入。鱼类以暖水性种类为主，出产绯鲤、红笛鲷、金线鱼、蓝圆鲹等鱼类。主要港口有中国湛江港、防城港、钦州港、北海港，越南的边水港和海防港。

北部湾城市群包括广西的南宁、北海、钦州、防城港、玉林、崇左，广东的湛江、茂名、阳江，海南的海口、儋州、东方、澄迈、临高、昌江。规划陆域面积11.66万平方千米，海岸线4234千米。北部湾城市群拟发挥地缘优势，挖掘区域特质，建设面向东盟、服务“三南”（西南、中南、华南）、宜居宜业的蓝色海湾城市群。构建“一湾双轴，一核两极”的城市群框架。“一湾”是指以北海、湛江、海口等城市为支撑的环北部湾沿海地区。“双轴”是指南北钦防、湛茂阳城镇发展轴，“一核”是指南宁核心城市，“两极”是指海口和湛江。

北部湾是我国大西南的海上通道，也是我国对接东盟的桥头堡。北部湾地处华南经济圈、西南经济圈、东盟经济圈的结合部，是我国西部大开发唯一的沿海区域，战略地位突出。北部湾环境容量较大，旅游资源丰富，发展潜力很大。广西北部湾经济区由南宁、北海、钦州、防城港四个地级市组成，面积4.25万平方千米，人口1300多万。

二、海洋权益

海洋权益是主权国家在海洋中享有的各种权利和利益的统称，主要包括在领海的主权，在毗连区、专属经济区、大陆架等的经济主权权利和管辖权，在别国领海以外的自由航行、飞越权以及在别国领海的无害通过权等。

维护海洋权益的主要依据是《联合国海洋法公约》。该公约包括两方面的内容：一是对传统的基本海洋法律制度，如领海、毗连区、大陆架和公海等进行了细化和完善；二是制定了许多新的海洋法律制度，如专属经济区、用于国际航行的海峡、群岛国、岛屿、国际海底区域、海洋科学技术和海洋环境保护等制度。该公约拓展了沿海国在海洋上的管辖范围，沿海国可以将管辖海域范围从传统国际海洋法所规定的 3 海里或 12 海里，扩大到 200 海里专属经济区和大陆架，而且宽大陆架国家还可以主张超出 200 海里范围的大陆架。

海洋空间资源是指与海洋开发利用有关的地理区域，包括海上、海中、海底和海岸带四个部分。传统的海洋空间利用方式，多限于海上运输、海港建设、围海造陆等，开发活动大部分集中在海洋沿岸及近海浅水区。随着科技的发展，人类对海洋空间资源的开发已拓展到海洋上空和海底。海洋上空的利用如航空航线等，海中资源利用包括跨海大桥、人工岛、海上石油平台等，海底资源利用包括海底隧道、海底城市、海底军事基地等。

海空作为领空的重要组成部分，是指领海上空的空域空间，是国际航空飞行的重要空间。海上空间影响着一国的空域管理，对国家安全具有重大意义。第二次世界大战以后，为了防止不明航空器对国家主权的侵犯，美国首先提出了“防空识别区”的概念。目前，美国、加拿大、澳大利亚、韩国、日本等 20 多个国家和地区都划定了防空识别区。2013 年我国划设东海防空识别区，降低了我国沿海国防安全的潜在威胁，维护了我国应有的海洋权益。

海洋强国是指在开发海洋、利用海洋、保护海洋、管控海洋方面拥有强大综合实力的国家。当前，我国经济已发展成为高度依赖海洋的外向型经济，对海洋资源、空间的依赖程度大幅提高，在管辖海域外的海洋权益也需要不断进行维护和拓展。这些都需要通过建设海洋强国加以保障。

妥善解决我国面临的海洋纠纷，坚决维护国家主权、领土完整和海洋权益，保障海洋及其资源开发的环境安全，进而实现建设海洋强国的宏伟目标。维护国家海洋权益，就要拥有强大的海上军事力量，需要运用各种手段，包括政治、经济、外交、军事等方面的手段，确保国家对所属海域的控制和使用，让国家海洋权益得到广泛认同和充分保障。

海洋权益基本概念

领海（territorial sea） 沿海国根据其主权划定、邻接其陆地领土及内水以外的一定范围的海域。国家对领海及其上空和海底行使主权。联合国海洋公约规定领海的宽度为12海里。

领海基线（baseline of territorial sea） 沿海国据以划定其领海内侧的起算线。包括正常基线、直线基线、混合基线和其他基线，由各沿海国行使主权选用。

毗连区（contiguous zone） 在12海里宽度的领海以外，另外划出的12海里宽度的海域。

专属经济区（exclusive economic zone） 沿海国在其领海以外划定的一定宽度的经济区。宽度自领海基线起算，为200海里。

公海（high sea） 世界海洋中除国家专属经济区、领海和内水、群岛国群岛水域以外的全部海域。

海岸线（coastline） 陆地与海岸的交接线，是区分海岸与海滨的界线。通常是指大潮平均高潮面与陆地的接触线，但在确定领海内侧基线时使用的是大潮时的低潮线。

海岸带（coastal zone） 陆地与海洋相互作用的一定宽度的地带，其上界起始于风暴潮线，下界是波浪作用下界，亦即波浪扰动海底泥沙处。

潮流（tidal current） 在日月引潮作用下海水水体发生周期性的伴随有潮位垂直涨落的水平运动。

海滩（beach） 波浪作用在海滨堆积的向海倾斜的沙砾质滩地。范围是上至风暴潮作用带，下到低潮线处。

三、我国沿海港口

我国港口众多，贸易业务繁忙。在2017年全球排名前十的港口中，有7个位于我国。在我国沿海，万吨级以上泊位达1913个，其中1/6可停靠10万吨级以上的货轮。2017年，全国规模以上沿海港口完成865464万吨。同年，我国规模以上港口完成集装箱吞吐量23680万标准箱，其中沿海港口完成20985万标准箱，内河港口完成

2695 万标准箱。

我国大型海港，以环渤海、长三角、珠三角相对集中。上海港洋山港区是世界上最为繁忙的港区，每天有 45000 个集装箱在这里流转。秦皇岛港是世界上最大的煤炭码头。载重超过 2 万吨的重载列车，通过大秦铁路，将山西的煤炭，源源不断地运送到这里，再通过海运方式运出。青岛港的港口条件极为优越，目前集装箱吞吐量居世界第 7 位，董家口矿石码头能够停靠 40 万吨级货轮。这里还有全球规模最大的油气码头。在珠三角，香港、深圳、广州三地港口彼此相距甚近。这三个港口的吞吐量加起来要超过我国港口总吞吐量的 1/4。依托这些港口，珠三角的加工制造业迅猛发展，被誉称为“世界工厂”。

表 7－1　2017 年我国沿海港口货物吞吐量　　单位：万吨

位次	港口	吞吐量	位次	港口	吞吐量
1	宁波—舟山	100933	13	厦门	21116
2	上海	70542	14	连云港	20605
3	广州	57003	15	福州	14838
4	青岛	51031	16	海口	11297
5	天津	50056	17	防城港	10355
6	大连	45517	18	温州	8926
7	营口	36267	19	台州	7057
8	日照	36136	20	汕头	4890
9	烟台	28816	21	威海	4468
10	湛江	28209	22	北海	3169
11	秦皇岛	24520	23	八所	1605
12	深圳	24136			

资料来源：国家统计局，中国统计年鉴 2018。

我国主要海港基本情况如下（泊位数和码头长度为 2017 年数据）：

大连港　位于辽东半岛南端大连湾内，港口水域 346 平方千米，港口陆地面积 10 余平方千米，总体来看港阔水深，冬季不冻，万吨货轮畅通无阻，是东北主要的综合性外贸口岸。拥有各类泊位 248 个，其中万吨以上泊位 104 个，码头长度 44978 米。拥有 30 万吨级原油码头和 30 万吨级矿石码头，大窑湾港是国家重点建设的四大国际深水中转港之一。大连港是东北亚油品转运中心，主要从事原油、成品油和液体化工产品的装卸和储运，港区储油罐容量达300余万立方米。

营口港 是全国重要的综合性枢纽港，是东北及内蒙古东部最近的出海港，也是辽东湾经济区的核心港口。下辖营口港区、鲅鱼圈港区、仙人岛港区、盘锦港区、海洋红港区、绥中石河港区和葫芦岛柳条沟港区。拥有各类泊位93个，其中万吨以上泊位61个，码头长度19709米。冬季有冰冻，平均冰冻期95天，严重冰冻期68天。

秦皇岛港 地处渤海西岸，扼东北、华北之咽喉，是我国北方著名的天然不冻港。该港港阔水深，风平浪静，泥沙淤积少。拥有各类泊位92个，其中万吨级泊位44个，码头长度17161米，港口水域61平方千米，锚地54平方千米。它是我国“北煤南运”大通道的重要枢纽港，现为世界上最大的能源输出港。

唐山港 位于河北省唐山市东南沿海，是重要的能源、原材料专业化运输港口，北京、华北及西北部分地区对外开放的窗口，下分曹妃甸、京唐、丰南三大港区。曹妃甸港区主要服务于曹妃甸循环经济示范区，为冶金、石化、能源、装备制造、建材等大型重化工业服务，并承担“北煤南运”任务。京唐港区为唐山市及其他腹地提供转运服务，并承担煤炭转运任务。丰南港区以服务丰南、南堡、芦汉等开发区和唐山市区为主。

天津港 位于海河入海口，是我国北方重要的综合性港口和对外贸易口岸。该港口是在淤泥质浅滩上挖海建港、吹填造陆建成的世界航道等级最高的人工深水港。主航道水深21米，可满足30万吨级原油船舶和国际上最先进的集装箱船进出港。岸线总长32700万米，拥有各类泊位160个，其中万吨级以上泊位122个，公共泊位岸线总长21.5千米。在天津港集装箱中心南部，建有天津国际贸易与航运服务区。

烟台港 位于山东半岛北侧芝罘湾内，扼守渤海湾口，隔海与辽东半岛相望。由芝罘湾港区、西港区、龙口港区、蓬莱港区四大港区组成。现有泊位205个，其中万吨泊位89个，码头岸线33680米，水域面积867.4平方千米。该港拥有矿石、油品、煤炭、集装箱四大货类深水大型码头，建有至东南亚地区的汽车外贸滚装航线，作为东北亚主要的枢纽港。

威海港 位处我国山东半岛东端，位于东北亚的中心地带，是山东半岛通往朝鲜、韩国、日本等东亚国家便捷的出海口。港口分为老港区和新港区。现有泊位99个，其中万吨泊位34个，码头岸线16058米。由于受太平洋暖湿气流的影响，气候温和，温度适中，是冬季不结冰，四季通航的天然良港。该港将发展成为以能源（煤炭）、矿建材料、盐及非金属矿、粮油中转为主，兼有地区性件杂货、集装箱外贸和客货轮渡、内外贸相结合的综合性海港。

青岛港　位于山东半岛南岸胶州湾内，是太平洋西岸重要的国际贸易口岸和海上运输枢纽。港内水域宽深，四季通航，港湾口小腹大，是我国著名的优良港口。由青岛老港区、黄岛油港区、前湾新港区和董家口港区等四大港区组成。青岛港是晋中煤炭和胜利油田原油的主要输出港。拥有全国最大的集装箱码头、原油码头、铁矿码头和国际一流的煤炭码头、散粮接卸码头。拥有各类泊位127个，其中万吨以上泊位84个，码头长度20939米。

日照港　是国家重点发展的沿海港口，“一带一路”重要枢纽。现有石臼、岚山两大港区，有泊位74个，其中万吨以上泊位63个，码头长度18785米，年通过能力超过3亿吨。地处山东半岛南翼，隔黄海与韩国、日本相望。湾阔水深，陆域宽广，不冻不淤，是难得的天然深水良港。陆上通过新菏兖日—侯月—陇海铁路与我国中西部相连。该港是全国铁矿石进口第一大港，也是全国最大的大豆进口口岸，全国首批进口粮食A类指定口岸。

连云港港　地处我国沿海中部海州湾西南岸，江苏省东北端，新亚欧大陆桥东起点。重点建设好连云港主体港区、南翼的徐圩和灌河港区、北翼的赣榆和前三岛港区，形成“一体两翼”总体格局。现有泊位67个，其中万吨级泊位57个，码头岸线15867米。30万吨级深水航道的建设，从根本上提升港口功能，确立连云港港成为主枢纽大港的定位。

上海港　位于长三角前缘，居大陆海岸线中部，扼长江入海口，是我国沿海主要枢纽港，每年完成的外贸吞吐量占全国的1/5。上海港依江临海，以上海市为依托、长江流域为后盾，经济腹地广阔。主要经济腹地除上海外，还包括江苏、浙江、安徽、江西、湖北、湖南、四川等省和重庆市。拥有各类泊位1078个，其中万吨以上泊位181个，码头长度106079米。

宁波—舟山港　货物吞吐量居我国第一位，深水岸线资源丰富。宁波港航道水深18.2米以上，25万吨级以下船舶可自由进出。舟山港拥有水深15米以上的岸线200千米，水深20米以上的岸线104千米。该港划分为19个港区，其中，北仑、洋山、六横、衢山、穿山、金塘、大榭、岑港、梅山9个港区为主要港区。拥有各类泊位701个，其中万吨以上泊位171个，码头长度94452米。

台州港　浙中沿海水运枢纽，港口资源丰富，已成为区域性重要港口。由大麦屿、临海、海门、黄岩、温岭、健跳六港区组成。现有泊位182个，其中万吨级泊位

9 个，码头长度 13224 米。港口定位是“一型三化”，即腹地立足内源型、港区功能差异化、投资主体多元化、资源整合一体化。

温州港 位于我国东南沿海，与台湾高雄隔海相望，地理位置优越，是浙南地区海运枢纽。开发历史悠久，1876 年辟为通商口岸。拥有苍南、平阳、瑞安、瓯江、小门岛、乐清湾、状元岙等港区。现有泊位 207 个，其中万吨级泊位 20 个，码头长度 17010 米。该港拟建设成我国沿海主枢纽港和集装箱重要港口。

福州港 位于中国大陆东南部，台湾海峡西岸。由河口港与海港组成。河口港居闽江下游，海港分布在闽江入海口南北两翼的福清湾、罗源湾等深水港湾。地处福建海岸线中点，闽江下游河口段。现有泊位 193 个，其中万吨级泊位 59 个，码头长度 26916 米。该港拟建设成以大型干散货运输中转为特色的国家海运枢纽。

厦门港 地处厦门和漳州两市，位于九龙江入海口，与台湾、澎湖列岛隔海相望。厦门港是厦门特区的一部分，海域面积 275 平方千米。厦门港由东渡、海沧、翔安、招银、后石、石码、古雷、东山、云霄、诏安等港区组成。厦门港水域宽阔，水深浪小，不冻不淤，可进出 10 万吨级轮船。现有泊位 184 个，其中万吨级泊位 76 个，码头长度 30682 米。

汕头港 是华南对外贸易的重要口岸，建港历史悠久。直接腹地包括汕头、潮州、揭阳、梅州 4 市，间接腹地包括闽西南、赣南等地。包括老港区、珠池港区、马山港区、广澳港区、海门港区、南澳港区、榕江港区等 7 个港区。现有泊位 92 个，其中万吨级泊位 19 个，码头长度 9898 米。

深圳港 位于珠三角南部，珠江入海口伶仃洋东岸，毗邻香港。全市 260 千米的海岸线被九龙半岛分割为东西两大部分。西部港区位于珠江口东岸入海前缘，包括蛇口、赤湾、妈湾、东角头、福永等港区；东部港区位于南海大鹏湾西北部，包括盐田、沙渔涌、下洞等港区。深圳港现为华南集装箱枢纽港，有泊位 155 个，其中万吨级泊位 73 个，码头长度 32800 米。

香港港 是我国天然良港，为远东航运中心。位于珠江口外东侧，香港岛与九龙半岛之间。它作为全球繁忙和高效率的国际集装箱港口，也是全球供应链上的主要枢纽港。有 15 个港区：香港仔、青山、长洲、吉澳、流浮山、西贡、沙头角、深井、银矿湾、赤柱东、赤柱西、大澳、大埔、塔门和维多利亚。其中维多利亚港区最大，条件最好。多采用系船浮筒进行船舶的过驳倒载作业，集装箱装卸和客运方面都有较高水平。

广州港　地处珠三角核心地带，濒临南海，毗邻香港和澳门，是华南最大综合性枢纽港，货物吞吐量居华南第一位。配套建设有南沙邮轮母港、试点启运港退税、跨境电子商务试点、国际大宗商品交易中心、试点汽车平行进口等。黄埔港区位于广州市区以东，有 13 个码头，其中 7 个在老港区，6 个在新港区。拥有各类泊位 553 个，其中万吨以上泊位 76 个，码头长度 54508 米。

湛江港　位于雷州半岛，东临南海，南望海南岛，西靠北部湾，北倚大西南。以天然深水良港著称，是我国大陆通往东南亚、非洲、欧洲和大洋洲航程最短的港口，也是大西南和华南货物出海的主通道。有泊位 132 个，其中万吨级以上泊位 36 个，拥有各类泊位 92 个，其中万吨级泊位 44 个，码头长度 17388 米。拥有 30 万吨级原油码头、25 万吨级矿石码头。东海岛、硇洲岛和南三岛作为天然屏障，港区深入内地，可避南海台风。

北海港　地处广西南陲，北部湾畔，是我国西南重要的出海口，是港湾航道畅通、港阔水深的天然良港。下辖北海老港区、石步岭港区、铁山港港区和大风江港区。现有泊位 62 个，其中万吨级泊位 15 个，码头长度 7672 米。

防城港　是我国西部第一大港，作为铁矿石、建材、煤炭的中转基地。有泊位 128 个，其中万吨级以上深水泊位 39 个，码头长度 16343 米。拥有 20 万吨级矿石码头和特大型专业集装箱码头，可修建万吨级以上泊位 200 多个。有 5 个国家级口岸，其中东兴口岸是我国陆路边境通关人数最多的口岸，广西 70%的关税在防城港实现。

海口港　位于海口市，北临琼州海峡，与雷州半岛隔海相望。是海南省对外贸易的主要口岸，又是海南省旅客进出的重要通道，开通有海口—海安、海口—北海、海口—广州等地汽车、旅客滚装轮航班。下辖秀英港、新海港、马村港等港区。现有泊位 69 个，其中万吨级泊位 34 个，码头长度 9576 米。

八所港　位于海南西部东方市境内，濒临北部湾，属国家一类开放口岸。有 2 个港区，从事铁矿石、化肥、煤炭、甲醇、水泥等运输业务，是我国铁矿石输出量最大的港口。现有泊位 12 个，其中万吨级泊位 9 个，码头长度 2488 米。

高雄港　位于台湾南部，毗邻高雄市区，属于综合性港口，有 10 万吨级矿砂码头、煤码头、石油码头、天然气码头和集装箱码头，共有泊位 80 多个，岸线长 18 千米。港口建在高雄湾内。高雄湾是一个狭长的海湾，长 12 千米，宽 1～1.5 千米，入口宽仅 100 米，湾内港阔水深，风平浪静，为不可多得的天然良港。港区陆域面积达 14 平方千米。高雄港货运吞吐量约占全台湾的 2/3。

第八章 新时期国家重大发展战略

国家"十三五"规划纲要提出，"以区域发展总体战略为基础，以"一带一路"建设、京津冀协同发展、长江经济带发展为引领，形成沿海沿江沿线经济带为主的纵向横向经济轴带，塑造要素有序自由流动、主体功能约束有效、基本公共服务均等、资源环境可承载的区域协调发展新格局"。党的十九大报告要求全面推进"一带一路"倡议、京津冀协同发展、长江经济带共抓大保护三大国家战略。"一带一路"倡议顺应了中国要素流动转型和国际产业转移的需要。京津冀协同发展在多个层面取得实质进展。长江经济带以"绿色发展"为先，使母亲河永葆生机活力。近年，粤港澳大湾区的建设也进入了国家战略层面。

一、"一带一路"建设

"一带一路"（the Belt and Road）是"丝绸之路经济带"和"21 世纪海上丝绸之路"的合称。在我国，"一带"沿陇海—兰新等铁路，包括山东、江苏、河南、陕西、甘肃、宁夏、新疆等省区。"一路"强调沿海地区的海洋经济、港口航运和外贸发展。

2013 年 9 月 7 日，习近平主席在哈萨克斯坦纳扎尔巴耶夫大学发表重要演讲，首次提出了加强政策沟通、道路联通、贸易畅通、货币流通、民心相通，共同建设"丝绸之路经济带"的倡议；2013 年 10 月 3 日，习近平主席在印度尼西亚国会发表重要演讲时明确提出，中国致力于加强同东盟国家的互联互通建设，愿同东盟国家发展好海洋合作伙伴关系，共同建设"21 世纪海上丝绸之路"。

1. 古代丝绸之路

西汉时期，张骞（约前164—前114）于公元前138年至公元前126年从长安出发，联络大月氏共同夹击匈奴，首次开拓丝绸之路。东汉时期，班超从洛阳出发，再次出使西域，实现了东西方文明的对话。唐玄奘沿丝绸之路历时19年到印度求取真经，促进了中华文明与印度文明的交流，留下了不朽著作《大唐西域记》。

古代陆上和海上丝绸之路皆始于中国，连接亚洲、非洲和欧洲，从事商业贸易，交易丝绸、陶瓷、茶叶等商品，后来成为东方与西方之间进行多方面交流的主要通道。

陆上丝绸之路是指始于长安，连接亚洲、非洲和欧洲的古代陆路商贸线路。它途经河西走廊，通过玉门关和阳关，抵达新疆，穿越中亚、西亚和北非，最终抵达非洲和欧洲，还向南延伸到南亚次大陆。这条古代商路，沟通了中国、印度、希腊三大古代文明，全长10000多千米，是一条东方与西方之间经济、政治、文化交流的主要通道，为人类社会的共同发展和繁荣做出了卓越贡献。

海上丝绸之路，是指古代中国与世界其他地区进行经济文化交流的海上通道。从我国东南沿海，经过中南半岛和南海诸国，穿过印度洋，进入红海，抵达东非和欧洲。唐代，我国东南沿海有一条叫作“广州通海夷道”的海上航路，是我国海上丝绸之路的破冰之举。宋元时期，中国造船术和航海术显著提升，推动了海上贸易的发展。明代郑和远航的成功，标志着海上丝路发展到极盛时期。当时我国的大港口如广州、泉州和宁波，较大港口如扬州和福州，与世界上60多个国家保持着“海上丝路”商贸往来。

1877年，德国地质地理学家李希霍芬在其著作《中国》一书中，把“从公元前114年至公元127年间，中国与中亚、中国与印度间以丝绸贸易为媒介的这条西域交通道路”命名为“丝绸之路”，这一名词很快被学术界和大众所接受。

2.“一带一路”的基本内涵

“一带一路”是开放性、包容性区域合作倡议。“一带一路”以开放为导向，促进经济要素有序自由流动、资源高效配置和市场深度融合，开展更大范围、更高水平、更深层次的区域合作，打造开放、包容、均衡、普惠的区域经济合作架构，以此来解决经济增长和平衡问题。

“一带一路”是务实合作平台。“和平合作、开放包容、互学互鉴、互利共赢”的丝路精神成为人类共有的历史财富，“一带一路”就是秉承这一精神与原则提出的新时代重要倡议。通过加强相关国家间的全方位多层面交流合作，充分发掘与发挥各国的发展潜力与比较优势，彼此形成了互利共赢的区域利益共同体、命运共同体和责任共同体。

“一带一路”打开筑梦空间。它有利于将政治互信、地缘毗邻、经济互补等优势转化为务实合作、持续增长的优势。无论“东出海”还是“西挺进”，都促使中国与周边国家形成多方互通。中国与沿线各国在交通基础设施、贸易与投资、能源合作、区域一体化、人民币国际化等领域，迎来共创共享的新时代。“一带一路”体现的是和平、交流、理解、包容、合作、共赢的精神，有意愿的国家和经济体均可参与进来，成为“一带一路”的支持者、建设者和受益者。

“一带一路”贯穿亚欧非大陆，一头是活跃的东亚经济圈，一头是发达的欧洲经济圈，中间广大腹地国家经济发展潜力巨大。根据“一带一路”走向，陆上依托国际大通道，以沿线中心城市为支撑，以重点经贸产业园区为合作平台，共同打造新亚欧大陆桥、中蒙俄、中国—中亚—西亚、中国—中南半岛等国际经济合作走廊；海上以重点港口为节点，共同建设通畅安全高效的运输大通道。中巴、孟中印缅两个经济走廊与推进“一带一路”建设关联紧密，要进一步推动合作，取得更大进展。

我国始终认为，世界好，中国才能好；中国好，世界才更好。“一带一路”行的是天下大道，“一带一路”倡议不是要谋求势力范围，而是要支持各国共同发展。推进“一带一路”建设，不会重复地缘博弈的老套路，而将开创合作共赢的新模式；不会形成破坏稳定的小集团，而将建设和谐共存的大家庭。中国既是“一带一路”的倡议者，也是坚定推进“一带一路”建设的行动者。目前，全球100多个国家和国际组织积极支持和参与“一带一路”建设，联合国大会、联合国安理会等重要决议也纳入“一带一路”建设内容。

3.“一带一路”的主要任务

“一带一路”建设的任务主要包括：一是推进基础设施互联互通和国际大通道建设，共同建设国际经济合作走廊；二是加强能源资源合作，提高就地加工转化率；三是共建境外产业集聚区，推动建立当地产业体系；四是广泛开展教育、科技、文化、旅游、卫生、环保等领域合作，造福当地民众；五是加强国际合作联系，谋求中国与世界各国的互利共赢，促进人类命运共同体的建设。

共建“一带一路”，致力于亚欧非大陆及附近海洋的互联互通，建立和加强沿线各国互联互通伙伴关系，构建全方位、多层次、复合型的互联互通网络，实现沿线各国多元、自主、平衡、可持续的发展，将“一带一路”建设成和平之路、繁荣之路、开放之路、创新之路和文明之路。推进“一带一路”建设，统筹国内区域开发与国际经济合作，共同打造陆上经济走廊和海上合作支点，推动互联互通、经贸合作、人文交流。构建沿线大通关合作机制，建设国际物流大通道。推进边境经济合作区、跨境经济合作区、境外经贸合作区建设。坚持共商共建共享，使“一带一路”成为和平友谊纽带、共同繁荣之路。

“一带一路”合作重点　2015 年 3 月 28 日，国家发布了《推动共建丝绸之路经济带和 21 世纪海上丝绸之路的愿景与行动》。根据沿线各国资源禀赋各异，经济互补性较强，彼此合作潜力和空间很大的现状，提出重点在政策沟通、设施联通、贸易畅通、资金融通、民心相通等方面加强合作。

政策沟通　加强政策沟通是“一带一路”建设的重要保障。加强政府间合作，积极构建多层次政府间宏观政策沟通交流机制，深化利益融合，促进政治互信，达成合作新共识。沿线各国可以就经济发展战略进行交流对接，共同制定推进区域合作的规划和措施。

设施联通　基础设施互联互通是“一带一路”建设的优先领域。在尊重相关国家主权和安全关切的基础上，沿线国家宜加强基础设施建设规划、技术标准体系的对接，共同推进国际骨干通道建设，逐步形成连接亚洲各次区域以及亚欧非之间的基础设施网络。

贸易畅通　投资贸易合作是“一带一路”建设的重点内容。宜着力研究解决投资贸易便利化问题，消除投资和贸易壁垒，构建区域内和各国良好的营商环境，积极同沿线国家和地区共同商建自由贸易区，做大做好合作“蛋糕”。探索投资合作新模式，鼓励合作建设境外经贸合作区、跨境经济合作区等各类产业园区，促进产业集群发展。

资金融通　资金融通是“一带一路”建设的重要支撑。深化金融合作，推进亚洲货币稳定体系、投融资体系和信用体系建设。共同推进亚洲基础设施投资银行、金砖国家开发银行筹建，加快丝路基金组建运营，开展多边金融合作。

民心相通　民心相通是“一带一路”建设的社会根基。传承和弘扬丝绸之路友好合作精神，广泛开展文化交流、学术往来、人才交流合作、媒体合作、青年和妇女交往、志愿者服务等，为深化双多边合作奠定坚实的民意基础。

共建“一带一路”，致力于亚欧非大陆及附近海洋的互联互通，建立和加强沿线各国互联互通伙伴关系，构建全方位、多层次、复合型的互联互通网络，实现沿线各国多元、自主、平衡、可持续的发展。

4.“一带一路”国内路径

根据陆路和海路路径，国内主要涉及新疆、陕西、甘肃、宁夏、青海、内蒙古等西北6省，黑龙江、吉林、辽宁等东北3省，广西、云南、西藏等西南3省，上海、福建、广东、浙江、海南等5省，内陆地区则是重庆。目前，全国几乎所有省、市、自治区都积极融入“一带一路”建设中来。

发挥新疆独特的区位优势和窗口职能，深化与中亚、南亚、西亚等国家交流合作，打造丝绸之路枢纽区。

推进中国（上海）自由贸易试验区建设。

支持福建建设21世纪海上丝绸之路核心区。

充分发挥深圳前海、广州南沙、珠海横琴、福建平潭等开放合作区作用，构筑粤港澳大湾区。

推进浙江海洋经济发展示范区、福建海峡蓝色经济试验区和舟山群岛新区建设，加大海南国际旅游岛开发开放力度。

发挥海外侨胞以及香港、澳门特别行政区独特优势作用，积极参与和助力“一带一路”建设。

陕西、甘肃、宁夏、青海四省区形成面向中亚、南亚、西亚国家的通道、商贸物流枢纽、重要产业和人文交流基地。

广西为21世纪海上丝绸之路与丝绸之路经济带有机衔接的重要门户。

云南作为面向南亚、东南亚的辐射中心。

内蒙古、黑龙江、吉林、辽宁共同建设面向东北亚的开放窗口。

重庆为西部开发开放的重要支撑。

郑州、武汉、长沙、成都、南昌、合肥等城市打造内陆开放型经济高地。

5.“一带一路”国际路径

“一带一路”国际路径主要包括：

北线A 北美洲（美国，加拿大）——北太平洋——日本；韩国——日本海——扎鲁比诺港（海参崴，斯拉夫扬卡等）——珲春——延吉——吉林——长春——蒙古国——俄罗斯——欧洲（北欧，中欧，东欧，西欧，南欧）。

北线B 北京——俄罗斯——德国——北欧

中线 北京——西安——乌鲁木齐——阿富汗——哈萨克斯坦——匈牙利——巴黎

南线 泉州——福州——广州——海口——北海——河内——吉隆坡——雅加达——科伦坡——加尔各答——内罗毕——雅典——威尼斯

中心线 连云港——郑州——西安——兰州——新疆——中亚——欧洲

共建“一带一路”的途径，是以目标协调、政策沟通为主，不刻意追求一致性，可高度灵活，富有弹性，是多元开放的合作进程。中国愿与沿线国家一道，不断充实完善“一带一路”的合作内容和方式，共同制定时间表、路线图，积极对接沿线国家发展和区域合作规划。

6. 中欧班列建设

中欧国际铁路联运班列简称“中欧班列”，是我国开往“丝绸之路经济带”沿线国家的快速货物班列，采取“五定班列”（定点、定线、定车次、定时、定价）的形式，借助国际铁路运输大通道，将较高附加值的产品运往欧洲及中亚等地。“中欧班列”具有速度快、安全可靠、亚欧直达等特点，为欧亚大陆长距离的货物运输提供了新的通道，是落实“一带一路”倡议、推动沿线国家合作的重要举措。经过多年不懈努力，现已形成“渝新欧”“郑欧班列”“汉新欧”“蓉欧快铁”“长安号”五大班列系统，运行线路 39 条，服务国内 30 多个城市，抵达境外 15 个国家的 30 多个城市。

渝新欧国际铁路联运大通道 是指利用新亚欧大陆桥这条国际铁路通道，从重庆出发，经西安、兰州、乌鲁木齐，向西过北疆铁路，到达边境口岸阿拉山口，进入哈萨克斯坦，再经俄罗斯、白俄罗斯、波兰，至德国杜伊斯堡，由沿途六个国家铁路、海关部门共同协调建立的铁路运输通道。重庆出发的货物，通过“渝新欧”铁路线运输，沿途通关监管互认，信息共享，运输全程只需一次申报，一次查验，一次放行。

新亚欧大陆桥 亚欧大陆桥是从俄罗斯符拉迪沃斯托克（海参崴）通向欧洲各国，最后到荷兰鹿特丹的西伯利亚大铁路。新亚欧大陆桥东起连云港，向西经陇海铁路、兰新铁路和北疆铁路，由阿拉山口进入哈萨克斯坦，再经俄罗斯、白俄罗斯、波兰、德国，西抵荷兰鹿特丹。新亚欧大陆桥所经线路，大部分是古代的“丝绸之路”，所以又称其为现代“丝绸之路”。它全长 10900 千米，横贯亚欧腹地，沿途辐射 30 多个国家和地区。与亚欧大陆桥相比，新亚欧大陆桥缩短运距 2000 ~ 2500 千米，到中亚、西亚各国，优势更为突出。新亚欧大陆桥既是横贯我国东西的大动脉，又是联结亚欧大陆的新纽带。

陇海—兰新经济带 陇海—兰新经济带贯穿我国东、中、西部10个省区，共与11条南北向铁路交会，另有310国道与陇海铁路并行，312国道与兰新铁路并行。陇海—兰新线将黄海三角形地带与中部的中原城市群、西部的关中城市群，以及西陇海—兰新经济带连接起来，形成一条以铁路干线为纽带的发展轴。发展轴内煤炭、水力、有色金属、农业资源丰富，能源、电力、有色冶金、轻纺、石化、装备制造、电子、航天航空等工业较为发达，已形成郑州、西安、兰州、乌鲁木齐等若干重要的区域性经济中枢，以及徐州、开封、宝鸡、天水等一批工业和旅游城市。陇海—兰新沿线虽然开发历史悠久，但沿线经济发展滞后，沿线中心城市辐射能力有限，城市间横向联系和分工协作还不密切，整体发展程度不及沿海发展轴和长江通道发展轴。

从古驿道到新核心——新疆从开放末梢变丝路前沿 新疆位于我国西北边陲，地处欧亚大陆腹地，与蒙古、俄罗斯、哈萨克斯坦、吉尔吉斯斯坦、塔吉克斯坦、巴基斯坦、阿富汗、印度8个国家接壤，陆地边境线长达5600多千米，是丝绸之路的必经之路。从最早驼铃悠然的商队，到现代跨境公路、铁路和国际航空，千百年来，四面八方的货物日夜川流在新疆立体通道上。随着丝绸之路经济带的建设，以及新疆与周边地区商贸物流基础设施和信息化互联互通建设的加快，按照建设丝绸之路经济带核心区“商贸物流中心”的规划，新疆正从开放的末梢变成丝绸之路经济带的前沿，成为周边国家和我国商贸物流网络体系中重要的集散地。

7. 丝路开发

千百年来，不同的文化在漫长丝路上彼此激荡，交相辉映，逐渐形成了崇尚和平、开放、包容、互信、互利的丝路精神，并不断注入新的内涵。2014年，在第38届世界遗产大会上，中国、哈萨克斯坦、吉尔吉斯斯坦联合申报的“丝绸之路：长安—天山廊道”成功列入《世界遗产名录》，成为最具代表性和影响力的跨国性遗产之一。

2016年6月17日，是第22个世界防治荒漠化与干旱日。来自“一带一路”沿线国家的代表，国内外科学家、企业家相聚北京，共同发布了《“一带一路”防治荒漠化共同行动倡议》。该倡议提出，开展沿线国家交通干线、城镇综合生态防护体系建设，加强世界自然和文化遗址周边地区的生态维护和修复，维护沿线荒漠、草原和绿洲的生物多样性，鼓励发展沙区绿色经济，携手共建绿色丝绸之路。

迪拜龙城位于迪拜郊区，发展定位是批发及零售市场。进驻龙城的中国企业经营建材、灯具、手工艺品、机电产品等，企业主要来自浙江和广东。这里销售的商品质量较好，价格合理，销售模式类似义乌市场。

中白工业园位于白俄罗斯明斯克州斯莫列维奇区，距首都明斯克市 25 千米，紧邻国际机场。工业园由中国和白俄罗斯合资建设，是中国在海外最大的工业园。

中巴经济走廊北起新疆喀什，南至巴基斯坦瓜达尔港，是一条包括公路、铁路、油气管道的贸易廊道。该廊道为我国开辟了通往印度洋的战略通道。瓜达尔港的开发，加强了巴基斯坦的地缘优势，构筑东亚、中亚、南亚之间的石油天然气运输通道。

中国—中南半岛和孟中印缅经济走廊的建设，推动大西南的开放，加速广西和云南的发展，使广西成为我国连接东南亚的枢纽区，使云南成为我国面向南亚开放的桥头堡。大西北通过新亚欧大陆桥、中国—中亚—西亚国际大通道和中巴经济走廊，加强与中亚、南亚的合作联系。东北和内蒙古则通过中蒙俄经济走廊，加强与俄罗斯远东地区和蒙古国的全方位合作。东部沿海作为我国外向型发展的前沿，通过加强与东盟国家的合作对接，进一步扩大对外开放。

亚欧大陆桥是从俄罗斯符拉迪沃斯托克（海参崴）通向欧洲各国，最后到荷兰鹿特丹的西伯利亚大铁路。新亚欧大陆桥东起连云港，向西经陇海铁路、兰新铁路和北疆铁路，由阿拉山口进入哈萨克斯坦，再经俄罗斯、白俄罗斯、波兰、德国，西抵荷兰鹿特丹。新亚欧大陆桥所经线路，大部分是古代的“丝绸之路”，所以又称其为现代“丝绸之路”。它全长 10900 千米，横贯亚欧腹地，沿途辐射 30 多个国家和地区。与亚欧大陆桥相比，新亚欧大陆桥缩短运距 2000~2500 千米，到中亚、西亚各国，优势更为突出。新亚欧大陆桥既是横贯我国东西的大动脉，又是联结亚欧大陆的新纽带。

陇海—兰新经济带贯穿我国东、中、西部 10 个省区，将黄海滨海地带、中原城市群、关中城市群、西陇海—兰新经济带连接起来，形成一条以铁路干线为纽带的发展轴。该经济带原材料工业和加工制造业发达，已形成郑州、西安、兰州、乌鲁木齐等若干区域性经济中枢，以及徐州、开封、宝鸡、天水等一批工业城市。

二、京津冀协同发展

京津冀地区同属京畿重地，战略地位十分重要。当前区域总人口已超过1亿人，面临着生态环境持续恶化、城镇体系发展失衡、区域与城乡发展差距不断扩大等突出问题。实现京津冀协同发展、创新驱动，推进区域发展体制机制创新，是面向未来打造新型首都经济圈、实现国家发展战略的需要。京津冀空间协同发展、城镇化健康发展对于全国城镇群地区可持续发展具有重要示范意义。

表8-1 京津冀地区国民经济和社会发展部分指标（2017年）

指标	数量	占全国的比重/%
年末总人口/万人	11247	8.1
地区生产总值/亿元	80580	9.5
地方一般公共财政预算收入/亿元	10975	12.0
地方一般公共财政预算支出/亿元	16746	9.7
全社会固定资产投资额/亿元	53066	8.3
房地产开发投资额/亿元	10750	9.8
社会消费品零售总额/亿元	33213	9.1
货物进出口总额/亿元	32968	11.9
谷物/万吨	3924	6.4
汽车/万辆	381	13.1
发电量/亿千瓦时	3817	5.9
普通高等学校/所	270	10.3

资料来源：国家统计局，中国统计年鉴2018。

京津冀协同发展，核心是京津冀三地作为一个整体协同发展。以疏解非首都核心功能、解决北京“大城市病”为基本出发点，调整优化城市布局和空间结构，构建现代化交通网络系统，扩大环境容量生态空间。努力形成京津冀目标同向、措施一体、优势互补、互利共赢的协同发展新格局，打造现代化新型首都圈，京津冀三地推行“一张图”规划、“一盘棋”建设、“一体化”发展，探索建立行政管理协同机制、生态环保联动机制、产业和科技创新协同机制。推进产业升级转移，推动公共服务共建共享，加快市场一体化进程，打造现代化新型首都圈。

京津冀地缘相接、人缘相亲，地域一体、文化一脉，历史渊源深厚、交往半径相宜。以京津冀城市群建设为载体，以优化区域分工和产业布局为重点，以资源要素空间统筹规划利用为主线，以构建长效体制机制为抓手，优化城市空间布局和产业结构，有序疏解北京非首都功能，扩大环境容量和生态空间，探索人口经济密集地区优化开发新模式。坚持生态优先为前提，推进产业结构调整，建设绿色、可持续的人居环境。坚持区域一体、协同发展的原则，谋求城镇体系、区域空间、重大基础设施的协同发展与布局。破除阻碍区域人口和要素自由流动的体制壁垒和制度障碍，促进多种形式的跨地区合作。建立跨区域规划的编制与实施工作的新体制、新机制。

京津冀协同发展应放眼长远，重视改革创新的内生动力。协同发展，应重视改善民众福祉，保障公民共享区域经济发展成果，实现区域基本公共服务普惠化。京津冀协同发展，涉及复杂的要素资源整合、消除行政壁垒、统筹社会事业发展等多个层面，既包括产业、项目等"硬件"性质的通关一体化，也包括区域行政管理方式、公共服务等"软件"性质的通关一体化。这两个一体化，决定着京津冀协同发展的进度。

推动京津冀协同发展的核心，是有序疏解北京非首都功能，要在京津冀交通一体化、生态环境保护、产业升级转移等重点领域率先取得突破。京津冀协同发展的要点包括：加强顶层设计，编制首都经济圈一体化发展规划；推动协同发展，形成城市群经济合作发展协调机制；推进对接协作，理顺三地产业发展链条，形成上下游联动机制；调整空间结构，提高综合承载能力和内涵发展水平；加强环保合作，完善大气治理、防护林建设、水资源保护、水环境治理、清洁能源使用等领域的合作机制；构建快速、便捷、高效、安全、大容量、低成本的互联互通综合交通网络；推进市场一体化进程，推动各种要素在区域内自由流动和优化配置。

到 2020 年：北京市常住人口控制在 2300 万人以内，北京"大城市病"等突出问题得到缓解；区域一体化交通网络基本形成，生态环境质量得到有效改善，产业联动发展取得重大进展。公共服务共建共享取得积极成效，协同发展机制有效运转，区域内发展差距趋于缩小，初步形成京津冀协同发展、互利共赢新局面。

到 2030 年：首都核心功能更加优化，京津冀区域一体化格局基本形成，区域经济结构更加合理，生态环境质量总体良好，公共服务水平趋于均衡，成为具有较强国际竞争力和影响力的重要区域，在引领和支撑全国经济社会发展中发挥更大作用。

雄安新区

2017 年 4 月，国家决定设立河北雄安新区。规划范围涉及河北省雄县、容城、安新三县及周边部分区域，地处北京、天津、保定腹地，区位优势明显，交通便捷通畅，生态环境良好，资源环境承载能力较强，发展空间充裕。高起点规划、高标准建设雄安新区，旨在疏解北京非首都功能，探索人口经济密集地区优化开发新模式，调整优化京津冀城市布局和空间结构，培育创新驱动发展新引擎。

雄安新区是继深圳经济特区和上海浦东新区之后又一具有全国意义的新区。雄安新区作为北京非首都功能疏解集中承载地，与北京城市副中心形成北京新的两翼，有利于有效缓解北京“大城市病”，探索人口经济密集地区优化开发新模式。

雄安新区实行组团式发展。要坚持城乡统筹、均衡发展、宜居宜业，形成“一主、五辅、多节点”的城乡空间布局。

雄安新区蓝绿空间占比稳定在 70%，远景开发强度控制在 30%。要合理控制用地规模，启动区面积 20 至 30 平方千米，起步区面积约 100 平方千米，中期发展区面积约 200 平方千米。

雄安新区作为北京非首都功能疏解集中承载地，要重点承接北京非首都功能和人口转移。积极稳妥有序承接符合雄安新区定位和发展需要的高校、医疗机构、企业总部、金融机构、事业单位等，严格产业准入标准，限制承接和布局一般性制造业、中低端第三产业。要与北京市在公共服务方面开展全方位深度合作，引入优质教育、医疗、文化等资源，提升公共服务水平，完善配套条件。要创新政策环境，制定实施一揽子政策举措，确保疏解对象来得了、留得住、发展好。实现城市智慧化管理，打造全球领先的数字城市。将生态湿地融入城市空间，实现雄安新区森林覆盖率达到 40%，逐步恢复白洋淀“华北之肾”功能。坚持顺应自然、尊重规律、平原建城，做到疏密有度、绿色低碳、形成中华风范、淀泊风光的城市风貌。

三、长江大保护

1. 长江概况

长江是我国和亚洲的第一长河，也是世界第三长河。长江发源于唐古拉山格拉丹东，最终于上海注入东海。长江干流自西而东横贯我国中部，流经青海、西藏、四川、云南、重庆、湖北、湖南、江西、安徽、江苏、上海 11 个省、自治区、直辖市，流域面积 180 万平方千米。长江上源为沱沱河，山高岸险，终年积雪，长 374 千米。当曲口至玉树称通天河，长 815 千米，水势平缓，河谷宽阔。玉树至宜宾称金沙江，长 2308 千米，山高谷深，水流湍急，总落差约 3000 米。其间虎跳峡长 16 千米，落差达 200 米。宜宾至宜昌称川江，长 1030 千米。枝江至城陵矶称荆江，长 340 千米。江苏以下江段称扬子江，到入海口江面宽达 80 千米。长江主要支流有雅砻江、岷江、沱江、嘉陵江、乌江、汉江、湘江、赣江等。淮河大部分水量通过大运河汇入长江。

长江中下游地区四季分明，冬冷夏热，年平均气温 16~18 ℃，夏季最高气温达 40 ℃左右，冬季最低气温在零下 4 ℃左右。长江是我国水量最为丰富的河流，水资源总量 9616 亿立方米，约占全国河流径流总量的 36%，为黄河的 20 倍。长江流经中国 1/5 的陆地面积，养育了中国 1/3 的人口。成都平原、江汉平原、洞庭湖区、鄱阳湖区、巢湖区和太湖区，皆为我国著名的商品粮基地。长江沿岸重要城市有重庆、宜昌、岳阳、武汉、九江、安庆、芜湖、南京、南通、上海。

长江干流全长 6397 千米。宜昌以上为上游，长 4504 千米，流域面积 100 万平方千米。宜昌至湖口为中游，长 955 千米，流域面积 68 万平方千米。湖口以下为下游，长 938 千米，流域面积 12 万平方千米。长江水系高度发育，由数以千计的大小支流组成。

长江航运发达，素有“黄金水道”之称。较大港口有重庆、宜昌、岳阳、武汉、黄石、九江、安庆、芜湖、南京、镇江、泰州、扬州、江阴、常州、南通和上海（河海港）。国家实施“深下游、畅中游、延上游”战略，加快长江黄金水道建设，使黄金水道发挥黄金效益。长江三峡工程建成后，川江航道条件显著改善，每年有半年时间可通行较大船队。宜昌至武汉长 626 千米，可通航 3000 吨级轮船。武汉至南京 708 千米，可通航 5000~10000 吨级轮船。南京以下进入感潮河段，可通行 1.0 万~2.5 万吨级轮船。到 2017 年底，长江拥有万吨级泊位 418 个。

长江水运总通航程 70000 千米，占全国内河航道的 70%以上。2017 年，长江干线货物通过量25亿吨，沿江85%的外贸货物运输主要依靠长江水运。按照自然条件和经济联系，长江水系大体上可分为6个地区性航道网，即以重庆为中心的西南地区航道网，以长沙为中心的洞庭湖水系航道网，以武汉为中心的汉江航道网，以南昌为中心的鄱阳湖水系航道网，以合肥为中心的巢湖水系航道网，以上海、南京、杭州为中心的长江三角洲航道网。

表8-2　长江主要港口码头泊位数（2017年底）

港口	码头长度/米	泊位/个	其中万吨级泊位/个	港口	码头长度/米	泊位/个	其中万吨级泊位/个
重庆	88069	1102	—	马鞍山	9426	123	1
宜昌	24300	245	—	南京	29312	231	60
武汉	22188	231	—	镇江	22602	211	42
黄石	7892	89	—	泰州	19721	154	56
九江	16671	167	—	扬州	7603	44	23
安庆	7775	94	—	江阴	14341	98	31
池州	8395	90	—	常州	4134	32	9
铜陵	7934	83	3	南通	19027	111	54
芜湖	14186	138	13	上海（内河）	44752	919	—

资料来源：国家统计局：中国统计年鉴2018。

长江流域人口约4亿，约94%为汉族，还有50多个少数民族，2000余万人，其中超过100万人的有土家、苗、彝、侗、藏、回等6个民族。各少数民族主要居住在云贵高原、青藏高原、川西、湘西和鄂西一带。长江流域人口稠密，平均人口密度超过220人/千米^2，特别是长江三角洲、成都平原和长江中下游平原，人口密度达600~900人/千米^2。

长江流域湖泊众多，河川如网，鱼类的品种、产量均居全国首位，占全国产量的60%以上。现有水面约1.3亿亩，接近全国淡水总面积的1/2，其中可供养殖的约5000万亩。长江水系淡水鱼已知274种，以鲤形目和鲈形目为多，主要经济鱼类60多种。渔业以淡水人工养殖为主，天然捕捞量不高。

表 8-3 长江经济带国民经济和社会发展部分指标（2017 年）

指标	数量	占全国的比重/%
年末总人口/万人	59501	42.9
地区生产总值/亿元	370998	43.8
地方一般公共财政预算收入/亿元	41014	44.8
地方一般公共财政预算支出/亿元	74041	42.7
全社会固定资产投资额/亿元	291701	45.5
房地产开发投资额/亿元	51457	46.9
社会消费品零售总额/亿元	154891	42.6
货物进出口总额/亿元	121331	43.6
谷物/万吨	21981	35.7
汽车/万辆	1325	45.7
发电量/亿千瓦时	25784	39.7
普通高等学校/所	1131	43.0

资料来源：国家统计局，中国统计年鉴 2018。

2. 长江流域的湖泊

长江主要的湖泊有鄱阳湖、洞庭湖、太湖、巢湖等。这些湖泊既是灌溉水源，又是调蓄洪水的天然水库。由于泥沙淤积、垦殖等原因，湖泊面积逐渐缩小。

鄱阳湖 是中国第一大淡水湖，位于江西省北部，长江中下游南岸。鄱阳湖以松门山为界，分为南北两部分，北面为入江水道，长 40 千米，宽 3~5 千米；南面为主湖体，长 133 千米，最宽处 74 千米。湖岸线 1200 千米，湖面 4125 平方千米（湖口水位 20.5 米），平均水深 8.4 米，最深处 25.1 米，容积 276 亿立方米。它承纳赣、抚、信、饶、修五大河。鄱阳湖经调蓄后，由湖口注入长江，每年流入长江的水量超过黄河、淮河、海河三河水量的总和，是一个季节性、吞吐型的湖泊。鄱阳湖水系年径流量 1525 亿立方米，占长江年径流量的 16.3%。目前，需要重点解决鄱阳湖枯水期水量偏少的问题，对沿湖环境污染和生态破坏进行治理修复。

洞庭湖 位于湖南省北部，长江荆江河段以南，是我国第二大淡水湖，面积 2820 平方千米（1998 年），南纳湘、资、沅、澧四水，北与长江相连，通过松滋、太平、藕池“三口”吞纳长江洪水，再由城陵矶注入长江。由于泥沙淤塞、围垦造田，洞庭湖被分割为东洞庭湖、南洞庭湖、目平湖和七里湖等部分。洞庭湖水域广阔，丰水季节能够大量蓄洪，干旱季节有助维持长江主航道的水位。湖区湿地适于各种野生生物的生长、栖息和繁衍，具有很高的旅游观赏价值。洞庭湖区更是全国闻名的“鱼米之乡”。“洪水一大片，枯水几条线”，是对洞庭湖的真实写照。1998 年长江特大洪水以后，国家在洞庭湖区实施了一系列治理措施，比如退田还湖、平垸行洪、移民建镇、加固干堤、疏浚河道等。

太湖 位于江苏、浙江两省交界处，长江三角洲的南部，是我国第三大淡水湖，也是著名的风景名胜区。全部水域在江苏省境内，湖水南部与浙江省相连。湖泊面积 2428 平方千米，湖岸线长 393 千米，西侧多丘陵山地，东侧多水网平原。太湖河港纵横，主要进出河流有 50 余条。太湖水系由西向东流泄，年出湖流量 75 亿立方米，蓄水量 44 亿立方米。岛屿众多，其中 18 个岛有人居住。太湖水产丰富，经济鱼类主要有鲚、银鱼、鲌、鲤、鲫、团头鲂、草鱼、青鱼、鲢、鳙、鳗等，特产“太湖三白”即银鱼、白鱼、白虾。太湖还出产珍珠和太湖蟹。由于水质退化，太湖富营养化程度加重，经常发生绿色水华。2007 年 5 月，太湖蓝藻大面积暴发，引发无锡供水危机。国务院作出重要批示，要求加大太湖水污染治理力度。

巢湖 位于安徽省中部，地处长江与淮河两大河流之间，属长江下游左岸水系，为我国五大淡水湖之一。巢湖湖泊面积 753 平方千米，与纵横交错的江河沟渠相吐纳，经裕溪河下泄长江。沿岸为合肥市、巢湖市、庐江县所包围。巢湖为国家重点风景名胜区，著名景点如半汤温泉、中庙。

3. 南水北调工程

我国南方降水量、径流量多，北方降水量、径流量明显偏少。河北、北京、天津、山东等省市人口稠密，产业发达，生产、生活用水量甚大，人均水资源占有量仅为南方的 1/3，缺水限制了这些地方的经济社会发展。

南水北调是我国建设的水资源跨区域调配工程，最终调水规模 448 亿立方米，其中东线 148 亿立方米，中线 130 亿立方米，西线 170 亿立方米，建设时间约需 40~50 年。该工程建成后将解决 700 多万人长期饮用高氟水和苦咸水的问题。

它规划了东、中、西三条调水路线，把长江、黄河、淮河、海河四大流域连接起来，形成“四横三纵”的总体布局，借此实现我国水资源的南北调配和东西互济。南水北调工程的主体，是将长江之水调至华北地区，重点解决黄河、淮河、海河流域以及西北地区严重缺水的问题。南水北调工程分为东线、中线和西线三大工程。

东线工程 从长江下游扬州抽引长江水，利用京杭大运河及与其平行的河道逐级提水北送，并连接起调蓄作用的洪泽湖、骆马湖、南四湖、东平湖。出东平湖后分两路输水：一路向北，在位山附近经隧洞穿过黄河；另一路向东，通过胶东地区输水干线经济南输水到烟台、威海。东线工程开工最早，并且有现成输水道。东线一期工程已于 2013 年 11 月投产。

中线工程　水源 70%从汉江流域汇聚至丹江口水库，由丹江口大坝加高后扩容的丹江口水库调水，从河南南阳的淅川陶岔渠首闸出水，沿豫西南唐白河流域西侧过长江流域与淮河流域的分水岭方城垭口后，经黄淮海平原西部边缘，在郑州以西孤柏嘴处穿过黄河，继续沿京广铁路西侧北上，可基本自流到终点北京。中线一期工程已于 2014 年 12 月投产。

西线工程　在长江上游通天河、支流雅砻江和大渡河上游筑坝建库，开凿穿过长江与黄河的分水岭巴颜喀拉山的输水隧洞，调长江水入黄河上游。西线工程的供水目标主要是解决涉及青、甘、宁、内蒙古、陕、晋等 6 省（自治区）黄河上中游地区和渭河关中平原的缺水问题。结合兴建黄河干流上的骨干水利枢纽工程，还可以向邻近黄河流域的甘肃河西走廊地区供水，必要时也可及时向黄河下游补水。该工程还没有开工建设。

另外还有引江济淮工程，从长江北岸裕溪口、凤凰颈、神塘河引水，经巢湖后跨江淮分水岭，送水至淮河，补充两淮地区的工农业和城市生活用水。

4. 长江三峡工程

长江上游水能资源极为丰富，为中下游提供巨大水源，但超额洪水对长江中游平原构成严重威胁。长江中游地区气候湿润，水热充足，是重要的稻棉鱼油生产基地。长江三峡工程的修建，对于减轻洪水威胁，协调长江上游与中游的关系，显然具有重大意义。

长江三峡西起重庆奉节白帝城，东至湖北宜昌南津关，全长 193 千米，由瞿塘峡、巫峡、西陵峡组成。两岸高山对峙，峡谷崖壁陡峭，江水强烈下切，景色蔚为壮观。瞿塘峡长 8 千米，镇渝川之水，扼巴鄂咽喉。巫峡绵延 45 千米，幽深秀丽，奇峰突兀。西陵峡长 66 千米，以滩多水急而闻名。

荆江从湖北枝城到湖南城陵矶，长 331 千米，以藕池口为界，分为上荆江和下荆江。上荆江河道比较稳定。下荆江为典型的蜿蜒性河道，长 240 千米，直线距离仅 80 千米，素有“九曲回肠”之称。荆江南岸是洞庭湖平原，北岸是江汉平原，地势低洼，荆江洪水给两岸人民带来过深重灾难。新中国成立后，政府非常重视荆江防洪建设。荆江大堤经过多次修缮，还设立了荆江分洪区。

长江三峡工程是目前世界上规模最大的水利枢纽工程，具有防洪、发电、航运、生态供水等综合效益。大坝长 3035 米，高 185 米，总装机容量 2250 万千瓦，年发电能力约 1000 亿千瓦时。1994 年三峡工程一期工程正式开工，2003 年第一台机组发电，2008 年工程全部建成。三峡工程可增加长江中游航道枯水季节流量，改善重庆到武汉的通航条件。对于削减长江上游洪水，保障中游地区的防洪安全，三峡工程具有显著作用。

5. 长江流域建设

长江经济带覆盖上海、江苏、浙江、安徽、江西、湖北、湖南、重庆、四川、云南、贵州等 11 省（市），面积约 205 万平方千米，占全国的 21%，人口和经济总量均超过全国的 40%。2017 年，长江经济带总人口 59501 万，完成地区生产总值 370998 万亿元。

推动长江经济带交通建设，要点包括：一是持续推进绿色交通发展，推进交通运输节能减排。二是大力提升黄金水道功能，推进港口转型升级，加强港口集疏运体系建设。三是加快完善综合立体交通走廊，加强综合运输枢纽和各种运输方式衔接。四是深化运输结构调整，优化市场环境，着力提升运输服务水平，优化运输组织，提高综合交通运输体系组合效率。五是全力提升安全应急能力，牢固树立底线思维和红线意识，不断完善安全监管体系，加强全水域动态监管，增强应急处置能力。

长江横跨我国地势三大阶梯，上游、中游、下游的情况迥然不同。河源和上游地区要重视生态环境保护，中下游地区更加注重绿色发展和人居建设。重点依托长三角、长江中游、成渝三大城市群，做大上海、武汉、重庆三大航运中心，推进长江中上游腹地开发，促进“两头”开发开放，即上海及中巴（巴基斯坦）、中印缅经济走廊的建设。

流域规划要坚持“统一规划，全面发展，适当分工，分期进行”的原则，正确地解决远景与近期，干流与支流，上中下游，大中小型，防洪、发电、灌溉与航运，水电与火电，发电与用电，整体与局部以及水土和生物资源的利用与保护等方面的关系。

2015 年 4 月国家发布了《长江中游城市群发展规划》。该城市群以武汉城市圈、长株潭城市群、鄱阳湖城市群为主体，战略定位是中国经济新增长极，中西部新型城镇化先行区，内陆开放合作示范区，“两型社会”建设引领区。长江中游城市群地处亚热带季风气候区，农业基础扎实，矿产资源丰富，区位条件优越，交通运输发达，产业基础雄厚，科技教育资源丰富，在我国未来空间开发格局中具有重要地位。武汉是老工业基地和中部经济中心，产业体系相对成熟，现已形成以光电信息和生物医药为主体的高新技术产业群。长沙、株洲、湘潭是湖南的“金三角”，综合经济实力要占到湖南的2/5。南昌—九江工业走廊是江西加工制造业的主要集聚区。长江中游城市群建设需要突出武汉、长沙、南昌的中心城市地位，完善合作机制，引领带动武汉城市圈、长株潭城市群、鄱阳湖城市圈的发展。

2013年，国家提出长江经济带发展战略，将长江经济带作为我国经济社会发展和转型的重要支撑。长江经济带包括上海、江苏、浙江、安徽、江西、湖北、湖南、重庆、四川、贵州、云南等省市。重点建设上海、武汉、重庆三大航运中心，提高长江“黄金水道”的通航能力；以云南为枢纽地带，加强我国西南地区与印度洋的联系。

长江经济带的发展，要把修复长江生态环境摆在突出位置，共抓大保护，不搞大开发，走出一条绿色低碳循环发展的道路。依托长江水道，统筹岸上水上，正确处理防洪、通航、发电的矛盾，推动绿色、循环、低碳发展，使“黄金水道”产生黄金效益。协调处理好上中下游的发展关系，实施“深下游、畅中游、延上游”战略，重点解决下游“卡脖子”、中游“梗阻”、上游“瓶颈”等问题，提升干线航道通航能力，使黄金水道发挥黄金效益。

长江经济带依托长江三角洲、长江中游、成渝三大城市群，培育沿江生态廊道，构建立体交通走廊，优化沿江城镇和产业布局，促进上、中、下游协同发展，东、中、西部互动合作，使之成为我国生态文明建设的先行示范带、创新驱动带、协调发展带。全面实施长江防护林体系建设、水土流失及岩溶地区石漠化治理、退耕还林还草、水土保持、河湖和湿地生态保护修复等工程。

长三角城市群地处东亚地理中心，是“一带一路”与长江经济带的重要交会地带。上海是长三角的核心城市，推动南京都市圈、杭州都市圈、合肥都市圈、苏锡常都市圈、宁波都市圈的同城化发展，强化沿海发展带、沿江发展带、沪宁合杭甬发展带、沪杭金发展带的聚合发展，构建“一核五圈四带”的网络化空间格局。

6. 共抓大保护

长江流域是我国众多珍稀濒危水生野生动物的重要栖息繁衍场所，长江生态环境正面临着诸多威胁，水生生物资源严重衰退，水域生态不断恶化，自然灾害频繁发生。长江上游地区森林覆盖率已由 20 世纪 50 年代初的 30% 至 40%，下降到目前的 10% 左右；围湖造田、填湖造陆使长江中游地区的湖泊面积由 1950 年的 17198 平方千米减少到现在不足 6600 平方千米；一些工程建设忽视生态系统完整性，致使长江中的鱼类等生物栖息地遭受破坏，水生生物的数量和种类不断减少。长江流域重化工密布，生活污水粗放型排放，偷排漏排、突发性的水污染事件频发，都让长江不堪重负。

2016 年 1 月 5 日，习近平总书记在重庆召开推动长江经济带发展座谈会上指出，推动长江经济带发展，理念要先进，坚持生态优先、绿色发展，把生态环境保护摆上优先地位，涉及长江的一切经济活动都要以不破坏生态环境为前提，共抓大保护，不搞大开发。思路要明确，建立硬约束，长江生态环境只能优化、不能恶化。生态文明建设是久久为功的事情，要牢固树立和践行绿水青山就是金山银山的理念，把生态文明建设放在突出地位，把建设长江上游生态屏障、维护国家生态安全放在生态文明建设的首要位置。

推动长江经济带发展，需要正确把握以下五个关系。一是整体推进和重点突破的关系，全面做好长江生态环境保护修复工作。二是生态环境保护和经济发展的关系，探索协同推进生态优先和绿色发展新路子。三是总体谋划和久久为功的关系，坚定不移地将一张蓝图干到底。四是破除旧动能和培育新动能的关系，推动长江经济带建设现代化经济体系。五是自身发展和协同发展的关系，努力将长江经济带打造成为有机融合的高效经济体。

长江流域的未来，只有在保护生态的条件下有序推进发展，才是一条真正可持续的绿色发展之路。长江流域水质状况整体良好，但局部污染严重，部分湖泊富营养化严重。造成长江流域局部污染严重的根源在于排污。随着工业化、城镇化的快速推进，加之全球气候变化影响，流域内洪涝灾害频繁，水资源供需矛盾加剧，水生态环境恶化，已经成为制约流域可持续发展的突出瓶颈。

目前，长江流域内的许多企业以“维护健康长江、促进人水和谐”为基本宗旨，正严格管控流域内的各种排污口，开展污染源综合整治。青海省三江源国家级自然保护区位于青海省南部，是长江、黄河和澜沧江的源头，汇水区保护区面积 15.23 万平方千米，被誉为“中华水塔”。这里是青藏高原珍稀野生动植物的重要栖息地和生物种质资源库，规划严格保护生物多样性，作为重要的生态屏障。云南维护好长江上游生态安全屏障，促进交通更为顺畅。四川加强长江生态环境修复，加强船舶和港口污染防治，加快老旧船舶更新改造，加快岷江港航电综合开发，推进嘉陵江航运复苏，鼓励发展铁水、公水等多式联运。湖南岳阳拥有长江岸线 163 千米，其中可建岸线 56 千米。岳阳对长江岸线进行专项整治，关停了 40 多个非法砂石码头。湖南强调“守护好一江碧水”，突出水污染治理、水生态修复、水资源保护、水安全保障，统筹山水林田湖草系统治理，对重金属污染进行治理和修复，让“一湖四水”的清流汇入长江，努力打造长江经济带“绿色长廊”。湖北对长江干线非法码头进行全面整治，规范、提升码头 290 个，开展岸线生态复绿工作。江西加强对长江江西段 152 千米岸线的保护，严厉打击非法装卸、运输转移及倾倒危险废物行为，建设最美岸线。江苏突出抓好岸线、船舶、码头等领域水污染、大气污染防治，集约利用长江岸线资源，全面加强船舶污染防治，继续推进长江南京以下 12. 5 米深水航道建设。

长江经济带的建设，讲求“有力度”“管长远”“标本兼治”的有效保护，坚决摒弃无序开发、过度开发、破坏性开发，所搞的开发建设强调生态为先，科学发展。要突出工作重点，以持续改善长江水质为中心，扎实推进水污染治理、水生态修复、水资源保护“三水共治”。要加强系统治理，加强入河排污口监测体系建设，联动实施断面水质监测预警，强化共抓大保护的整体性。要完善体制机制，发挥区域协商合作机制作用，建立健全生态补偿与保护长效机制，强化共抓大保护的协同性。长江是中华民族的生命河，也是中华民族发展的重要支撑。长江经济带发展的战略定位必须坚持生态优先、绿色发展，共抓大保护，不搞大开发。

洞庭湖综合治理

洞庭湖是我国第二大淡水湖，具备强大的调蓄功能，曾使长江上中游洪水多次化险为夷。洞庭湖水利建设，采取“蓄泄兼筹，以泄为主，江湖两利”的治理方针，确保洞庭湖平原、江汉平原和大武汉的度汛安全。1998 年特大洪水以来，通过全面整治，洞庭湖生态系统功能显著改善，但局部地区仍存在着不少问题，主要是湖泊萎缩、湿地退化、生物多样性受到破坏、水体污染加剧等。洞庭湖区务必要走绿色发展之路，构建政府为主导、企业为主体、社会组织和公众共同参与的环境治理体系，持续实施大气污染、水污染、固体废弃物污染、土壤污染防治行动，全面推行环境保护和污染治理责任制，实现“环境空气质量优良天数明显增加、水环境质量明显改善、土壤环境风险明显降低”等具体目标。

综合整治工作重点包括：(1) 推进“三线一单”（生态保护红线、环境质量底线、资源利用上线、环境准入负面清单）工作，建立生态环境分区管控体系。确定不同时期城市和县城扩展的边界，保留原有的山体水体，尊重城镇的历史文化，刻意营造优美的景观轮廓线。(2) 减少总磷、总氮的排放，控制湖泊尤其是港汊的富营养化趋势。将西洞庭湖支流、南洞庭湖港汊作为水体富营养化重点整治区域，防范湘江、沅江总磷风险，全面整治城镇黑臭水体。治理重金属污染，湘江以镉、铅锌为重点，资水以锑、砷为重点，沅江以镉、汞为重点。(3) 重点提升东洞庭湖和湘、资、沅、澧四水尾闾的水质，尤其是中心城镇集中式饮用水水源地的水质。改变湖区北部居民生活用水锰、铁、氟等超标的不利状况。对于小城镇生产生活废水随意排放的状况进行全面整治。(4) 全面整治工业污染，重点治理项目包括：云溪片区石化污染；城陵矶片区纸厂废水污染、电厂废气污染；临湘儒溪化工园化学污染；汨罗废物处置再次污染；沅江滨湖造纸废水污染；鼎城电厂、石门电厂废气污染；平江、石门矿业污染；澧县、津市、临澧开发区工业污染；华容、南县、资阳、湘阴工业废水污染等。

四、粤港澳大湾区建设

1. 湾区综述

当前，全球70%的人口、60%的经济总量、75%的大城市都集中在距离海岸100千米以内的滨海地带，高品质的特大城市群多集中在沿海湾区。

湾区是由一个海湾或相连的若干个海湾、港湾、邻近岛屿共同组成的区域。它是国际经济贸易的重要载体，也是高科技主要的成长地。湾区以开放性、创新性、国际化和宜居功能，吸引着无数的创业者和投资者，成为拉动全球经济发展的重要动力源。

形成高水平湾区经济的基本条件有：强大的产业集群，高水平的中心城市，广阔的经济腹地，发达的交通网络，创新的领军人才，开放的运营体系。湾区是创新创业企业、先进制造企业和世界一流大学的聚集区。

三大世界级湾区——东京湾区、纽约湾区和旧金山湾区，经济实力异常雄厚，其影响力波及全球，经历了由工业经济向服务经济和创新经济的提升，现已成为高等级设施的交会枢纽、高层次功能的集聚区域、高价值产业链的主打平台。

从目前综合经济实力来看：东京湾区的经济总量超过巴西，居世界第 9 位；纽约湾区的经济总量超过加拿大，居世界第 11 位；粤港澳大湾区的经济总量超过俄罗斯，居世界第 14 位；旧金山湾区的经济总量超过荷兰，居世界第 21 位。

纽约湾区被誉为“金融湾区”。这里金融业非常发达，美国 7 家大银行中的 6 家，2900 多家世界金融、证券、期货、保险和外贸机构集聚于此，金融保险业占 GDP 的比重高达 16%，在世界湾区中稳居第一。纽约对外贸易额占全美的 1/5，制造业产值占全美的 1/3。华尔街拥有纽约证券交易所和纳斯达克证券交易所。纽约湾区是一个跨州建设的大都市区，土地面积 33484 平方千米。这里教育水平高，拥有纽约大学、哥伦比亚大学、康奈尔大学、耶鲁大学、普林斯顿大学等著名学府。纽约市曼哈顿区作为美国的经济和文化中心，拥有著名的华尔街。

东京湾区被誉为“产业湾区”，是一个纵深 80 余千米的深水港湾。这里聚集了日本 1/3 的人口、2/3 的经济总量、3/4 的工业产值，成为日本最大的城市群和国际金融中心、交通中心、商贸中心和消费中心。这里拥有横滨港、东京港、千叶港、川崎港、木更津港、横须贺港，形成马蹄形港口群。轨道交通网络密集，湾区 80%以上的通勤依赖轨道系统。这里拥有京滨、京叶两大工业地带，钢铁、石化、高新技术等产业发达，制造业和建筑业在 GDP 中所占比重较大。佳能、三菱、索尼、东芝、富士通等大企业及其研究所就在该湾区。

旧金山湾区被誉为“科技湾区”。土地面积 18040 平方千米，人口超过 760 万。拥有举世闻名的硅谷和斯坦福、加州伯克利等 20 多所著名大学，以及谷歌、苹果、Facebook 等互联网巨头和特斯拉等企业总部。这里环境优美，气候宜人，集聚了众多的高科技人才，科技研发实力雄厚，拥有斯坦福大学、加利福尼亚旧金山大学、加利福尼亚戴维斯大学、伯克利国家实验室、利弗莫尔国家实验室、桑迪亚国家实验室、国家航空航天局艾姆斯研究中心和斯坦福线形加速器中心。成功之处在于：以知识为基础，拥有世界一流的大学和人才；创业资金充裕；集聚众多富有创新精神的中小企业；生态环境和文化氛围良好。

2. 粤港澳大湾区基本情况

粤港澳大湾区城市群是指由广州、深圳、珠海、佛山、惠州、东莞、中山、江门、肇庆 9 市和香港、澳门两个特别行政区组成的城市群。粤港澳大湾区是继纽约、旧金山、东京三大湾区之后的世界第四大湾区，是我国建设世界级城市群、参与全球竞争的重要载体。2017 年，粤港澳大湾区土地面积 5.65 万平方千米，常住人口 6956.83 万，地区生产总值 1.5 万亿美元，经济规模与韩国大致相当。从城市综合实力来看，香港、深圳、广州居第一层次，佛山、东莞、澳门居第二层次，惠州、中山、江门、珠海、肇庆居第三层次。

大湾区产业以先进制造和现代服务为主，港澳服务业增加值要占到当地 GDP 的九成。珠三角九市加工制造业基础雄厚，已形成先进制造、现代服务双轮驱动体系。粤港澳三地在经贸、科技、金融等方面开展深度合作交流。

表 8-4　粤港澳大湾区人口和地区生产总值（2017 年）

城市	人口/万人	地区生产总值/亿元
深圳	1252.83	22490
广州	1449.84	21503
佛山	765.67	9398
珠海	176.54	2675
东莞	834.25	7582
香港	740.98	23049
肇庆	411.54	2110
中山	326.00	3430
江门	456.17	2690
澳门	65.31	3102
惠州	477.70	3830
总计	6956.83	101859

大湾区基础设施相对完备。特大型机场有香港机场、广州白云机场、深圳宝安机场，中小型机场有澳门机场、珠海机场等。港珠澳大桥在 2018 年 10 月 24 日正式通车，将珠江口东岸与西岸连接起来。特大型港口有广州港、香港港、深圳港，广州南沙港、珠海高栏港正在抓紧建设。以广州为枢纽，覆盖珠三角的城际轨道交通网络正在建设，拟形成“1 小时生活圈和城轨交通圈”。

目前，粤港澳大湾区经济总量已经超越旧金山湾区，接近纽约湾区的水平。科技方面，粤港澳大湾区正在建设长达 180 千米的广深科技创新走廊。近五年粤港澳大湾区的发明专利数量已经超过旧金山湾区。世界 500 强企业中，粤港澳大湾区拥有 16 家。从 2017 年港口吞吐量来看，深圳港、香港港、广州港分别居全球第三位、第五位和第七位，三大港总吞吐量合计7300万标准箱。同年大湾区机场旅客吞吐量合计1.9亿人次。

广州、深圳高新技术产业发展很快，南沙、前海、南山逐渐发展成创新创智基地。佛山和珠海的家电产业，江门和肇庆的化学工业，东莞和惠州的电子信息产业，中山的灯具和器材制造，皆已形成特大型产业集群，在国内外市场上占据一定优势。大湾区东岸，电子信息产业优势明显，比如深圳拥有华为、小米、腾讯、中兴等特大型企业。港澳产业以电子信息、塑胶、现代服务为主体。澳门作为历史悠久的自由港，拥有单独关税区地位，实行简单低税政策，在推动我国与葡语国家商贸合作方面，具有特殊的优势。

粤港澳大湾区既有香港、澳门两个特别行政区，又有深圳、珠海两个经济特区，还有南沙新区、前海片区和横琴片区，合作前景明显看好。粤港澳大湾区拥有广州、深圳和香港三大金融中心，以及港交所和深交所两大证券交易所，汇聚全球众多的银行、保险、证券、风投基金等跨国金融巨头。

港珠澳大桥连接香港大屿山、澳门半岛和广东珠海，全长50千米，主体工程“海中桥隧”长35.6千米，是目前世界上最长的跨海大桥。工程包括港珠澳大桥主体工程、香港口岸、珠海口岸、澳门口岸、香港接线以及珠海接线。在整个大桥项目中，岛隧工程是最具控制性的部分，其中连接大桥东、西人工岛的沉管部分是国内首条于外海建设的超大型沉管隧道，海底隧道由33个巨型沉管组成。每节管道长180米，宽37.95米，高11.4米，单节重约6.9万吨。大桥能抗击每秒51米的风速，相当于最大风力16级。大桥建成后可抗8级地震。大桥设计使用寿命是120年。该大桥显著加强珠江西岸与东岸的联系，打造一个“三小时经济圈”，推动珠三角的产业升级，促进大湾经济区全面崛起。2018年10月24日，港珠澳大桥正式通车。

利用广州、深圳的科研实力，香港、深圳和广州的金融实力，香港和澳门的高端服务业，以及佛山、东莞、珠海、中山、江门、肇庆的制造业，实现优势整合、功能互补、创新发展，提升粤港澳大湾区在全球的竞争力。粤港澳大湾区创新人才合作机制，出台高端人才政策，打造湾区“创新人才高地”。

3. 粤港澳大湾区建设要点

目前，我国经济发展面临着来自国际国内的双重压力和严峻挑战，亟待培育新动能和新的增长极。从国际来看，2008年金融危机之后，西方发达国家为了维护自身利益，开始推行“去全球化”的贸易保护主义模式，全球经贸发展进入深度调整期。

我国经过40年的改革开放和高速增长，现已进入转型发展的新时期。在这样的背景下，粤港澳大湾区的崛起备受瞩目和期待。粤港澳大湾区的建设，具有重大的现实意义。它是支撑中国经济的核心区域之一，同时作为21世纪海上丝绸之路的重点建设区域。

2017年7月1日，在习近平总书记见证下，国家发改委、广东省、香港特别行政区、澳门特别行政区共同签署了《深化粤港澳合作推进大湾区建设框架协议》。该协议提出，全面准确贯彻“一国两制”方针，完善创新合作机制，建立互利共赢合作关系，共同推进粤港澳大湾区建设。广东构建科技、产业创新中心和先进制造业、现代服务业基地；巩固和提升香港国际金融、航运、贸易三大中心地位，推动专业服务创新发展；推进澳门建设世界旅游休闲中心，促进澳门经济适度多元可持续发展。努力将粤港澳大湾区建设成为更具活力的经济区、宜居宜业宜游的优质生活圈和内地与港澳深度合作的示范区，携手打造国际一流湾区和世界级城市群。

粤港澳大湾区城市发展定位

香港 巩固和提升香港国际金融、航运、贸易三大中心地位，强化全球离岸人民币业务枢纽地位和国际资产管理中心功能，推动专业服务和创新及科技事业发展，建设亚太区国际法律及解决争议服务中心。

澳门 推进澳门建设世界旅游休闲中心，打造中国与葡语国家商贸合作服务平台，建设以中华文化为主流、多元文化共存的交流合作基地，促进澳门经济适度多元可持续发展，与大湾区共同打造世界旅游休闲目的地。

广州 粤港澳大湾区核心增长极、粤港澳大湾区世界级城市群的核心门户。依托南沙粤港澳全面合作示范区，建设粤港产业深度合作园等重大产业合作平台。推动穗港澳合作，深化医疗、高等教育、科技创新、法律服务、会计服务、知识产权保护等领域政策对接，吸引港澳现代服务业企业落户。推进穗港澳服务贸易自由化，促进穗港澳人流、物流、信息流、资金流的互联互通。

深圳 粤港澳大湾区建设的核心引擎、粤港澳大湾区国际科技创新中心。发挥深圳的科技创新优势，打造粤港澳大湾区国际科技创新中心。同时发挥广州、佛山、东莞的制造优势，发挥香港的金融和国际化优势，发挥澳门的区位、会展等优势，联合打造广深港科技走廊，形成湾区创新经济。以前海和落马洲河套地区为重点，打造粤港澳大湾区。建立新技术应用试验区，开展新技术、新产品的准入、标准、定价等试点，支持建设国家级的检测平台和应用中心，加速新技术产业化进程。增创区域协同发展新优势，以交通设施的互联互通为引领和基础，以广州、深圳为双中心，构建覆盖大湾区的轨道交通网络。推动深莞惠“3+2”经济圈深度融合发展，推动穗莞深城际线深圳段建设，加强与中山等珠江西岸地区产业协作。与此同时，高起点建设深汕特别合作区。

佛山　粤港澳大湾区枢纽城市、大湾区西部航空枢纽、大湾区高品质森林城市。构建“佛山+香港”合作新模式，深化与香港在科技创新、现代服务业等领域合作交流，建设粤港澳合作高端服务示范区。以广佛同心携手打造珠三角世界级城市群核心为引领，落实广佛同城化发展规划，重点抓好广佛环线及对接广州的 9 条地铁线规划建设，推进荔湾—南海、番禺—顺德、花都—三水同城化合作示范区建设。以港珠澳大桥、深中通道、虎门二桥、广深港高铁等建设为契机，加强与深圳、东莞等城市在技术、资本、人才等创新要素上的对接。

东莞　粤港澳大湾区先进制造业中心。在现有的镇街产业功能上做好增量，以滨海湾新区规划建设为契机，补齐和完善城市综合功能，让东莞从产业城市升级为粤港澳大湾区的综合性节点城市。重点加强穗莞合作，突出创新走廊共建、港口航运合作、交通互联互通、生态环境联治，加强高端服务业特别是高端医疗、教育和人才等方面的合作；积极参与深莞惠经济圈“3+2”建设，加强与港澳台在科技、金融、商贸、公共服务等领域的合作。

中山　粤港澳大湾区世界级先进制造业基地、区域性综合交通枢纽、产业创新中心和历史文化名城。与大湾区中心城市广州、深圳、香港互动，在规划上主动衔接，在交通上主动对接，在产业上主动承接。制定时间表和路线图，打通与周边城市间的断头路。紧密对接广东自贸区南沙、前海、横琴片区，复制推广自贸区先进经验。继续保持并提升对港澳地区蔬菜、四大家鱼等农产品的市场占有率。

珠海　粤港澳大湾区的中心连接点、大湾区的交通枢纽。积极推动珠港澳物流合作园建设，依托粤港澳大桥发展现代物流业，打造大桥经济区。重点发展国际贸易、仓储物流、电子商贸等业务，积极引导香港物流业向西面拓展。推动珠港澳三地机场合作，积极争取珠海机场开通国际航线和设立保税物流中心（B 型）。加快高栏港综合保税区申报建设，拓展珠海港国际航运服务体系，打通“川贵广—南亚”国际物流大通道。

惠州 粤港澳大湾区科技成果转化高地。积极推动基础设施互联互通，加快融入大湾区 1 小时都市圈，构建大湾区卫生与健康共同体。探索与香港、深圳等地共建产业园区，实现优势互补、资源共享。强化科技创新合作，拓展仲恺港澳青年创业基地功能，建设粤港澳大湾区科技成果转化高地。全面对接深圳“东进”战略，推动“深圳研发、惠州产业化”。积极对接广深科技创新走廊，认真落实深莞惠“3+2”对接事项，加强与东莞、汕尾、河源互补合作等。

肇庆 粤港澳大湾区连接大西南枢纽门户城市。一是加强与大湾区城市间的基础设施连通，积极对接佛山珠三角新干线机场；做好深江肇高铁、广湛高铁等前期工作，协调增加肇庆至深圳高铁班次，积极融入大湾区 1 小时生活圈。二是以肇庆东站、肇庆新港为依托，吸引大西南地区的产业资源前来粤港澳大湾区建设总部基地，规划面向粤港澳大湾区的绿色农副产品集散基地。三是探索与港澳深打造飞地经济，吸引港澳深三地的产业转移。

江门 粤港澳大湾区西翼枢纽门户城市。充分发挥港澳同胞和华侨资源丰富的独特优势，着力在发展平台、交通设施、城市建设、科技金融、文化旅游、侨资侨智等方面与粤港澳大湾区建设进行全方位对接。

粤港澳大湾区要在“一国两制”条件下进行制度创新，推动跨境金融、跨境科技创新和人才网络的建设，才能形成强大的发展合力。粤港澳大湾区的建设，要在以下领域重点发力。

第一，打造大湾区“经济共同体”。目标是建设成人员、货物、资金、信息等各种生产要素自由畅通的地区。从社会层面来讲，未来大湾区各城市之间在社会、文化、教育、卫生等方面，应逐步融合为一体，使大湾区全体居民都能分享经济发展的成果，享受更好的公共服务。形成以具有国际影响力的金融中心、贸易中心、航运中心和科技产业创新为支撑的全球规模最大、实力最强的大湾区经济中心。

第二，协调联动，一体发展，通过深化合作实现整体联动。需要树立平等意识，坚持一体规划，制定行为守则，建立协调机制，共建合作园区，畅通体制通道。探讨区域发展新路，湾区规划应由政府主导，湾区产业应由市场调控。考虑到大湾区“一国两制”、三个关税区、三套法律体系等实际情况，需要进行全面的体制创新，试行联办模式，打造创新平台。

第三，坚持“一国两制”，发挥香港、澳门的特殊优势。打破粤港澳大湾区的区域壁垒，发挥制度多样性和互补性的优势，打造全球一流的大湾区经济社会共同体。将粤港澳合作从经济领域延展至社会、民生领域，构建全球性的高端人才、高端资源要素、高端市场的平台。携手构建“一带一路”开放新格局，深入推进粤港澳服务贸易自由化，打造 CEPA 升级版。

第四，加强一体联动和错位发展，打造世界级城市群。香港突出国际商贸枢纽功能，广州强化产业总部基地特色，深圳推进创新创智创业建设，将大湾区建设成更具活力的经济区、宜居宜业宜游的优质生活圈和内地与港澳深度合作的示范区，构筑全球创新高地。需要转变传统的执政理念、发展思路、增长方式以及政府职能，实现公平共享包容发展。构筑国际化教育高地，完善就业创业服务体系，促进文化繁荣发展，共建绿色、宜居、宜业、宜游的世界级城市群。

第五，以港珠澳大桥为纽带，打造世界级旅游区。近期建设“一河两岸”旅游休闲区，提供不同主题、特色和档次的旅游产品和服务。丰富粤港澳“一程多站”旅游精品线路，加强与湖南、江西、贵州、广西、福建、海南等省的旅游对接。充分发挥南沙、前海、横琴三大自由贸易区的开放优势，打造粤港澳自由贸易港，通过自由贸易区、贸易港建设，带动高端资源“引进来”，推动自主创新成果“走出去”。支持香港建设多元旅游平台、澳门建设世界旅游休闲中心，推动广东与港澳联合开发海上丝绸之路旅游产品，加快推动粤港澳游艇自由行。

第六，加强基础设施和现代服务的互联互通。抓紧建设好港珠澳大桥、广深港高铁、深中通道等关键项目。加强基础设施互联互通，形成与区域经济社会发展相适应的基础设施体系，形成辐射国内外的综合交通体系。推动大湾区空间重构，形成由港口、铁路、高速公路、机场相互配套的现代化立体交通网路，促进彼此间人流、物流、资金流和信息流畅通流转。推动粤港澳金融竞合有序、协同发展，扩大内地与港澳金融市场要素双向开放与联通，形成以香港为龙头，以广州、深圳、澳门、珠海为依托，以南沙、前海和横琴为节点的大湾区金融核心圈。

第七，注重产业的转型提升，培育高端产业集群。发展跨界型新产业，现阶段以电子科技、生物医药、人工智能为突破口。从零散的产业布局转变为系统性产业链融合发展格局。培育利益共享的产业价值链，加快向全球价值链高端迈进，打造具有国际竞争力的现代产业先导区。重点培育新一代信息技术、生物技术、高端装备、新材料、节能环保、新能源汽车等产业集群。

第九章 国家安全问题

国家安全是国家的基本利益，是一个国家处于没有危险的客观状态。国家安全主要包括国民安全、领土安全、主权安全、政治安全、军事安全、经济安全、文化安全、科技安全、生态安全和信息安全。2014 年 1 月，中共中央决定设立国家安全委员会。国家安全战略是指一个国家在特定历史条件下，综合运用政治、经济、军事、文化等各种资源，应对核心挑战与威胁，维护国家安全利益与价值观的总体构想。从区域地理学的角度，本章对耕地与粮食安全、水资源安全、矿产资源安全、石油安全、海洋空间安全、环境安全等问题进行探讨。

一、概述

我国是一个幅员辽阔、资源丰富、人口众多的大国，目前正处于调结构、转方式的关键时期，降低各种国家风险，采取科学稳妥的可持续发展战略，为我国现代化建设提供坚实可靠的资源、能源、环境和发展保障，无疑具有重大的现实意义。

自然资源是人类赖以生存和发展的物质基础，具有自然和社会的双重属性。土地资源、水资源、生物资源等具有一定的地域分异规律，矿产资源的空间分布受到地质条件的制约。自然资源分布的不均衡，迫使我们不得不进行跨区域调配。某些资源长距离的运输，比如石油、战略金属矿产等，便牵涉到诸多国家安全的问题。

我国是一个发展中的大国，人口众多，地区差异大。随着人口的持续增加，尤其是产业发展和城镇建设的深入，资源与环境面临着空前的压力，国家安全问题日益突出。从地理学的角度来看，新时期我国面临的国家安全问题，主要是矿产安全、石油安全、水安全、耕地安全、海洋安全、环境安全等。

党的十九大报告提出，坚持总体国家安全观，统筹发展和安全，增强忧患意识，做到居安思危，并将其列为治国理政的一个重大原则。十九大报告强调，建立健全绿色低碳循环发展的经济体系；推进能源生产和消费革命，构建清洁低碳、安全高效的能源体系；推进资源全面节约和循环利用，实施国家节水行动，降低能耗、物耗。

二、耕地与粮食安全

耕地是指专门种植农作物并经常进行耕种、能够正常收获的土地。水田是指筑有田埂，可以经常蓄水，用来种植水稻、莲藕、席草等水生作物的耕地。旱地包括水浇地和无水浇条件的旱地。国家保护耕地，严格控制将耕地转为非耕地，并实行占用耕地补偿制度。基本农田是按照一定时期人口和社会经济发展对农产品的需求，依据土地利用总体规划确定的长期不得占用的耕地。耕地保护是关系中国经济和社会可持续发展的全局性战略问题。“十分珍惜、合理利用土地和切实保护耕地”是必须长期坚持的一项基本国策。

根据国家自然资源部发布的《2017 中国土地矿产海洋资源统计公报》，2017 年末全国耕地面积 20. 23 亿亩，折合 1. 35 亿公顷，人均耕地 1. 5 亩。近 30 年我国耕地数量逐渐减少，主要是由于建设占用、水土流失、荒漠化、土壤污染等，加之人口持续增加，致使人均耕地面积不断减少。

我国采取了耕地占补平衡的政策，尽管实现了耕地总量平衡，但优质耕地被大量占用，导致耕地总体质量持续下降。我国粮食生产仅能支持 14 亿国民的温饱，倘若遭遇较大自然灾害，就不得不从国际市场大量进口粮食。

为确保我国 14 亿人口的口粮供给，必须要有 18 亿亩以上的耕地，每年都要生产 6 亿吨粮食。因此，18 亿亩耕地红线，是中华民族赖以生存和发展的生命线。“十分珍惜、合理利用土地和切实保护耕地”是我国的一项基本国策。守住 18 亿亩耕地的红线，划定永久基本农田，确保耕地资源数量，才能保障国家粮食安全。坚持最严格的耕地保护制度，执行非农建设经批准占用耕地要“占多少，补多少，补充数量和质量相当”的耕地补偿制度。推进农业综合开发和基本农田整治，加快改造中低产田，抓紧治理耕地污染，建设高产稳产、旱涝保收、节水高效的规范化农田。增加对粮食生产和水利设施的投入，扶持粮食主产区和种粮大户。

我国是一个农业大国，更是一个人口大国。我国耕地资源具有以下特点：一是绝对量大，我国耕地面积仅次于美国、印度和俄罗斯，居世界第四位，我国东部位于季风气候区，雨热同期，有利于农业生产。二是人均耕地少，我国人均耕地 1. 47 亩，为世界平均水平的40%左右，居世界 120 位以后。三是总体质量不高，中低产田所占比重大，随着农业面源污染、工业“三废”污染的影响，耕地污染状况突出，土壤有机物含量逐渐下降。四是耕地资源与水资源空间匹配欠佳，华北耕地多，水资源不足，北方耕地以旱地为主，大部分依赖灌溉。五是耕地后备资源明显不足，总量仅 0. 8 亿亩，主要分布在新疆、黑龙江等地，开发难度较大。

我国实行耕地占补平衡政策，但往往是“补不抵占”，即使耕地总量平衡，城市周边的优质耕地被侵占，新开垦的耕地位置偏远，质量欠佳，结果导致耕地总体质量下降。

粮食是国民基本的生活资料，对于维系国家安全至关重要。改革开放以来，我国粮食产量稳步增长，从 1978 年的 3. 05 亿吨增加到 2017 年的 6. 62 亿吨，较好地解决了人民吃饭的问题。2017 年我国生产稻谷 21267. 6 万吨，小麦 13443. 4 万吨，玉米 25907. 1 万吨。我国南方长期作为粮食主产区，历史上形成了南粮北运的格局。但近些年，华北、东北粮食产量不断增加，粮食生产重心北移。产粮大省如黑龙江、吉林、内蒙古、河南、新疆、安徽等，而海南、青海、福建、浙江、广东则变成了商品粮大量调入的省份。粮食主产区北移，在一定程度上加剧了资源约束和自然灾害威胁。需要改变我国粮食主产区中长期存在的“粮食大省、经济弱省、财政穷省”的被动局面，加大科技投入，加快土地流转，推动规模经营，提高种粮的经济收益。针对粮食生产，加大利益补偿力度，建立农业技术推广服务体系，推广一大批先进、适用的农业新技术、新品种，培训一定数量的新农民。同时，控制化肥和农药的过度使用，以减轻生态环境压力。

目前，世界仍面临着人口迅猛增长、土地资源匮乏、水资源短缺等诸多挑战，粮食安全形势严峻。我国粮食供给务必自力更生，“中国人的饭碗一定要端在自己手里”。今后若干年，我国粮食自给率，应维持在95%左右，5%可依靠国际市场。实现我国粮食安全，解决国民吃饭问题，必须保障耕地资源安全。

三、水资源安全

我国水资源丰富，2017 年水资源总量 28761. 2 亿立方米，其中地表水资源量

27746.3 亿立方米，地下水资源量 8309.6 亿立方米（地表水与地下水资源重复量 7294.7 亿立方米），人均水资源量 2074.5 立方米。水资源较多的省区，有西藏（4749.9 亿立方米）、四川（2467.1 亿立方米）、广西（2388.0 亿立方米）、云南（2202.6 亿立方米）、湖南（1912.4 亿立方米）、广东（1786.6 亿立方米）、江西（1665.1 亿立方米）等。

从主要河流来看，长江年径流量 9857 亿立方米，珠江 3381 亿立方米，松花江 818 亿立方米，淮河 595 亿立方米，黄河 592 亿立方米，海河 163 亿立方米，辽河 137 亿立方米。我国水资源的问题，主要是人均水资源明显不足、时空分布不均、水污染严重、旱涝灾害频繁等。我国水资源在空间分布上，具有“南多北少、东多西少”的特点；在时间分配上具有夏秋多、冬春少和年际变化大的特点。

在水资源利用方面，存在的问题主要是：一是供水量巨大。2017 年我国总供水量 6043.4 亿立方米，是世界上供水最多的国家，其中农业供水 3766.4 亿立方米，工业供水 1277.0 亿立方米，生活供水 838.1 亿立方米，生态供水 161.9 亿立方米，人均用水量 435.9 立方米。近些年来，需水量增长速度超过可供水量增长速度。二是时空分配不均。水资源的时间分布特点是夏半年多，冬半年少，年际变化较大；空间分布特点是南多北少，东多西少。我国西北大部分地方严重缺水。就全国来看，水土资源在空间上明显的不匹配，沿海发达地区的用水缺口明显扩大。再就是洪涝灾害较为频繁。三是水质普遍下降。影响水质的主要因素是农业生产面源污染、工业生产“三废”污染、日常生活污染、水体富营养化等。四是我国水资源短缺表现出明显的区域差异。华北、西北多表现为资源型缺水，主要受制于气候因素。南方多表现为水质性缺水，与不合理用水、环境污染等因素密切相关。

我国水体污染主要是由工业废水、农药、生活污水以及各种废弃物排放造成的。我国单位产值的工业污染排放量比欧美国家常高出几倍到十几倍，城市生活污水排放量也日益上升，处理率比较低。我国的河流、湖泊和水库都受到不同程度的污染。全国 90%的地下水遭受不同程度的污染，其中浅层地下水污染情况严重。

水域对污染物的容纳能力是有限的，超过一定限度就会造成生态环境破坏。排放污染物时，必须充分考虑水体的承载能力，把环境污染控制在特定限度之内。通过法治、管理、科技等手段，预防和治理水污染。建立水质监测体系，发动社会各界力量，共同参与监督。

兴修水利，对自然界的水体，如河流、湖泊、海洋、地下水等进行调控和整治，能够提高水资源利用效率，减轻水旱灾害。通过修建水利工程，比如水库、渠道、跨流域调水工程等，可以解决水资源时空分布不均衡的问题。都江堰、京杭大运河、三峡工程、南水北调工程等，都是我国著名的水利工程。

我国水资源安全保护措施包括：一是兴修水利。对河流、湖泊、地下水等进行科学调控，修建水利工程，比如水库、渠道、跨流域调水工程等，以解决水资源时空分布不均衡的问题。这方面最典型的是南水北调工程。二是节约用水。推广节水技术，提高用水效率，增强水资源的经济承载力。农业是用水大户，发展节水型灌溉意义重大。加大节水宣传力度，提高公民节水意识。三是水污染防治。水域对污染物的容纳能力是有限的，排放污染物时，必须充分考虑水体的承载能力，把环境污染控制在特定限度之内。通过法治、管理、科技等手段，预防和治理水污染。四是进行水资源跨流域的调配。我国华北地区、西北地区水资源严重不足，在充分考虑生态环境的前提下，可进行跨流域调水，以弥补缺水地区的用水缺口。

四、矿产资源安全

矿产资源是国民经济和社会发展的物质基础。世界矿产资源分布很不平衡，矿业大国有美国、中国、俄罗斯、加拿大、澳大利亚、南非、巴西、印度、墨西哥等。

我国矿产资源具有以下特点：一是种类多，储量丰富。已探明储量的矿产资源约160种，资源总量约占世界的12%，是世界上矿产资源总量丰富、种类比较齐全的少数几个资源大国之一。其中，钨、锡、锑、稀土等居世界第一位，煤、钒、钼、锂等居世界第二位。但由于人口众多，我国人均矿产储量仅为世界平均水平的58%。二是贫矿多，富矿少，共生矿多。我国少部分矿产品位较高，如钨矿、锑矿等，大部分矿产品位较低，如铁、铜、铝土等，一半以上的矿产以共生形式赋存，利用难度大，开采成本高。比如，我国97%的铁矿为贫矿，利用难度较大。我国铜矿平均品位远低于智利、赞比亚等产铜大国。我国铝土矿、磷矿、锰矿多属于选矿冶炼难度较大的矿种，开采成本长期偏高。三是分布广泛但相对集中。我国大宗矿产集中分布在少数省区，煤炭资源以晋陕蒙相对集中，天然气资源多分布在西部，磷矿、钨矿、锡矿主要分布在南方少数省区，钾盐以青海相对集中，稀土高度集中在内蒙古白云鄂博一带。

表 9-1 2016 年我国主要矿产基础储量

矿产	单位	基础储量	矿产	单位	基础储量
石油	万吨	350120.30	锑矿	锑，万吨	52.09
天然气	亿立方米	54365.46	金矿	金，吨	2021.54
煤炭	亿吨	2492.26	银矿	银，吨	40611.10
铁矿	矿石，亿吨	201.20	菱镁矿	矿石，万吨	100772.52
锰矿	矿石，亿吨	31033.58	普通萤石	矿物，万吨	4229.21
铬矿	矿石，亿吨	407.18	硫铁矿	矿石，万吨	127809.00
钒矿	万吨	951.77	磷矿	矿石，亿吨	32.41
原生钛铁矿	万吨	23065.10	钾盐	KCl，万吨	56211.97
铜矿	铜，万吨	2620.99	盐矿	NaCl，亿吨	842.47
铅矿	铅，万吨	1808.62	芒硝	Na_2SO_4，亿吨	54.90
锌矿	锌，万吨	4439.11	重晶石	矿石，万吨	3626.21
铝土矿	矿石，万吨	100955.33	玻璃硅质原料	矿石，万吨	196374.73
镍矿	镍，万吨	277.36	石墨	矿物，万吨	7321.51
钨矿	WO_3，万吨	243.15	滑石	矿石，万吨	8204.62
锡矿	锡，万吨	116.40	高岭土	矿石，万吨	69285.05
钼矿	钼，万吨	830.91			

资料来源：国家统计局，中国统计年鉴 2017。

为保障国家经济安全、国防安全和战略性新兴产业发展需求，国家把铁矿、石油、铀矿、稀土等 24 种矿产列为战略性矿产，作为宏观调控和管理的重点对象。

我国绝大部分能源、工业原材料和农业生产资料都来自矿产资源。我国是世界上重要的矿业大国，年矿产开采量近 50 亿吨，约占世界的 1/10。我国缺乏一部分重要的矿产，比如石油、天然气、铁矿、锰矿、铬铁矿、铜矿、铝土矿、钾盐等。为了满足国民经济发展的需要，我国每年都要从澳大利亚、巴西大量进口富铁矿，从波斯湾、非洲和中美洲大量进口石油，从智利、秘鲁、赞比亚进口铜，从几内亚、澳大利亚、巴西、牙买加进口铝土，从新喀里多尼亚、古巴、加拿大进口镍，从摩洛哥、美国、俄罗斯进口磷酸盐。我国现为世界上消费矿产资源最多的国家，矿产品进口量逐年增加，不少矿产对外依存度居高不下。这不仅大幅度增加了生产成本，还加剧了矿产资源供给的风险，对我国安全和外交外贸提出了新的挑战。

保障我国矿产资源安全的措施主要是：加大矿产资源勘查力度，进一步摸清家底；加强矿产资源的节约利用，谋求某些紧缺矿产的替代产品；严厉打击非法盗采、走私矿产资源等行为；完善国家矿产资源战略储备体系；加紧推进资源供给国际化战略；改善矿区生态环境，提高矿产资源的利用率。

五、石油安全

世界石油资源分布极不平衡。2016 年全球石油探明储量 2407 亿吨，石油储量居前 10 位的国家，合占世界石油储量的 85%以上，其中中东石油储量要占到全世界的一半左右。石油资源丰富的国家主要是委内瑞拉、沙特阿拉伯、加拿大、伊朗、伊拉克、俄罗斯、科威特、阿联酋等。

美国、日本和欧盟的石油消费量高，其中美国更是全球第一大石油消费国。俄罗斯和中东拥有丰富的石油资源，沙特阿拉伯是世界第一大产油国。2016 年，中国和印度的石油消耗量分别居世界第二位和第三位。

我国石油资源储量丰富，但人均储量甚少。我国石油安全问题非常突出。2016 年，我国石油可采储量 35 亿吨，天然气储量 54365 亿立方米，同年我国生产原油 19969 万吨、天然气 1369 亿立方米。我国比较大的油田有大庆、胜利、延长、南疆等。我国石油储采比只有 17.5 年，现有油田大都已过高峰生产阶段，继续增产的压力较大。在油气资源丰富的海域，我国面临着与邻国的领土纠纷。鉴于上述，我国必须实行开源节流政策，一方面加大石油资源的勘探力度，另一方面从严控制石油消费，尤其是高耗油装备、大排量汽车等。

目前，我国大型油田包括（油气产量为 2016 年数据）：（1）长庆油田，生产原油 2392 万吨，天然气 365 亿立方米，所属的苏里格气田是目前我国最大的天然气田。（2）大庆油田，生产原油 3750 万吨，天然气 35 亿立方米。（3）渤海油田，生产原油 2900 万吨，天然气 25 亿立方米，中海油渤海油田是我国最大的海上油田。（4）塔里木油田，生产原油 550 万吨，天然气 236 亿立方米，是西气东输的主要气源地。（5）胜利油田，生产原油 2390 万吨，天然气 4 亿立方米。（6）西南油气田，生产天然气 195 亿立方米。（7）新疆油田，生产原油 1113 万吨，天然气 29 亿立方米。（8）延长油田，生产原油 1127 万吨，天然气 20 亿立方米。（9）南海东部油田，生产原油 912 万吨，天然气 6 亿立方米。（10）辽河油田，生产原油 976 万吨，天然气 6 亿立方米。较大的油气田还有南海西部油田、青海油田、中原油田、大港油田、华北油田、江汉油田、吉林油田、吐哈油田等。

自1993年我国成为石油净进口国以来，石油进口量逐年攀升，对外依存度不断提高，如今我国每年需要进口石油3.5亿~4.0亿吨，主要来自中东、非洲、俄罗斯、拉丁美洲等地，中东石油占进口总量的一半左右。霍尔木兹海峡、马六甲海峡、台湾海峡的航运安全问题，对于我国石油安全问题可谓至关重要。为了减少对海运石油的依赖，我国相继建成了中俄东北石油运输管道、中哈西北石油运输管道和中缅西南石油运输管道。瓜达尔港位于巴基斯坦俾路支省西南部，邻近霍尔木兹海峡，作为我国从中东进口原油的重要转运港。为了确保石油安全，2004年我国开始实行石油战略储备，现已建成舟山、舟山扩建、镇海、大连、黄岛、独山子、兰州、天津、黄岛（洞库）等国家石油储备基地。

中国现为全球最大的石油进口国，2017年，我国进口石油高达41957万吨，石油对外依存度超过65%，天然气对外依存度达到35%。中东的石油运输到中国，需要经过漫长的海上航线，尤其是要绕过印度半岛和马六甲海峡。如果发生战争，中国的石油供应线随时可能被掐断。2007年起，我国逐步建立了多元化的石油来源体系。目前，我国主要从俄罗斯、沙特、安哥拉大量进口石油，较大的石油进口国还有伊朗、伊拉克和美国。

表9-2 2016年中国进口原油主要来源国

排名	来源国	进口量/万吨	占比/%
1	俄罗斯	5238	13.8
2	沙特阿拉伯	5100	13.4
3	安哥拉	4343	11.4
4	伊拉克	3622	9.5
5	阿曼	3507	9.2
6	伊朗	3130	8.2
7	巴西	1873	4.9
8	委内瑞拉	1805	4.7
9	科威特	1634	4.3
10	阿联酋	1218	3.2

我国石油储备基地

2010年冬季，我国柴油供应突然短缺，但国家采取得力措施后很快趋于缓解，解决这方面的问题，石油储备中心发挥了关键作用。2003 年油价走高后，我国原油进口量不断攀升。2003 年 8000 万吨，2004 年 1.2 亿吨，2007 年 1.5 亿吨，2009 年突破 2 亿吨，目前超过 4 亿吨。现在威胁我国石油安全的国际因素主要是：原油进口增加，加大了石油供应的风险；由于种种自然或人为的原因，国际上可能出现短期和局部的供应短缺；敌对势力对我国石油供应造成威胁。建立巨型石油储备，保障国家能源安全，具有重要的现实意义。

2007 年 12 月 18 日，国家发改委宣布，中国国家石油储备中心正式成立，旨在加强中国战略石油储备建设，健全石油储备管理体系。我国决定用 15 年时间，分三期完成石油储备基地的建设。石油储备基地一期项目主要集中于东部沿海，一部分二期项目则布局在内地。首期 4 个储油基地分别位于浙江舟山和镇海、辽宁大连和山东黄岛，已于 2008 年全面投用。到 2017 年年中，我国建成舟山、舟山扩建、镇海、大连、黄岛、独山子、兰州、天津、黄岛（洞库）共 9 个国家石油储备基地，利用上述储备库及部分社会企业库容，储备原油 3773 万吨。到 2020 年，我国石油战略储备计划达到 90 天的进口量。

六、地质安全

地质灾害是指由地质动力作用所导致的岩体或土体位移、地面变形以及地质环境恶化，并危害人类生命财产安全的现象或过程。常见者如地震、滑坡、泥石流、崩塌、地面塌陷、地裂缝等。

1. 地震

全球有 85%的地震发生在板块边界上。地震带是地震集中分布的地带。世界上主要有三大地震带，即环太平洋地震带、欧亚地震带和大洋中脊地震活动带。

我国地震分布特点是东少西多，地质构造特点是以 105°E 为界分为东西两部分。中国西部地区是世界上大陆地震最活跃、最强烈和最密集的地区。环太平洋地震带对我国台湾及其附近海域影响最大。

华北区、台湾地区地震多发的成因是该区处在亚欧板块与太平洋板块的交界带，地壳活动强烈。西南地区地震、滑坡、泥石流多发的成因是印度洋板块和亚欧板块的挤压碰撞。

地震的形成、分布与板块构造有着密切的联系。我国位于太平洋板块、亚欧板块和印度洋板块的交会处，加之又地处世界两大地震带——环太平洋地震带和地中海—喜马拉雅地震带之间，所以地震发生的频率较高。我国的地震分布是不均匀的，有些地区地震发生较多，且震级较高，震中分布上呈现出条带状，被称为地震带。

我国地震灾害呈现出三个基本特点：一是分布范围广。全国大部分省（区）都发生过里氏 6 级以上的地震灾害。二是地震频率高，强度大。20 世纪以来，我国已发生里氏 6 级以上地震 700 多次，平均每年发生一次里氏 7 级以上地震。三是地震震源浅，危害大。我国绝大多数地震都是浅源地震，浅源地震对地表及其建筑物破坏较严重，可造成人员的大量伤亡。

我国地震主要位于五个地区，即台湾省及其附近海域；西南地区，包括西藏、四川中西部和云南中西部；西部地区，主要在甘肃河西走廊、青海、宁夏以及新疆天山南北麓；华北地区，主要在太行山两侧、汾渭河谷、阴山—燕山一带、山东中部和渤海湾；东南沿海地区，广东、福建等地。从中国的宁夏，经甘肃东部、四川中西部直至云南，有一条纵贯中国大陆、大致呈南北走向的地震密集带，历史上曾多次发生强烈地震，被称为中国南北地震带。2008 年 5 月 12 日汶川 8.0 级地震就发生在该带中南段。该带向北可延伸至蒙古境内，向南可到缅甸。

我国西部主要的地震带有天山地震带、昆仑山地震带、喜马拉雅地震带、阿尔泰地震带、祁连山地震带和红河地震带等。东部最强烈的地震带为台湾地震带，其次是东南沿海地震带、郯城—庐江地震带、河北平原地震带、汾渭地震带、燕山地震带和秦岭地震带。总的来说，大陆东部地震活动比西部弱。

从我国地震发生的空间位置的分布特点看，我国的深源地震仅出现于吉林的安图、珲春和黑龙江的穆棱、东宁、牡丹江一带，深度一般为 400~600 千米，是环太平洋地震带深震群的一部分，震级为 5~7.5 级，因震源过深，一般无破坏作用。我国中源地震主要有三处：一是台湾省东部的沿海，如基隆东北、花莲以东海域以及东南海域，深度为 100~270 千米；二是西藏南部江孜、达旺附近，深度为 140~180 千米；三是新疆西部的塔什库尔干、麻扎一带，深达 100~160 千米，是兴都库什中源地震群的一部分。我国的浅源地震分布最广泛，在深度上东西部稍有差别，东部大都在 30 千米范围之内，西部稍深，有的可达 40~50 千米，在喜马拉雅山北麓一带有的深达 60~70 千米。总之，我国的深、中源地震仅分布于环太平洋地震带和地中海—

喜马拉雅地震带上。它们都处于不同板块相互交接部位，现代构造运动强烈，能影响到上地幔之中，而分布最广、为数最多的浅源地震大都在50千米以内（地壳范围之内），它们与地质构造，尤其同活动断裂构造有着更密切的联系。我国近年来所发生的破坏性地震，其震源深度都是不超过30千米的浅源地震。

我国地震典型案例

唐山地震　唐山是我国华北重要的工业城市。1976年7月28日，唐山及周边地区遭受了中华人民共和国成立以来损失最为惨重的一次大地震。这次大地震的震级为里氏7.8级。强烈的地震使唐山这座人口稠密、经济发达的工业城市遭到灭顶之灾，人民生命财产遭受严重损失。这次地震共造成24.2万余人丧生，受伤人数达16.4万，整个唐山几乎被夷为平地。唐山大地震不仅震撼冀东，危及京津，而且还波及辽、晋、豫、鲁、内蒙古等14个省、直辖市、自治区。唐山大地震所释放的能量为3.2×10^{16}焦耳，这相当于一个12.5万千瓦发电机组连续运转8年的总发电量，或相当于1945年美国投向日本广岛原子弹爆炸能量的400倍。

四川地震　四川地处我国南北地震带中段，地震活动规模仅次于台湾、西藏、新疆和云南，居全国第五位。四川地震活动具有三个特点：一是地域范围广。全省震区面积达38万平方千米，主要地震区位于东经105°以西。二是强度大，频度高。自公元前26年至1992年共发生里氏7.0~7.9级地震19次，里氏6.0~6.9级48次，里氏5.0~5.9级159次。三是烈度高，破坏性大。四川地震绝大多数属构造地震中的浅源地震，与活动断层密切相关。2008年5月12日14时28分，四川汶川发生了里氏8.0级大地震，给人民的生命和财产造成重大损失。汶川地震导致69227名同胞遇难，17923名同胞失踪，需要紧急转移安置受灾群众1510万人，直接经济损失8451亿元。

2. 泥石流

泥石流是由暴雨、冰雪融水等激发的、含有大量泥沙石块的特殊洪流。由于泥石流挟带的固体物质多，所以冲刷、淤积量大，破坏力强。

我国的泥石流包括暴雨泥石流和冰川泥石流两种。在我国西部和半湿润、半干旱地区气候过渡带的山地环境中，普遍产生暴雨泥石流。在这些地区，干旱季节的风化提供了大量的松散物质，湿润季节的降雨成为泥石流暴发的主要激发因子。冰川泥石流主要发生在东经102°以西的高原上，由于这些地方人口稀少，致灾效应并不突出。

泥石流的形成条件是：地形陡峭，松散堆积物丰富，突发性、持续性大暴雨或大量冰融水的流出。泥石流经常发生在峡谷地区和地震火山多发区，在暴雨期具有群发性。它是一股泥石洪流，瞬间暴发，是山区严重的自然灾害。我国泥石流的暴发主要是受连续降雨、暴雨，尤其是特大暴雨集中降雨的激发。泥石流发生的时间规律是与集中降雨时间规律相一致，具有明显的季节性。一般发生在多雨的夏秋季节。

泥石流的活动强度主要与地形地貌、地质环境和水文气象条件三个方面的因素有关。泥石流的主要危害是冲毁城镇、企事业单位、工厂、矿山、乡村，造成人畜伤亡，破坏房屋及其他工程设施，破坏农作物、林木及耕地。泥石流有时也会淤塞河道，不但阻断航运，还可能引起水灾。

我国泥石流的分布，大体以燕山、太行山、龙门山、邛崃山、大凉山和乌蒙山一线为界分为两部分。该线以西的华北山地、黄土高原、秦岭山地、川滇山地和西藏高原东南部山地，是我国泥石流的主要发育地区，泥石流呈带状或片状分布。如川西的南坪、汶川、理县等地，每遇大雨，就有小至中型的灾害型泥石流发生。该线以东的辽东、华东和中南山地以及台湾、海南山地，泥石流呈零星分布。

我国有泥石流沟1万多条，其中的大多数分布在西藏、四川、云南、甘肃，大多是雨水泥石流，青藏高原则多是冰雪泥石流。我国有70多座县城受到泥石流的潜在威胁。目前我国已查明受泥石流危害或威胁的县级以上城镇有138个，主要分布在甘肃（45个）、四川（34个）、云南（23个）和西藏（13个）等西部省区，受泥石流危害或威胁的乡镇级城镇数量更大。

减轻或避防泥石流的工程措施主要有：跨越工程，穿过工程，防护工程，排导工程，拦挡工程。对于防治泥石流，常采用多种措施相结合，比用单一措施更为有效。

我国泥石流典型案例

云南东川蒋家沟泥石流 1977年7月27日，蒋家沟就暴发过一次大型的泥石流。26日夜间，蒋家沟一带乌云密布。次日凌晨3时，狂风呼啸，大雨倾盆。到天亮，大雨逐渐转为小雨。6时25分的时候，雨还在下，忽然从山沟里传出火车轰鸣一般的巨响。这种怪声就是泥石流暴发的响声。在巨响传出之前，往常流水不大的沟槽中，流量很快增大到每秒3~4立方米。

稍过片刻，突然出现断流状态。又过了几分钟，随着响声增大，泥石流滚滚而出。

舟曲泥石流　2010 年 8 月 7 日 22 时，甘南藏族自治州舟曲县突降暴雨，县城北面的罗家峪、三眼峪泥石流下泄，由北向南直冲县城，造成沿河房屋被毁，泥石流阻断白龙江，形成堰塞湖。本次特大型泥石流，造成 1270 人遇难，474 人失踪。舟曲 5 千米长、500 米宽的区域，被夷为平地。

3. 滑坡

滑坡是指斜坡上的岩体或土体在重力的作用下，沿着一定的软弱结构面发生整体顺坡下滑的现象。滑坡是山区常见的自然灾害现象之一。我国滑坡的成因很多，既有岩体、土体、内部结构、外表形态等内在因素，又有地下水活动、暴雨、地震、河流冲刷、人工爆破等外部因素，暴雨是诱发滑坡的主要外部因素。每年 6—8 月为我国滑坡灾害的主要活动期。

产生滑坡的基本条件是斜坡体前有滑动空间，两侧有切割面。违反自然规律、破坏斜坡稳定条件的人类活动都会诱发滑坡。降雨对滑坡的影响很大。降雨对滑坡的作用主要表现在：雨水的大量下渗，导致斜坡上的土石层饱和，甚至在斜坡下部的隔水层上积水，从而增加了滑体的重量，降低土石层的抗剪强度，导致滑坡产生。

我国滑坡的地理分布，大致以大兴安岭—太行山—巫山—雪峰山为界，东部滑坡分布较为稀疏，西部较为密集，而秦岭—川西—滇西山地为极密集区。滑坡灾害频率最高的是四川省，约占全国的 25%，其次是陕西、云南、甘肃、青海、贵州等省。

我国滑坡典型案例

甘肃洒勒山大滑坡　1983 年 3 月 7 日 17 时，我国甘肃东乡洒勒山发生大滑坡。仅 1 分钟的时间，整个洒勒山山体向下滑动了 300 多米，崩落的土石方被推出 1600 米左右，滑塌土石 6000 多万立方米，掩盖面积约 3 平方千米，山下村庄遭到毁灭性破坏。

七、生物入侵与安全防范

生物入侵是指生物由原生存地经自然或人为的途径侵入到另一个新的环境，对入侵地的生物多样性、农业生产、人类健康造成破坏的过程。就特定的生态系统而论，任何非本地的物种都叫作外来物种。

外来物种能够丰富人们的物质生活。美国于20世纪初从中国引种大豆，种植面积现为4亿多亩，美国成为最大的大豆生产国和出口国。历史上，我国相继引进苜蓿、葡萄、蚕豆、胡萝卜、豌豆、石榴、核桃、玉米、花生、甘薯、马铃薯、芒果、槟榔、无花果、番木瓜、夹竹桃、油棕、桉树等物种，促使我国农业生产丰富多样。

不适当的引种使得缺乏天敌的外来物种迅速繁殖，抢夺本地生物的生存空间，破坏生态平衡并导致本地物种减少甚至灭绝，严重危及当地的生态安全。生物入侵要经历传播、定居、生长、繁衍等阶段。入侵性强的物种具有繁殖力强、生长速度快等特征，很快就能够占据优势。外来有害生物侵入适宜生长的新区后，其种群会迅速繁殖，并逐渐发展成为当地新的“优势种”，严重破坏当地的生态安全。

中国现为外来生物入侵严重的国家，外来生物入侵呈现出数量增多、频率加快、蔓延范围扩大、发生危害加剧、经济损失严重等趋势。对我国农业、林业造成严重危害的入侵物有数十种，比如凤眼蓝、水花生、紫茎泽兰、大米草、薇甘菊、美国白蛾、松材线虫、马铃薯甲虫、牛蛙等，每年给我国造成的直接经济损失多达500亿元。近些年来，我国相继发现了西花蓟马、Q型烟粉虱、三叶草斑潜蝇等20余种世界危险性与暴发性物种的入侵。40年前传入中国的豚草，其花粉导致“花粉症”，会对人体健康造成很大危害。每到花粉飘散的7—9月，体质过敏者便会发生打喷嚏、流鼻涕等症状，进而导致其他的并发症。

凤眼蓝

凤眼蓝（Eichhornia crassipes Solms）又叫水葫芦，浮水草本。须根发达，茎短，匍匐枝淡绿色，叶在基部丛生，莲座状排列；叶片圆形，表面深绿色，叶柄内有许多气室；花葶多棱，花瓣紫蓝色。花期7—10月，果期8—11月。

原产巴西，现广泛分布于我国长江、黄河流域及华南各省。喜欢温暖湿润、阳光充足的环境，适应性强，具有一定的耐寒能力。凤眼蓝曾一度被很多国家引进，广泛分布于世界各地，亦被列入世界百大外来入侵种之一。全草为家畜、家禽饲料；嫩叶及叶柄可作蔬菜。全株也可供药用，有清凉解毒、除湿祛风等功效。

凤眼蓝过度繁殖，经常成为生态灾难。主要表现是阻断航道，影响排泄，限制水体流动，滋生蚊蝇细菌，导致水体恶化。水体营养化是凤眼蓝繁殖生长的根基，需要控制生产生活污水的排放。可用相关机械将其搅灭打碎，或直接捞起予以清除，还可用化学、生物方法予以清除。

以青草鲢鳙“四大家鱼”为主的8种亚洲本土鱼类，在美国被统称为亚洲鲤鱼。它们在进入美国的部分水系后，生长迅速，甚至对当地生态造成巨大威胁。当亚洲鲤流入伊利诺伊河时，民众才意识到问题的严重性。亚洲鲤习惯于在湖泊和河流的底部觅食，造成水质浑浊，降低水域质量，并使当地的贝类濒临灭绝。

对于入侵的有害物种，务必抓紧进行综合治理。外来有害物种一旦侵入，根治的难度很大，必须通过生物方法、物理方法、化学方法的综合运用，发挥各种治理方法的优势，谋求最佳治理效果。外来物种入侵作为全球性的问题，已经引起世界各国和国际组织的广泛关注。国际自然资源保护联盟、国际海事组织（IMO）等国际组织，已经制定了关于如何引进外来物种，如何预防、消除、控制外来物种入侵等各方面的指南等技术性文件。

八、网络信息安全

2017年，我国电信业务总量27596.74亿元，快递业务收入4957.11亿元；移动电话用户14.17亿户，其中，3G移动电话用户1.35亿户，4G移动电话用户9.97亿户，移动通话时间54004.7亿分钟。全国移动电话交换机容量24.21亿户，移动电话基站618.7万个，光缆线路长度3780万千米，包括长途光缆线路长度105.0万千米。

当前，移动互联网、云计算、大数据、物联网蓬勃发展，与各垂直行业不断跨界融合。企业用户的数据急剧增长，数据日益成为驱动企业发展的核心资产。与此同时，信息安全特别是网络信息安全备受关注。

IT设施日益成为社会和国家基础设施，网络空间重要性不亚于实体空间。信息网络已经独立于实体空间而衍生出一个庞大的“网域”空间，网络安全与国土安全、政治安全、经济安全一起，成为国家安全的重要组成部分。

当前网络安全问题，主要是病毒传播、域名劫持、漏洞攻击、拒绝服务、APT攻击等。网络攻击具有以下特点：组织性、目的性、逐利性、破坏性越来越强；攻击手段快速演变，攻击行为越来越隐蔽；攻击来源更加难以预测、不确定性显著增强；安全漏洞被利用的速度越来越快。

增强互联网安全的主要方法和途径包括：一是防火墙技术，加强网络安全和信息安全，保护内部网避免受非法用户的侵入。二是数据加密技术，提高信息系统及资料的安全性和保密性，防止秘密资料被外部破解，分为数据传输、数据存储、数据完整性的鉴别以及密钥管理技术。三是加强互联网安全管理，对网管人员和其他人员加强管理。

网络环境下的信息安全体系是保证信息安全的关键，包括计算机安全操作系统、各种安全协议、安全机制（数字签名、消息认证、数据加密等），直至安全系统。从信息安全层次看，分为物理安全、运行安全、数据安全三个层次。从信息安全领域看，包括传统安全、移动安全、云安全、工控和物联网安全、大数据安全等多个领域。

从产业结构看，信息安全产业由硬件、软件和信息安全服务构成。（1）安全硬件分为安全应用硬件和硬件认证两个领域，主要产品包括防火墙、VPN 网关、入侵检测系统、入侵防御系统、统一威胁管理网关、令牌、指纹识别、虹膜识别等。（2）安全软件分为安全内容与威胁管理、身份管理与访问控制和安全性与漏洞管理三个领域，主要产品包括防病毒软件、Web 应用防火墙、反垃圾邮件系统、数据泄露防护系统、数字证书身份认证系统、身份管理与访问控制系统、安全评估系统、安全事件管理系统、安全管理平台等。（3）安全服务主要包括咨询、实施、运维和培训。

我国网络安全法律体系加速形成，落实措施更加具体；关键信息基础设施面临的网络安全风险不断攀升；物联网、机器学习、人工智能引发的安全威胁更复杂；双边和多边网络安全合作将持续深化。

我国网络信息安全核心技术有待加强，主要问题是核心元器件、核心设备、核心系统依赖国外，安全防御技术落后，对高级别复杂性威胁应对能力不足，应对大数据、云计算等新兴技术网络安全风险的能力不足，网络信息安全人才匮乏。

2014 年 2 月，中央网络安全和信息化领导小组成立。2016 年 11 月，中国《网络安全法》获得通过。2016 年 12 月，国家互联网信息办公室发布《国家网络空间安全战略》。我国网络信息安全现已上升为国家战略。

2011—2015 年中国网络安全市场规模从 14.7 亿美元增长到 27 亿美元，2018 年国内信息安全市场总体规模可达 37. 13 亿美元。网络安全行业的市场被细分为政府、电信、金融、教育、能源等多个领域，其中，政府、电信、金融等国家主导行业占据信息安全市场中大半份额，合计占比为 59. 3%。

有效应对网络信息安全问题所带来的威胁，需要政府、企业和用户三方共同努力，构建正确的网络信息安全全局观，加强政企合作，持续加大安全投入，推动安全技术创新，多维度、多层级、全方位推进，形成拱卫之势。

第十章 建设美丽中国

2012年11月8日，党的十八大报告将“美丽中国”作为重要的执政理念。2015年10月召开的党的十八届五中全会上，“美丽中国”被纳入“十三五”规划。2017年10月18日，习近平同志在十九大报告中指出，加快生态文明体制改革，建设美丽中国。党的十九大报告明确指出，必须坚持节约优先、保护优先、自然恢复为主的方针，形成节约资源和保护环境的空间格局、产业结构、生产方式、生活方式，还自然以宁静、和谐、美丽。美丽中国，强调把生态文明建设放在突出地位，融入经济建设、政治建设、文化建设、社会建设各方面和全过程。

面对资源约束趋紧、环境污染严重、生态系统退化的严峻形势，加强美丽中国建设，补上生态文明建设这块短板，彰显环境就是民生、青山就是美丽、蓝天也是幸福的发展理念，无疑具有重要的现实意义。

一是推进绿色持续发展。建立绿色低碳循环发展的经济体系，加速发展节能环保、清洁生产、清洁能源等产业，进而实现生产方式的转型升级，推动区域和城市绿色发展。

二是解决环境污染问题。基于美丽中国建设，持续实施大气污染、水污染、固体废弃物污染、土壤污染防治行动，构建政府为主导、企业为主体、社会组织和公众共同参与的环境治理体系。

三是加大生态环境保护力度。基于美丽中国建设，优化生态安全屏障体系，构建生态廊道和生物多样性保护网络，推进生态保护红线、永久基本农田、城镇开发边界三条控制线划定工作，促进生产空间集约高效、生活空间宜居适度、生态空间山清水秀。

四是开展美丽区域建设行动。推进荒漠化、石漠化、水土流失综合治理，强化湿地保护和恢复，加强地质灾害防治，完善天然林保护制度，扩大退耕还林还草。健全耕地草原森林河流湖泊休养生息制度。

五是健全生态环境监管体制。基于美丽中国战略，开展对生态文明建设的总体设计，加强对自然资源和生态环境的监管，完善主体功能区政策体系，着力推进绿色发展、循环发展、低碳发展。

一、我国生态环境状况分析

根据《2017 中国生态环境状况公报》，对我国大气、淡水、海洋、土地、自然生态、气候变化与自然灾害、基础设施与能源状况进行分析。

大气环境 在全国 338 个地级及以上城市中，有 99 个城市环境空气质量达标，占 29.3%；有 239 个城市环境空气质量超标，占 70.7%。338 个地级及以上城市平均优良天数比例为 78.0%，PM2.5 和 PM10 平均浓度有所下降。空气质量较好的城市，如海口、拉萨、舟山、厦门、福州、惠州、深圳、丽水、贵阳和珠海。我国酸雨污染仍较严重，以浙江、上海、江西中北部、福建中北部、湖南中东部、广东中部、重庆南部、江苏南部、安徽南部相对严重。

水环境 在地表水 1940 个国控水质断面中，优良（Ⅰ～Ⅲ类）水质占 67.9%，劣Ⅴ类水质占 8.3%，大江大河干流水质稳步改善。西北、西南诸河水质为优，浙闽片河流、长江和珠江流域水质良好，黄河、松花江、淮河和辽河流域为轻度污染，海河流域为中度污染。地下水质、生活饮用水水源普遍较好。

海洋环境 海水符合第一类水质标准的海域面积占中国管辖海域面积的96%。劣质海水海域面积有所减少。近岸海域水质基本保持稳定。黄海水质良好，渤海、南海水质一般，东海水质差。9 个重要河口海湾中，胶州湾和北部湾水质良好，辽东湾水质一般，渤海湾、黄河口和闽江口水质差，长江口、杭州湾和珠江口水质极差。

生态环境 “优”和“良”的县域面积占国土面积的 42.0%，主要分布在秦岭—淮河以南及东北的大小兴安岭和长白山地区；“一般”的县域占 24.5%，主要分布在华北平原、黄淮海平原、东北平原中西部和内蒙古中部；“较差”和“差”的县域占 33.5%，主要分布在内蒙古西部、甘肃中西部、西藏西部和新疆大部。全国森林覆盖率 21.63%，森林蓄积量 151.37 亿立方米。全国共建立各种类型、不同级别的自然保护区 2750 个，总面积 147.17 万平方千米。其中自然保护区陆域面积占陆域国土面积的 14.86%。国家级自然保护区 463 个，面积 97.45 万平方千米。

气候变化与自然灾害 全国二氧化碳、甲烷和氧化亚氮平均浓度分别为 404.4 ppm、1907 ppb 和 329.7 ppb；暴雨落区重叠度高、极端性强；区域性和阶段性干旱明显；台风生成和登陆时间集中、登陆地点重叠度高，大风、冰雹、龙卷风、雷电等局地强对流天气发生频繁。

二、工作重点

从国家和区域发展的角度，建设美丽中国，需要注重以下方面：

1. 突出可持续发展

1987 年，世界环境与发展委员会在《我们共同的未来》报告中明确指出：可持续发展，是既满足当代人的需求，又不对后代人满足其需求的能力构成危害的发展。1992 年，在巴西里约热内卢召开的联合国环境与发展大会，通过了以可持续发展为核心的《21 世纪议程》。可持续发展包括三个基本原则：一是公平性原则，讲求本代人之间、代际之间的公平，不同国家与地区之间的公平；二是持续性原则，人类活动强度不能超越资源环境的承载能力；三是共同性原则，作为全球发展方案，需要世界各国的积极参与。

建设美丽中国的关键，在于协调和改善人地关系。人地关系是指地球表层作为地理环境对人类生存和发展的影响，以及人类活动对地理环境动态的作用，简言之就是人类社会与地理环境的关系。结合我国国情，需要构建绿色低碳循环发展的经济体系，构建市场导向的绿色技术创新体系，构建清洁低碳、安全高效的能源体系，倡导简约适度、绿色低碳的生活方式，推进荒漠化、石漠化、水土流失的综合治理，严格保护耕地，推进主体功能区制度建设，建设好自然保护区和国家公园。

全面落实主体功能区规划，对河流、湖泊、湿地、森林加大保护力度。突出“协调东中西、平衡南北方”的绿色布局思路，形成多层次可持续发展战略体系。西部加大生态环境保护力度，修建内外通道和区域性枢纽，西北重点防治荒漠化，西南重点防治水土流失。东北深化体制机制改革，加快转型升级，抓紧整治环境污染，对工矿废弃地加大垦复力度，增强发展活力、内生动力和整体竞争力。中部发挥“承东启西”的区位优势，培育绿色优势产业集群，增强中心城市和城市群的集聚能力，加大“山河库湖”综合整治力度。东部加强创新引领和开放发展，培育优势产业、特色产业和新兴产业，加大对京津冀、山东半岛、长三角、福建沿海、珠三角的环境整治和生态修复，建立全方位开放型经济体系。

2. 探讨美丽中国发展、美丽区域建设的新路子

美丽中国建设，要从源头抓起，应更多地考虑绿水青山，更多地考虑人民利益，更多地考虑国家长治久安。沿海面临着产业升级和开放创新的双重压力，中部面临着追赶与转型的双重压力，西部面临着经济发展与环境保护的双重压力，东北面临着体制机制改革与政府企业创新的双重压力。我国对外开放程度不断提高，加之信息化、高速铁路、高速公路的大规模建设，在很大程度上扩大了区域的对外联系。大数据、互联网、人工智能的发展，高速交通运输网络的建设，国际化的加速推进，都使得区域绿色发展战略的研究视野更为广阔，探索层次不断提升。将“美丽”作为建设社会主义现代化强国的目标和标志之一，创造出许多新的增长点，实现生态、绿色、循环、可持续发展。

一些地方生态环境脆弱又相对贫困，要通过改革创新，探索一条生态脱贫的新路子，让贫困地区的土地、劳动力、资产、自然风光等要素活起来，让资源变资产、资金变股金、农民变股东，让绿水青山变金山银山，带动贫困人口增收。必须改变过多依赖增加物质资源消耗、过多依赖规模粗放扩张、过多依赖高能耗高排放产业的发展模式，加快推动绿色、循环、低碳发展，化解过剩产能，积极发展低能耗的先进制造业、高新技术产业、现代服务业。科学布局生产空间、生活空间、生态空间，给自然留下更多修复空间，给农业留下更多良田，给子孙后代留下天蓝、地绿、水净的美好家园。实施山水林田湖生态保护和修复工程，划定生态红线和城市开发边界，让城市融入大自然，实行能源和水资源消耗、建设用地等总量和强度双控行动，倒逼传统发展方式转变。

基于美丽中国区域战略，加强土地指标约束、环境指标约束和建设指标约束。结合国家现行的土地利用规划、城乡建设规划和环境保护规划，强化集聚开发、分类保护、综合整治“三位一体”的框架，优化国土空间开发格局，提高能源资源保障能力，保护和改善生态环境，加快形成合理的空间规划体系，为建设美丽中国提供重要支撑和基础保障。到 2030 年，全国耕地保有量要保持在 18.25 亿亩以上，建成 12 亿亩高标准农田，规模以上矿山全部达到绿色矿山标准，年用水总量不超过 7000 亿立方米，国土开发强度不超过 4.62%，城镇空间控制在 11.67 万平方千米以内。以资源环境承载力评价为基础，确定环境质量、人居生态、自然生态、水资源和耕地资源 5

大类资源环境保护主题。

3. 推进四大板块协调发展

我国幅员辽阔、人口众多，在自然条件、历史基础、社会经济发展水平等方面存在着较大的差别，由此形成了显著的区域发展差异。进入21世纪后，国家根据全国各地的自然条件、经济基础、发展水平和对外开放程度，把全国划分为东部、中部、西部和东北四大地区，推动“四大板块”协调发展。

东部地区先进制造、高科技和第三产业相对发达，东北地区以重化工业为主导，在中、西部和东北地区，农业经济在国民经济中仍占有较大比重。就工业结构来看，我国具有“南轻北重，东轻西重”的基本特征。东部以轻型或综合型产业为主，东北和西部以重型工业为主，中部则表现出一定的过渡性特征。半个多世纪以来，我国工业化水平有大幅度提高，但依然存在着显著的区域差异。东部、东北工业化水平高，而中、西部则相对滞后。东部工业产值要明显高于中、西部和东北地区。从城市化水平来看，东部和东北远高于中、西部。东部城市的综合经济实力，要显著地高于我国其他地区的同类城市。根据《中国统计年鉴2018》所提供的2016年数据，我国四大地区发展差异显著。

东部地区包括北京、天津、河北、山东、江苏、上海、浙江、福建、广东和海南，人口5.33亿，地区生产总值44.78万亿元。东部地区抓住契机大力改革开放，改善投资环境，注重招商引资，取得了令人瞩目的建设成就。东部工业化、城市化和教育科技水平较高，其中京津冀、长三角、珠三角成为我国综合实力雄厚、辐射带动功能强大的都市圈。

中部地区包括山西、河南、安徽、湖北、江西和湖南，人口3.69亿人，地区生产总值17.65万亿元。中部地区改进基础设施，优化产业结构，扩大对外开放，采取得力措施加速崛起，工业和城市建设成绩斐然。由武汉都市圈、长株潭城市群、环鄱阳湖城市群构成的长江中游城市群，正在成为我国中部强大的增长极。

西部地区包括陕西、甘肃、宁夏、青海、新疆、云南、贵州、四川、重庆、西藏、内蒙古和广西，人口3.77亿，地区生产总值16.86万亿元。西部地区幅员广阔，资源丰富，少数民族较多，内部发展差异明显。西部深入实施西部大开发战略，强调生态环境保护，因地制宜发展，这些年各方面的建设都取得了长足进步。

东北地区包括黑龙江、吉林和辽宁，人口1.09亿，地区生产总值5.42万亿元。东北地区推进老工业基地振兴战略，发展新兴产业，淘汰落后产能，在转方式、调结构、节能减排等方面取得了显著成效。

国家“十三五”规划提出，继续推动东部、中部、西部、东北地区“四大板块”协调发展，重点推进“一带一路”建设、长江经济带发展、京津冀协同发展“三大战略”，在基础设施、产业布局、生态环保等方面实施一批重大工程。以国家级经济带为骨架，以区域中心增长极为节点，以县域发展为基础，形成覆盖全国的区域发展新战略。

4. 提升城乡建设水平，做好脱贫攻坚工作

推进新型城镇化。一是推进以人为核心的城镇化，强调以人为本、生态宜居和高效便捷，完善基础设施和公共服务。二是以城市群为主体形态，大中小城市和小城镇协调发展，借此克服“大城市病”和“小城镇病”。三是优化城镇布局，统筹城乡发展，使城镇化与新农村建设协调推进，推进农业转移人口市民化。四是节约集约利用资源和能源，推进城镇绿色低碳建设，提高城镇的综合承载能力，减少对自然界的干扰和破坏。五是重视文化传承，建设有历史记忆、地域特色、民族特点的美丽城市，让居民“望山见水”，记得住乡愁。

促进区域开放提升。统筹国内区域开发与国际经济合作，共同打造陆上经济走廊和海上合作支点，推动互联互通、经贸合作、人文交流。一是强调区域开放发展，“一带一路”和长江经济带的建设，京津冀协调发展，我国规划建设的一系列国际门户和走廊，皆强调协调发展要建立在对外开放的基础之上。二是注重区域绿色创新，重点推进边境经济合作区、跨境经济合作区、境外经贸合作区、国家级新区、自贸区、自由港的建设。三是从更高的层面、更广阔的视野谋划区域绿色发展，通过“协调东中西、平衡南北方”来优化全国空间布局，从“陆海内外联动，东西双向互济”来调整板块功能关系，统筹国内区域开发与国际经济合作，共同打造陆上经济走廊和海上合作支点，推动互联互通、经贸合作、人文交流。

老少边穷地区加快发展。支持革命老区、民族地区、边疆地区、贫困地区加快发展，抓重点、补短板、强弱项，推动贫困地区脱贫攻坚，支持革命老区开发建设，促进民族地区健康发展，推进边疆地区开发开放。将老少边穷地区放在美丽中国建设区域战略的优先位置，改善基础设施，完善公共服务，培育优势产业和特色经济，加强生态环境建设。美丽中国建设，更加重视乡村振兴，更加重视全面小康后的持续发展。农业农村农民问题是关系国计民生的根本性问题。乡村振兴，产业兴旺是重点，生态宜居是关键，乡风文明是保障，治理有效是基础，生活富裕是根本。

黄土高原

黄土高原东西长1000余千米，南北宽750千米。位于太行山以西，青海日月山以东，秦岭以北，长城以南，跨越山西、陕西、甘肃、青海、宁夏、河南等省、自治区。其位于我国第二级阶梯，面积约62万平方千米，海拔800~3000米。矿产资源丰富，以煤炭、石油、铝土、稀土为大宗。煤炭资源极为丰富，全国特大型煤田约有一半分布在这里。黄土高原是中华民族的发祥地，很多朝代在此建都，至今保留着许多文物古迹。

黄土高原属暖温带大陆性季风气候，冬春寒冷干燥，夏秋降雨较多。降水从东南向西北递减，西北部为干旱区，中部为半干旱区，东南部为半湿润区。黄土高原沟壑纵横，崩塌、滑塌、泻溜等重力侵蚀活跃，水土流失严重。黄河每年经陕县下泄的泥沙约16亿吨，其中90%来自黄土高原。严重的水土流失，不仅造成当地生态环境恶化、群众贫困、经济落后，而且给下游防洪安全构成了极大威胁。

水土流失的治理，坚持以小流域为单元，以县为基本单位，以修建水平梯田和沟坝地等基本农田为突破口，综合运用工程措施、生物措施和耕作措施治理水土流失。生态农业建设以林草建设为重点，狠抓蓄水节水，走综合治理的路子。

5. 加强耕地保护力度

我国耕地资源具有以下特点：（1）耕地总量大，人均数量少。2017年底我国耕地共计1.35亿公顷，居世界第四位，但人均耕地仅1.49亩，为世界人均水平的40%左右。近半个世纪以来，由于建设占用、水土流失、沙漠化、工业污染等原因，我国耕地数量持续减少。但这些年我国加大耕地保护力度，通过生态退耕、结构调整、土地整理等方式，又增加了一部分耕地。（2）耕地总体质量欠佳。土壤污染普遍存在，南方土壤重金属污染危害突出。再有就是“补不抵占”，由于大规模的城市和产业建设，优质耕地不断流失，补偿的多为劣质耕地，结果导致耕地质量普遍下降。（3）水土资源配置欠佳。我国北方耕地较多，但降水量明显不足，大部分土地需要灌溉；我国南方水资源占全国水资源总量的4/5，但耕地不到全国耕地总面积的2/5。（4）我国耕地后备资源匮乏，大部分集中在黑龙江、新疆两省区。

改革开放以来，我国粮食产量稳步增长，从 1978 年的 3.05 亿吨增加到 2017 年的 6.61 亿吨。在 2017 年所生产的粮食中，稻谷占 32.1%，小麦占 20.3%，玉米占 39.2%，豆类占 2.8%，薯类占 4.2%。我国吃饭问题并未完全过关，主要原因是人口数量过于庞大，耕地数量和质量皆不容乐观。倘若遭遇大规模的水灾或旱灾，我国不得不从国际市场大量进口粮食。

我国南方水、土、光、热的组合要优于北方。长江流域和珠江流域一直是我国粮食的主产区，历史上形成了南粮北运的格局。近些年来，华北地区、东北地区的粮食产量不断增加，粮食生产重心北移。从 2017 年粮食产量来看：黑龙江 7410.3 万吨，居全国第 1 位；河南 6524.2 万吨，居全国第 2 位；山东 5374.3 万吨，居全国第 3 位；吉林 4154.0 万吨，居全国第 4 位；安徽 4019.7 万吨，居全国第 5 位；河北 3829.2 万吨，居全国第 6 位；江苏 3610.8 万吨，居全国第 7 位；四川 3488.9 万吨，居全国第 8 位；产粮较多的省份还有内蒙古、湖南等。

解决我国 14 亿人口吃饭的问题，必须保障耕地安全和粮食生产安全。守住 18 亿亩耕地的红线，划定永久基本农田，坚持最严格的保护制度，严格控制各类非农建设占用耕地，确保耕地资源数量和质量，才能保障国家粮食安全。

基本农田是指按照一定时期人口和社会经济发展对农产品的需求，依据土地利用总体规划确定的不得占用的耕地。就永久基本农田来说，不得改变其用途，防止出现占优补劣的情况。推进农业综合开发和基本农田整治，加快改造中低产田，建设高产稳产、旱涝保收、节水高效的规范化农田。

6. 提高矿产资源利用水平

矿产资源是指经过地质成矿作用形成的，埋藏在地下或出露于地表，具有开发利用价值的矿物或有用元素的集合体。我国矿产资源赋存具有以下特点：一是品种多样，储量丰富。我国已探明储量的矿产资源有 160 种，其中钨、锡、锑、稀土、煤、钒、钼、锂等相对丰富。但由于人口众多，我国人均矿产储量仅为世界平均水平的 58%。二是贫矿多，富矿少，共生矿多。我国钨矿、锑矿品位较高，但铁、铜、铝土品位较低，大部分金属矿产以共生的形式赋存，利用难度较大。三是分布广泛，但相对集中。煤炭资源集中分布在山西、陕西和内蒙古等地，有色金属以甘肃、辽宁、湖南、江西相对集中。矿产资源开发，往往需要进行远距离的运输。

2016 年我国主要矿产基础储量如下：石油 35.01 亿吨，天然气 54365.46 亿立方米，煤炭 2492.26 亿吨，铁矿 201.20 亿吨，锰矿 3.10 亿吨，铜矿 2620.99 万吨，铝土矿 10.10 亿吨，钨矿 243.15 万吨，锡矿 116.40 万吨。总体来看，我国石油和天然气资源明显不足，铁矿以贫矿为主，铜矿资源偏少，铝土矿利用难度大，此外，一些战略性矿产资源匮乏，每年都要从国际市场上大量进口。

国家把铁矿、石油、铀矿、稀土等 24 种矿产列为战略性矿产，作为宏观调控和管理的重点对象。目前，需要加强勘查，摸清家底，广泛“开源”，健全矿产资源储备体系。还需要实施“走出去”战略，加强国际合作，推进矿产资源供给国际化，缓解国内资源缺口。改变矿产资源粗放利用方式，提高矿产资源利用率，改善矿区生态环境，是我国合理利用矿产资源的必由之路。

7. 加强水资源保护

我国水资源约占全球水资源总量的 6%，但人均水资源仅 2000 立方米。我国水资源存在的问题主要是时空分布不均、水资源不足、水污染严重、旱涝灾害频繁等。我国水资源在空间分布上，具有“南多北少、东多西少”的特点；在时间分配上具有夏秋多、冬春少和年际变化大的特点。沿海发达地区用水较多，工农业和服务业用水量不断增加，许多地方水资源明显不足。

夏季风给我国带来丰富的水汽，但降水过多就会引发洪涝灾害。洪涝灾害是我国主要的气象灾害之一，发生频率高，影响范围广，对经济社会发展和人民生命财产安全构成严重威胁。防御洪涝灾害，需要工程措施与非工程措施相结合。工程措施有修筑堤坝，整治河道，修建水库和分洪区（或滞洪、蓄洪区），完善排涝设施等。非工程措施主要是加强洪泛区的建设管制、建立洪水预警机制、落实居民撤离应急预案、推行防洪保险等。

在我国北方城镇工矿区，当地表水不够用时，就会抽取地下水。抽取的地下水过多，会破坏地下水的收支平衡，导致地下水位持续下降，形成中间深、四周浅的地下水漏斗。在华北地区，地下水漏斗的现象较为常见。

我国水体污染主要是由工业废水、农药、生活污水以及各种固、气体等废弃物排放所造成。北方的污染负荷普遍重于南方。全国 86% 的城市河段水质污染超标，一半以上的城市人口饮用污染超标水。

8. 严格控制环境污染

环境污染是指自然或人为的破坏，向环境中添加某种物质而超过环境的自净能力而产生危害的行为。一般分为大气污染、土壤污染、水体污染，还有噪声污染、光污染、放射线污染等。环境污染是各种污染因素本身及其相互作用的结果，其特点可归纳为公害性、潜伏性、长久性。

污染物的排放量和污染因素的强度随时间而变化。污染物和污染因素进入环境后，随着水和空气的流动而被稀释扩散。多种污染物同时存在时，对人或生物体的影响包括单独作用、相加作用、相乘作用和拮抗作用。

总体上看，我国环境污染形势依然严峻，雾霾天气多发、河道水体黑臭、垃圾围城、土壤污染、农村环境污染问题突出。我国酸雨区面积达380万平方千米，是继欧洲、北美洲之后，世界第三大酸雨危害区，酸雨污染治理任重道远。

在中央环保督察的推动下，各省相继关停了很多排放不达标、污染环境的“小、散、乱、污”企业，尤其是一部分污染严重的石化、钢铁、有色、化工、煤炭、水泥等重化工业企业。污染治理以“绩效导向”，源头控制+末端治理+治理付费等制度体系逐步完善。“十三五”期间，全国环保投资7.6万亿元，相当于“十二五”的两倍。政策措施由行政手段向法律的、行政的和经济的手段延伸，第三方治理污染的积极性和主动性被充分调动起来。环保税、排污许可证等市场化手段陆续推出，政策红利逐步显现。

根据国家要求打好“蓝天保卫战”，加大对大气污染，特别是雾霾的治理力度，推进能源的清洁利用，控制北方供暖季节的大气污染。全面整治重点城市建成区的黑臭水体，加强污水处理厂的提标改造，加强农村面源污染整治。2016年12月，国家公布《关于全面推行河长制的意见》，全面推行河长制，即由各级党政主要负责人担任“河长”，负责组织领导相应河湖的管理和保护工作。

污染物跨境转移较为常见，比如污染物通过河流、海洋、大气进行转移，形成跨境河流污染、海上石油泄漏、酸雨区等。还有将污染物出口，或者输出污染行业。这些情况现已演化成国际性，甚至全球性的环境问题。一部分地区为了谋求眼前利益，采取相对宽松的环境政策，接纳高能耗、高物耗、高污染的企业，被称为“污染避难所”，尽管短期经济效益显著，却付出了惨重的生态环境代价。我国严格控制污染物入境。2017年7月，国务院出台了《禁止洋垃圾入境，推进固体废弃物进口管理制度改革实施方案》，全面禁止洋垃圾入境。

环境影响评价制度是贯彻预防为主的原则，事先对拟建项目可能产生的环境影响进行调查、预测和评定，并提出防治对策和措施，避免污染的产生和蔓延。

9. 加大荒漠化治理力度

世界上有100多个国家和地区的12亿人受到荒漠化的威胁，上亿人面临丧失土地的危险。我国有近4亿人生活在受荒漠化影响的地区。全国每年因荒漠化造成的经济损失巨大，许多村庄、铁路、公路、水库，以及灌渠等受到风沙的威胁。同时，荒漠化造成表土裸露，为沙尘暴的形成提供了充足的沙源。荒漠化导致了植被和地表形态的破坏，使得生物的生产力持续下降，粮食和牧草减产甚至绝收，继而引发饥荒，这些成为荒漠化地区经济社会可持续发展的重要阻碍因素。

黄土高原位于秦岭及渭河平原以北，长城以南，太行山以西，洮河及乌鞘岭以东，涉及山西、河南、陕西、甘肃、宁夏等省区，土地面积约50万平方千米，海拔800~3000米，年降水量450毫米。黄土高原生态环境普遍脆弱，沟壑区每年每亩流失土壤5~10吨，水土流失面积多达23.9万平方千米。本区所流失的水土成为黄河泥沙的主要来源。

针对我国北方，特别是西北地区荒漠化严重的状况，1978年国家开始实施“三北”防护林体系建设工程。西北地区的荒漠化防治工作从此得到广泛重视，许多地方的土地荒漠化状况得到很大改观。但是，由于“边治理，边破坏”的现象长期存在，西北地区的荒漠化土地面积仍在继续扩大。

10. 自然保护区建设

生物多样性是指地球上所有生物体及其构成的综合体，包括遗传多样性、物种多样性和生态系统多样性。其中，物种的数量是衡量生物多样性丰富程度的基本标志。丰富的生物多样性可以增强生态系统提供产品和服务的能力。

生态破坏是指由于人类不合理开发利用资源而引起的生态失衡或自然资源枯竭，如森林毁灭、草原退化、土地荒漠化、水土流失和生物多样性减少等。

自然资源的过度开发，工业化和城市化的加速推进，都会破坏野生物种生存繁衍的环境，进而对生物多样性造成不利影响。热带雨林正在被大规模地毁坏，年均损失约0.6%，倘若照此速度，两个世纪内，地球上的热带森林将损失殆尽。热带雨林的毁坏，直接导致地球生物多样性大幅度减少。

根据国家规定，凡具有下列条件之一的，应当建立自然保护区：一是典型的自然地理区域、有代表性的自然生态系统区域以及已经遭受破坏但经保护能够恢复的同类自然生态系统区域；二是珍稀、濒危野生动植物物种的天然集中分布区域；三是具有特殊保护价值的海域、海岸、岛屿、湿地、内陆水域、森林、草原和荒漠；四是具有重大科学文化价值的地质构造、著名溶洞、化石分布区、冰川、火山、温泉等自然遗迹；五是经国务院或者省、自治区、直辖市人民政府批准，需要予以特殊保护的其他自然区域。2017 年，全国共建立各种类型、不同级别的自然保护区 2750 个，总面积 147. 17 万平方千米。其中自然保护区陆域面积占陆域国土面积的 14. 86%。国家级自然保护区 463 个，面积 97. 45 万平方千米。我国有超过 90%的陆地自然生态系统类型和国家重点保护野生动植物种类，以及大多数重要自然遗迹都在自然保护区内得到保护，部分珍稀濒危物种种群逐步得到恢复。

我国依据自然保护区的主要保护对象，将自然保护区分为三大类别：自然生态系统保护区，主要保护具有一定代表性、典型性和完整性的生物群落和非生物环境共同组成的生态系统；野生生物保护区，以野生生物物种，尤其是珍稀濒危物种种群及其自然生境为保护对象；自然遗迹保护区，主要保护具有特殊意义的地质遗迹和古生物遗迹。按照保护区的性质来划分，自然保护区可以分为科研保护区、国家公园、管理区和资源管理保护区四类。

自然保护区的建设和管理以保护为主，在不影响保护的前提下，把科学研究、宣传教育、生产和旅游等活动有机地结合起来，充分发挥自然保护区的生态、社会和经济效益，实现人与自然的和谐发展。我国初步形成布局合理、类型齐全、功能相对完善的自然保护区网络体系，为保护生物多样性、筑牢生态安全屏障、确保生态系统安全稳定和改善生态环境质量提供了重要保障。

参考文献

1. Rachel Carson. 寂静的春天[M]. 吕瑞兰，李长生，鲍冷艳，译. 上海：上海译文出版社/中国青年出版社，2015.
2. Ragnar Nurkse. 不发达国家的资本形成问题[M]. 谨斋，译. 北京：商务印书馆，1966.
3. Herman E. Daly，等. 走向稳态经济[M]. 马杰，译. 北京：商务印书馆，2001.
4. Herman E. Daly. 超越增长—可持续发展的经济学[M]. 诸大建，译. 上海：上海译文出版社，2001.
5. Ebenezer Howard. 明日的田园城市[M]. 金经元，译. 北京：商务印书馆，2000.
6. Thunen J V. 孤立国同农业与国民经济的关系[M]. 吴衡康，译. 北京：商务印书馆，1997.
7. 阿尔弗雷德·马歇尔. 经济学原理[M]. 廉运杰，译. 北京：华夏出版社，2005.
8. 阿尔弗雷德·韦伯. 工业区位论[M]. 李刚剑，陈志人，张英保，译. 北京：商务印书馆，1997.
9. 阿瑟·刘易斯. 经济增长理论[M]. 周师铭，沈丙杰，沈伯根，译. 北京：商务印书馆，2010.
10. 弗里德里希·李斯特. 政治经济学的国民体系[M]. 北京：北京华夏出版社，2009.
11. Christaller W. 德国南部中心地原理[M]. 常正文，王兴中，译. 北京：商务印书馆，1998.
12. 李国平. 产业转移与中国区域空间结构优化[M]. 北京：科学出版社，2016.
13. 仲小敏，李兆江. 天津地理[M]. 北京：北京师范大学出版社，2011.
14. 傅鸿志，尹德涛，张建松. 辽宁地理[M]. 北京：北京师范大学出版社，2014.
15. 李诚固，董会和. 吉林地理[M]. 北京：北京师范大学出版社，2010.
16. 臧淑英，肖海丰，陈晓红，那晓东. 黑龙江地理[M]. 北京：北京师范大学出版社，2014.
17. 张祖陆，姜鲁光，李子君. 山东地理[M]. 北京：北京师范大学出版社，2014.
18. 赵媛，管卫华，顾筱莉. 江苏地理[M]. 北京：北京师范大学出版社，2011.
19. 叶玮，章明卓. 浙江地理[M]. 北京：北京师范大学出版社，2013.
20. 李娟文，朱俊林，梅湖惠. 湖北地理[M]. 北京：北京师范大学出版社，2015.
21. 李永文，李晓霞，刘玉振. 河南地理[M]. 北京：北京师范大学出版社，2010.
22. 张争胜，陈朝隆，廖伟群. 广东地理[M]. 北京：北京师范大学出版社，2014.
23. 卓胡宝清，毕燕. 广西地理[M]. 北京：北京师范大学出版社，2011.

24. 满都呼，赵金涛. 内蒙古地理[M]. 北京：北京师范大学出版社，2016.

25. 满苏尔·沙比尔. 新疆地理[M]. 北京：北京师范大学出版社，2012.

26. 张春来，米文宝. 宁夏地理[M]. 北京：北京师范大学出版社，2016.

27. 玛措. 青海地理[M]. 北京：北京师范大学出版社，2010.

28. 古格·其美多吉. 西藏地理[M]. 北京：北京师范大学出版社，2013.

29. 李兰冰，刘秉镰. 中国区域经济增长绩效、源泉与演化：基于要素分解视角[J]. 经济研究，2015，50(08)：58-72.

30. 蔡宁，丛雅静，吴婧文. 中国绿色发展与新型城镇化—基于SBM-DDF模型的双维度研究[J]. 北京师范大学学报(社会科学版). 2014(05)：130-139.

31. 陈洪全，张云峰. 江苏沿海经济发展的区域差异及空间格局演变[J]. 地理科学，2016，36(02)：283-288.

32. 陈凯，张方. 生产性公共支出、空间溢出效应与区域经济差距——基于多地区动态一般均衡模型的分析[J]. 中国人口·资源与环境，2017，27(4)：58-67.

33. 陈雯，孙伟，吴加伟，等. 长江经济带开发与保护空间格局构建及其分析路径[J]. 地理科学进展，2015，34(11)：1388-1397.

34. 陈彦光. 交通网络与城市化水平的线性相关模型[J]. 人文地理，2004(2)：62-65.

35. 陈雁云，朱丽萌，习明明. 产业集群和城市群的耦合与经济增长的关系[J]. 经济地理，2016，36(10)：117-122.

36. 成艾华，魏后凯. 促进区域产业有序转移与协调发展的碳减排目标设计[J]. 中国人口. 资源与环境，2013，23(01)：55-62.

37. 仇保兴. “共生”理念与生态城市[J]. 城市规划，2013，37(09)：9-16.

38. 仇保兴. 简论我国健康城镇化的几类底线[J]. 城市规划，2014，38(01)：9-15.

39. 仇保兴. 迈向“深度城镇化”[J]. 中国经济报告，2016，(02)：16-18.

40. 仇保兴. 智慧地推进我国新型城镇化[J]. 城市发展研究，2013，20(05)：1-12.

41. 崔大树，张晓亚. 长江三角洲城市群空间效率测度研究[J]. 地理科学，2016，36(3)：393-400.

42. 旦志红，方创琳，何伦志. 丝绸之路经济带中国—哈萨克斯坦国际合作示范区互市贸易区建设探析[J]. 干旱区地理，2016，39(05)：987-993.

43. 董艳梅，朱英明. 新常态下交通对中国经济质量增长的贡献[J]. 北京交通大学学报(社会科学版)，2017，16(1)：27-37.

44. 杜立柱，张毅. 新常态下哈长城市群发展战略研究[J]. 城市发展研究，2016，23(6)：82-87.

45. 段小薇，李璐璐，苗长虹，等. 中部六大城市群产业转移综合承接能力评价研究[J]. 地理科学，2016，36(5)：681-690.

46. 樊杰，杨晓光. 扶持我国落后地区经济发展的新观念——以西部开发战略为重点[J]. 地理研究，2000，19(1)，8-14.

47. 樊杰，刘汉初. “十三五”时期科技创新驱动对我国区域发展格局变化的影响与适应[J]. 经济地理，2016，

36(01)：1-9.

48. 樊杰，刘毅，陈田，等. 优化我国城镇化空间布局的战略重点与创新思路[J]. 中国科学院院刊，2013，28(01)：20-27.

49. 樊杰，陶岸君，吕晨. 中国经济与人口重心的耦合态势及其对区域发展的影响[J]. 地理科学进展，2010，29(01)：87-95.

50. 樊杰，王亚飞，陈东，等. 长江经济带国土空间开发结构解析[J]. 地理科学进展，2015，34(11)：1336-1344.

51. 樊杰. 中国主体功能区划方案[J]. 地理学报，2015，70(02)：186-201.

52. 樊鹏飞，梁流涛，李炎埔，等. 基于系统耦合视角的京津冀城镇化协调发展评价[J]. 资源科学，2016，38(12)：2361-2374.

53. 方创琳. 城市多规合一的科学认知与技术路径探析[J]. 中国土地科学，2017，31(1)：28-35.

54. 方创琳，关兴良. 中国城市群投入产出效率的综合测度与空间分异[J]. 地理学报，2011，66(08)：1011-1022.

55. 方创琳. 京津冀城市群协同发展的理论基础与规律性分析[J]. 地理科学进展，2017，36(1)：15-24.

56. 方创琳，毛其智，倪鹏飞. 中国城市群科学选择与分级发展的争鸣及探索[J]. 地理学报，2015，70(4)：515-527.

57. 方创琳，张永姣. 中国城市一体化地区形成机制、空间组织模式与格局[J]. 城市规划学刊，2014(06)：5-12.

58. 方创琳. 中国城市发展方针的演变调整与城市规模新格局[J]. 地理研究，2014，33(4)：674-686.

59. 方创琳，中国城市群研究取得的重要进展与未来发展方向[J]. 地理学报，2014，69(8)：1130-1144.

60. 方创琳，周成虎，顾朝林，等. 特大城市群地区城镇化与生态环境交互耦合效应解析的理论框架及技术路径[J]. 地理学报，2016，71(04)：531-550.

61. 方创琳，周成虎，王振波. 长江经济带城市群可持续发展战略问题与分级梯度发展重点[J]. 地理科学进展，2015，34(11)：1398-1408.

62. 方创琳. 中国城市群形成发育的新格局及新趋向[J]. 地理科学，2011，31(09)：1025-1034.

63. 冯兴华，钟业喜，李建新，等. 长江流域区域经济差异及其成因分析[J]. 世界地理研究，2015，24(3)：100-109.

64. 关兴良，魏后凯，鲁莎莎，等. 中国城镇化进程中的空间集聚、机理及其科学问题[J]. 地理研究，2016，35(02)：227-241.

65. 李建华，蔡尚伟. "美丽中国"的科学内涵及其战略意义[J]. 四川大学学报(哲学社会科学版). 2013(5)：135-141.

66. 李建新，钟业喜，黄洁，等. 21世纪以来京汕低谷带经济发展差异研究[J]. 经济地理，2015，35(08)：10-18.

67. 李晶晶，苗长虹. 长江经济带人口流动对区域经济差异的影响[J]. 地理学报，2017，72(2)：197-212.

68. 李郇，徐现祥，陈浩辉．20世纪90年代中国城市效率的时空变化[J]．地理学报，2005，(04)：615-625.
69. 李亚婷，秦耀辰，闫卫阳，等．河南省公路网络的可达性空间格局及其演变特征[J]．地域研究与开发，2010，29(1)：60-64.
70. 李一曼，修春亮．浙江省陆路交通可达性与经济社会协调性研究[J]．长江流域资源与环境，2014，23(6)：751-758.
71. 刘安国，马睿娟，王美艳．中国城市和区域发展差异的新经济地理学解释[J]．经济问题探索，2016(10)：88-96.
72. 陆大道．地理学关于城镇化领域的研究内容框架[J]．地理科学，2013，33(08)：897-901.
73. 陆大道．地区合作与地区经济协调发展[J]．地域研究与开发，1997，(01)：45-48.
74. 陆大道．关于我国区域发展战略与方针的若干问题[J]．经济地理，2009，29(01)：2-7.
75. 陆大道．京津冀城市群功能定位及协同发展[J]．地理科学进展，2015，34(03)：265-270.
76. 陆大道．我国区域发展的战略、态势及京津冀协调发展分析[J]．北京社会科学，2008，(06)：4-7.
77. 麻清源，金马辉，张超．基于网络分析的交通网络评价及其与区域经济发展关系研究[J]．人文地理，2006，21(4)：113-116.
78. 马静，邓宏兵，张红．长江经济带区域经济差异与空间格局分析[J]．统计与决策，2017(16)：86-90.
79. 马静，李小帆，张红．长江中游城市群城市发展质量系统协调性研究[J]．经济地理，2016，36(7)：53-61.
80. 马晓蕾，马延吉．基于GIS的中国地级及以上城市交通可达性与经济发展水平关系分析[J]．干旱区资源与环境，2016，30(04)：8-13.
81. 孟德友，陆玉麒．基于铁路客运网络的省际可达性及经济联系格局[J]．地理研究，2012，31(1)：107-122.
82. 欧阳虹彬，叶强．弹性城市理论演化述评：概念、脉络与趋势[J]．城市规划，2016(03)：34-42.
83. 庞博，方创琳．智慧低碳城市发展的动力机制探究[J]．干旱区地理，2016，39(03)：621-629.
84. 邵波，陈兴鹏．中国西北地区经济与生态环境协调发展现状研究[J]．干旱区地理，2005，28(1)：136-141.
85. 沈清基．论基于生态文明的新型城镇化[J]．城市规划学刊，2013(01)：29-36.
86. 苏红键，魏后凯．密度效应、最优城市人口密度与集约型城镇化[J]．中国工业经济，2013(10)：5-17.
87. 唐常春，刘华丹，袁冬梅．基于多尺度的湖南省区域经济差异演进分析[J]．人文地理，2016(5)：133-140.
88. 王奇兵，许继琴．贸易开放对区域经济差异的影响研究[J]．特区经济，2015(12)：104-105.
89. 王瑞军．基于省域视角的中国交通运输对区域经济发展影响研究[D]．北京交通大学，2013.
90. 王圣云，翟晨阳，顾筱和．长江中游城市群空间联系网络结构及其动态演化[J]．长江流域资源与环境，2016，25(3)：353-364.
91. 王晓广．生态文明视域下的美丽中国建设[J]．北京师范大学学报(社会科学版) 2013(2)：19-25.

92. 王晓毅. 绿色发展模式下的精准扶贫[J]. 中国财政. 2016(11): 29-31.

93. 魏后凯, 成艾华. 携手共同打造中国经济发展第四极——长江中游城市群发展战略研究[J]. 江汉论坛, 2012(4): 5-15.

94. 魏后凯. 实行多中心网络开发支撑长期中高速增长[J]. 区域经济评论, 2015(11): 5-7.

95. 魏后凯, 赵勇. 深入实施西部大开发战略评估及政策建议[J]. 开发研究, 2014(01): 1-7.

96. 魏后凯, 朱焕焕. 长江中游城市群范围界定与一体化推进策略[J]. 企业经济, 2015, (09): 12-18.

97. 魏后凯. 推进雄安新区建设的若干战略问题[J]. 经济学动态, 2017(07): 10-12.

98. 魏后凯. 我国城镇化战略调整思路[J]. 中国经贸导刊, 2011(07): 17-18.

99. 魏后凯. 新区域经济战略中的东北棋局[J]. 人民论坛, 2015(24): 40-42.

100. 吴敬琏. 我国城市化面临的效率问题和政策选择[J]. 新金融, 2012(11): 4-7.

101. 杨桂山, 徐昔保, 李平星. 长江经济带绿色生态廊道建设研究[J]. 地理科学进展, 2015. 34(11): 1356-1367.

102. 杨开忠. 区域协调发展新格局的基本特征[J]. 中国国情国力, 2016(5): 6-8.

103. 杨志江, 文超祥. 中国绿色发展效率的评价与区域差异[J]. 经济地理, 2017(03): 10-18.

104. 于晓华, 方创琳, 罗奎. 丝绸之路经济带陆路边境口岸城市地缘战略优势度综合评估[J]. 干旱区地理, 2016, 39(05): 967-978.

105. 张梅. 绿色发展: 全球态势与中国的出路[J]. 国际问题研究, 2013(5): 93-102.

106. 张文忠. 宜居城市建设的核心框架[J]. 地理研究, 2016(2): 205-213.

107. 赵渺希, 黎智枫, 钟烨, 等. 中国城市群多中心网络的拓扑结构[J]. 地理科学进展, 2016, 35(3): 376-388.

108. 赵勇, 魏后凯. 政府干预、城市群空间功能分工与地区差距——兼论中国区域政策的有效性[J]. 管理世界, 2015(08): 14-29, 187.

109. Allwood J M, Ashby M F, Gutowski T G, et al. Material Efficiency: A White Paper[J]. Resources, Conservation and Recycling, 2011, 55(3): 362-381.

110. Brun J. F., Combes J. L., Renard M. F. Are There Spillover Effects between Coastal and Noncoastal Region in China? [J]. China Economic Review, 2002, 13(2-3): 161-169.

111. Cai F, Wang D, Du Y. Regional disparity and economic growth in China[J]. China Economic Review, 2002, 13(2-3): 197-212.

112. Clark W C. Sustainability science: A room of its own[J]. Proceedings of the National Academy of Sciences, 2007, 104(6): 1737.

113. Dautel V, Walther O. The geography of innovation in a small metropolitan region: An intra - regional approach in Luxembourg[J]. Papers in Regional Science, 2014, 93(4): 703-725.

114. Démurger S. Infrastructure Development and Economic Growth: an Explanation for Regional Disparities in China [J]. Comp. Econ, 2001(29): 95-117.

115. Domene E, Saurí D. Urbanization and class-produced natures: Vegetable gardens in the Barcelona Metropolitan Region[J]. Geoforum, 2007, 38(2): 287-298.

116. Duranton G., D. Puga. Micro-foundations of Urban Agglomeration Economies [C] //V. Henderson, J. F. Thisse. Handbook of Regional and Urban Economics. Amsterdam: North-Holland, 2004.

117. Firman T. New town development in Jakarta Metropolitan Region: a perspective of spatial segregation[J]. Habitat International, 2004, 28(3): 349-368.

118. Foxon T J, Kohler J, Michie J, et al. Towards a New Complexity Economics for Sustainability[J]. Cambridge Journal of Economics, 2013, 37(1): 187-208.

119. Huber J. New Technologies and Environmental Innovation [M]. Cheltenham: Edward Elgar, 2004.

120. Kates R, Clark W, Corell R, et al. Environment and development: Sustainability Science[J]. Science, 2001, 292(5517): 641.

121. Kumar A, Acharya A. Regional Disparity, Infrastructure Development and Economic Growth: An Inter-State Analysis[J]. Research on Social Work Practice, 2011, 6(6): 17-30.

122. Maria Jesus Herrerias. The causal relationship between equipment investment and infrastructures on economic growth in China [J]. Frontiers of Economics in China, 2010 (4): 509-526.

123. Marull J, Pino J, Tello E, et al. Social metabolism, landscape change and land-use planning in the Barcelona Metropolitan Region. [J]. Land Use Policy, 2010, 27(2): 497-510.

124. Nam T, Pardo T A. Conceptualizing smart city with dimensions of technology, people, and institutions[C]//Proceedings of the 12th Annual International Digital Government Research Conference: Digital Government Innovation in Challenging Times, ACM, 2011: 282-291.

125. Pamela Mueller, Andre van Stel and David J. Storey. The effects of new firm formation on regional development over time: The case of Great Britain[J]. Small Business Economic, 2008 (1): 59-71.

126. Qian H, Noboru H. Transport Infrastructure and Economic Development: An Empirical Study for China[C]. Traffic and Transportation Studies 2010. ASCE, 2010.

127. Reid W V, Chen D, Goldfarb L, et al. Earth system science for global sustainability: Grand challenges[J]. Science, 2010, 330: 916-917.

128. Scott A (ed.). Global City Region[M]. Oxford: Oxford University Press, 2001.

129. Short J R. Global Metropolitan: Globalizing Cities in a Capitalist World [M]. London and New York: Routledge, 2004.

130. Walls C, Rockwell T, Mueller K, et al. Escape tectonics in the Los Angeles metropolitan region and implications for seismic risk[J]. Nature, 1998, 394(6691): 356-360.

131. Wang-Shu H U, Sun W. Regional economic disparity in Beijing based on Theil index[J]. Journal of Graduate University of Chinese Academy of Sciences, 2013, 30(3): 353-360.

132. Dong Y. The Effects of Health and Education on China's Regional Economic Disparity: Empirical Analysis[J]. Jap-

anese Journal of Applied Physics, 1978, 17(S1): 255-262.

133. Coffey W J, Shearmur R G. Agglomeration and Dispersion of High-order Service Employment in the Montreal Metropolitan Region, 1981-96[J]. Urban Studies, 2016, 39(3): 359-378.

134. Committee on New Research Opportunities in the Earth Sciences at the National Science Foundation. New Research Opportunities in the Earth Science[M]. Beijing: Science Press, 2014.

135. Dautel V, Walther O. The geography of innovation in a small metropolitan region: An intra-regional approach in Luxembourg[J]. Papers in Regional Science, 2014, 93(4): 703-725.

136. Domene E, Saurí D. Urbanization and class-produced natures: Vegetable gardens in the Barcelona Metropolitan Region[J]. Geoforum, 2007, 38(2): 287-298.

137. Duranton, G., D. Puga. From Sectoral to Functional Urban Specialization [J]. Journal of Urban Economics, 2005, (57).

138. Ellen M. Weissman. Antipsychotic Prescribing Practices in the Veterans Healthcare Administration—New York Metropolitan Region[J]. Schizophrenia Bulletin, 2002, 28(1): 31-45.

139. Evans P. Livable Cities? Urban Struggles for Livelihood and Sustainability[M]. Berkeley: University of California Press, 2002.

140. Foxon T J, Kohler J, Michie J, et al. Towards a New Complexity Economics for Sustainability[J]. Cambridge Journal of Economics, 2013, 37(1): 187-208.

141. Geng Y, Sarkis J, Ulgiati S, et al. Measuring China's Circular Economy[J]. Science, 2013, 339(6127): 1526-1527.

142. Huber J. New Technologies and Environmental Innovation [M]. Cheltenham: Edward Elgar, 2004.

143. Junjie Hong, Zhaofang Chu, Qiang Wang. Transport infrastructure and regional economic growth: evidence from China[J]. Transportation, 2011 (5): 737-752.

144. Li J, Wang Y, Shen X, et al. Landscape pattern analysis along an urban-rural gradient in the Shanghai metropolitan region[J]. Acta Ecologica Sinica, 2004, 24(9): 1973-1980.

145. Takatsuka H, Zeng D Z. Industrial configuration in an economy with low transportation costs[J]. The Annals of Regional Science, 2013, 51(2): 593-620.

146. Tayyebi A, Pijanowski B C, Pekin B. Two rule-based Urban Growth Boundary Models applied to the Tehran Metropolitan Area, Iran[J]. Applied Geography, 2011, 31(3): 908-918.

图书在版编目（CIP）数据

新时代中国区域发展大谋略 / 朱翔著. —长沙：湖南教育出版社, 2019.7
ISBN 978-7-5539-4599-6

Ⅰ. ①新… Ⅱ. ①朱… Ⅲ. ①区域经济发展—研究—中国 Ⅳ. ①F127

中国版本图书馆CIP数据核字（2019）第129080号

书　　名　新时代中国区域发展大谋略
责任编辑　武巧燕
责任校对　胡　婷
出　　版　湖南教育出版社（长沙市韶山北路443号）
网　　址　http：//www.hneph.com
电子邮箱　hnjycbs@sina.com
微信服务号　贝壳导学
客　　服　电话 0731-85486979
发　　行　湖南省新华书店
印　　刷　湖南天闻新华印务有限公司
开　　本　787mm×1092mm　16开
印　　张　14
字　　数　252000
版　　次　2019年7月第1版
印　　次　2019年7月第1次印刷
书　　号　ISBN 978-7-5539-4599-6
定　　价　42.00元